상처입은 연인과 부부를 위한
가족세우기 테라피

커플 치유

커플 치유: 상처입은 연인과 부부를 위한 가족세우기 테라피

2015년 4월 30일 초판 1쇄 발행. 2022년 12월 26일 초판 2쇄 발행. 버트 헬링거가 쓰고, 요하네스 노이하우저가 엮고, 풀라가 우리말로 옮겼으며, 이홍용과 박정은이 기획하여 펴냅니다. 전혜진이 디자인을 하고, 이강혜가 홍보 및 마케팅을 합니다. 제판은 한국커뮤니케이션, 인쇄 및 제본은 상지사에서 하였습니다. 출판사 등록일 및 등록번호는 2003. 2. 11. 제2017-000092호이고, 주소는 서울시 은평구 은평로3길 34-2, 전화는 (02) 3143-6360, 팩스는 (02) 6455-6367, 이메일은 shantibooks@naver.com입니다. 이 책의 ISBN은 978-89-91075-96-2 03180 이고, 정가는 22,000원입니다.

이 도서의 국립중앙도서관 출판시도서목록(CIP)은 e-CIP홈페이지(http://www.nl.go.kr/ecip)와 국가자료공동목록시스템(http://www.nl.go.kr/kolisnet)에서 이용하실 수 있습니다.(CIP제어번호: CIP2015011663)

상처입은 연인과 부부를 위한 가족세우기 테라피

커플 치유

버트 헬링거 지음
요하네스 노이하우저 엮음
풀라 옮김

【샨티】

이 책을 미하엘라와 그녀의 부모님,
그리고 내 부모님에게 바친다.

"지극한 사랑을 맛본 사람들에게 용서하지 못할 게 무엇이 있을까!"
—올리비에르 메시앙의 오페라, 〈아시시의 성자 프란체스코〉 중에서

차례

1. 불완전하기에 사랑한다
남녀 관계와 관련된 문제

2. 힘이 되어주는 사랑
부부 15쌍을 대상으로 한 3일 간의 세미나

마틴 "이제 너를 나의 자식으로 맞아들인다" 43

5. 특수한 상황에 처한 커플들

6. 사랑과 죽음

감사의 글

오랜 친구로서 늘 나를 지지해 주고 이 책이 출판되는 데도 큰 힘이 되어준 버트 헬링거Bert Hellinger에게 누구보다 먼저 감사함을 전하고 싶다. 헬링거와의 치유 작업은 흥미진진하고 도전적이며 자극적인 요소들로 가득할 뿐 아니라, 내 개인적인 성장 과정에서 없어서는 안 될 길잡이 역할을 해주고 있다. 그와 함께 버트의 부인인 헤르타 헬링거Herta Hellinger에게도 감사한 마음을 전하고 싶다. 그녀는 늘 따듯하게 나를 맞아주었고 유익한 대화도 많이 나눌 수 있었다.

이 책을 영어로 번역해 준 콜린 부몽에게도 특별히 감사함을 전하고 싶다. 그녀의 감성적인 번역에는 헬링거만의 독특한 표현법이 아주 잘 살아있을 뿐만 아니라 이 책의 치유적 측면과 전문적 내용까지 잘 담겨져 있다.

많은 사람들이 이 책의 출간에 큰 기여를 해주었다. 우선 내 아내 미하엘라, 탁월한 언론인인 아내는 원고 수정 과정에서 혹평과 애정 어린 지적을 아끼지 않았으며 내용을 함축적으로 담아낼 수 있도록 수많은 제안도 해주었다. 게다가 이처럼 시간 소모가 큰 작업을 하는 데 필요한 모든 배려를 아낌없이 해주었다.

내 친구 군트하르트 베버는 이 책에 대해 믿음을 가지고 이 책이 출간되기까지 뒤에서 힘써준 사람이었다. 그는 최종판의 마무리 손질을 맡

Dank

아주기도 했다. 그리고 하이디와 휴 바이팅거, 미하엘라 카덴, 헤럴드 호넨, 크리스토퍼 에케와 가브리엘레 보르칸은 이 책에 소개되는 수많은 가족세우기 세미나를 주최해 준 사람들이다. 마티나 리네부르넨은 180개의 사례 대부분을 옮겨 쓰는 일을 해주었고, 오스트리아 라디오 방송국의 프란츠 코엡은 버트 헬링거의 강의 가운데 일부분을 사용할 수 있도록 허락해 주었다. 오토 브린크와 폴 아이쉰거는 이 책의 교정을 거들면서 소중한 제안들을 해주었다. 여기에 열거된 사람들 모두에게 따뜻한 감사의 마음을 전한다.

이 책의 편집 과정에서 힘과 영감의 원천이 되어준 음악이 있다. 바로 1992년에 사망한 프랑스 작곡가 올리비에르 메시앙의 음악이다.

마지막으로 이 책에 자기 사례를 소개할 수 있도록 허락해 준 수많은 부부 참여자들에게 특별한 감사의 마음을 전하고 싶다. 그분들의 배려 덕분에 자신의 문제를 해결하고 싶어 하는 수많은 남편들, 부인들에게 새로운 길이 열리게 되었다. 이 책을 통해서 사랑의 힘에 대한 그들의 신뢰와 용기가 독자들에게 고스란히 전달될 수 있으리라 믿어 의심치 않는다.

요하네스 노이하우저

책을 시작하며

부부를 위한 한 가족세우기 세미나에서 버트 헬링거와 의뢰인 사이에서 다음과 같은 대화가 진행되었다.

여성 의뢰인 지난밤에 잠을 잘 수가 없었어요. 어제 저녁 저희 두 사람, 긴 시간 논쟁을 벌였는데 결국 싸움으로 끝나고 말았어요.

헬링거 논쟁이란 게 대개 그렇게 끝날 수밖에 없어요. 그러니까 논쟁은 최대한 짧게 하는 게 좋아요.

부부가 소리 내 웃는다.

헬링거 배우자들 사이에 오가는 이른바 '논쟁'이라는 것에 대해서 말씀드리죠. 논쟁으로 해결될 수 있는 게 뭐가 있습니까? 대개 사람들은 자기도 믿지 않는 내용을 상대방이 믿게 하기 위해서 논쟁을 합니다.

여성 의뢰인 맞아요.

헬링거 그건 순전히 시간 낭비예요. 배우자가 자기 의견을 고수하도록 내버려두세요. 당신 의견이라고 해서 상대방 의견보다 결코 더 낫지 않아요. 단지 서로 다를 뿐이죠.

Einführung

버트 헬링거의 중재는 정통적이지도 않거니와 때론 청중을 깜짝 놀라게 하는 신선함이 돋보이기도 한다. 그의 접근법은 우리를 생각 속에 빠뜨린다. 위의 대화에서도 알 수 있듯이 그는 부부 관계에서 서로의 성장과 발전을 가로막는 여러 패턴들의 전개를 끊어버리는 데 대가이다. 헬링거는 노련한 솜씨로 그러한 패턴들이 드러나게 한 뒤 그것들이 모습을 드러내는 순간 부부로 하여금 그 패턴들을 변화시키는 쪽으로 한 걸음 내딛게끔 힘을 북돋아준다. 그렇게 해서, 문제를 지속시키거나 관계를 파괴하는 행위들을 엄하게 중단시키는 것이다.*

그의 치유 작업은 유머와 사랑으로, 그리고 상황에 연루된 한 사람 한 사람에 대한 존경심을 바탕으로 이루어진다. 그는 치유 작업을 통해 참여자들이 영혼의 영역에 발을 들여놓을 수 있도록 안내하는데, 이 영역은 전통적인 심리 치료법에서는 아예 언급이 안 되거나 시도 자체를 거의 하지 않는 영역이다. 부부를 대상으로 25년에 걸쳐 치유 작업을 해오면서 헬링거는 남편과 부인이 각자 지극히 복잡한 방식으로 원래 가족의 문제에 얽혀 있음을 알게 되었다. 때로 이러한 얽힘은 몇 세대를 거

---

* 헬링거는 집단 치료 작업의 한 방식인 그룹 다이내믹스Group Dynamics에서 사용되는 '치료학적 나눔의 장' 기법을 가족세우기 워크숍 안에서 사용하고 있다. 즉 참여자들과의 상호 작용 속에서 그들의 행위 패턴이 드러나도록 유도한 뒤 패턴의 전개를 방해하는 치료 기법을 말한다.—옮긴이.

슬러 올라가기도 하는데, 과거 세대에서 기인한 얽힘은 나중 세대인 현재 부부의 관계 안에 고통과 갈등을 유발해 낸다. 버트 헬링거의 가족세우기 기법은 과거 세대를 포함시켜 그들의 얽힘을 겉으로 드러내 보임으로써 남편과 부인이 새로운 방식으로 자신들의 현재 상황을 이해하고 이에 적절하게 대응할 수 있는 방법을 찾도록 도와준다.

이 책은 열다섯 쌍의 부부들과 사흘 동안 진행한 워크숍 내용을 포함해 독일과 오스트리아, 스위스, 미국에서 부부들을 대상으로 진행한 헬링거의 치유 작업을 정리한 것이다. 원고 작업을 하면서 나는 가족세우기 기법을 이용한 가족세우기 세션이 전개되는 현장의 모습을 고스란히 옮기는 것은 물론 이처럼 특성화된 모임에서 사용되는 '치료학적 나눔의 장' 방식에 따라 내용을 정리하였다. 또한 독자들이 이 방식을 따라가는 데 어려움이 없도록 세션이 전개되는 과정을 순차적으로 서술했다.

워크숍이 진행되는 사흘 동안 참여자들에게는 어떤 느낌의 변화가 있었는지, 어떤 내용이 가슴에 와 닿았는지, 그리고 나아지거나 힘든 점이 있다면 어떤 것들인지 등에 대해 이야기할 수 있는 기회가 계속해서 주어졌다. 여기에 열거된 내용은 워크숍의 진행 순서를 따르되 가장 본질적인 내용들만 추려서 서술한 것이다. 또한 워크숍 기간중 세션을 의뢰한 각 부부들에 대한 치유 작업이 어떻게 진전되는지 한눈에 볼 수 있도록 같은 부부의 세션이 이어지는 곳의 쪽수를 표시해 놓았다.

심리학자이자 다큐멘터리 영상 제작자로서 나는 지난 3년간 버트 헬링거가 진행한 다양한 세미나와 워크숍의 비디오를 제작해 왔다. 이 책에는 사흘 동안 진행된 워크숍에 참여한 열다섯 쌍과의 치유 작업 외에, 독자들의 이해를 심화시키기 위해 180쌍의 부부들을 대상으로 진행한 여러 워크숍의 내용들을 주제별로 추가해 넣었다. 또한 실제로 세션이 진행되는 상황을 그림으로 명확히 보여주기 위해 참여자들의 움직임을 다이어그램으로 표현하고 그들의 동작이나 반응이 어떤 의미를 담고 있는지에 대해서도 설명을 붙였다. 독자들의 편의를 위해 다양한 주제에 대한 버트 헬링거의 설명이나 의견을 한 곳에 모아놓기는 했으나, 그 신뢰성을 살리고 헬링거의 목소리 또한 고스란히 전한다는 취지에서 그가 한 말들에 아무런 변형도 가하지 않았음을 밝혀둔다. 특히 동성애, 사랑과 죽음 등 특별한 상황을 주제로 한 것들은 과거 헬링거의 책에는 담기지 않았던 항목들로 이 책에서 처음으로 이런 주제에 대한 헬링거의 생각을 활자화할 수 있게 돼 나 개인적으로는 큰 기쁨을 느낀다.

이 책에 실린 헬링거의 해설들은 특정 의뢰인을 상대로 한 치유 작업의 맥락에서 언급된 것일 뿐 보편적인 해법을 제시하려는 의도로 나온 것도 아니고, 여타 다른 상황을 해결하는 방안이나 처방전으로 제시된 것도 아님을 밝혀둔다. 특정 상황에 따른 현상을 일반화하려는 행위는 헬링거의 표현대로 "과일의 껍데기만 먹는" 행위일 뿐이다. 이 책에서 나는 객관적인 전달자의 입장으로, 편자編者로서 내 개인적인 생각을 전혀 덧붙이지 않고 오직 헬링거 치유 작업을 있는 그대로 열거하고자 했다. 그리하여 이 책에 제시된 관점들을 독자들 각자가 자신만의 방식으로 소화하고 흡수할 수 있도록 말이다.

글을 마무리 지으면서 이 책의 독자가 된 당신에게 버트 헬링거가 보내는 초대의 말을 옮겨보고자 한다.

"생명의 기본 법칙을 이해할 때 우리는 사랑을 키워갈 수 있고, 그 사랑이 성장하여 번성하도록 할 수 있습니다. 우리는 이러한 기본 법칙들의 맥락 안에서 사랑 자체의 지지를 받고 있습니다. 이 법칙들은 누군가가 발명하거나 강변하는 것이 아닙니다. 오히려 발견되었다고 말해야 맞습니다. 다년간의 관찰을 통해서 나는 사람들이 오랫동안 특정 방식으로 행위를 할 때 어떤 일이 벌어지는지, 그 즉시에는 물론이고 몇 세대에 걸쳐서까지 어떤 일이 발생하는지 이해하게 되었습니다. 당신 역시 오랫동안 관찰을 하다 보면 어떠한 가족체적 법칙들과 패턴이 현재까지 효력을 발휘하는지 발견하게 될 겁니다.

　지금 내가 말하고 있는 사랑의 법칙들과 관련해 그런 것들이 실제로 그러한지 아주 세심하게 관찰해 보는 게 무엇보다 중요합니다. 설사 우리가 보편적으로 진실이라고 믿어왔던 것이 훼손되더라도 이러한 검토는 꼭 해봐야 합니다. 실재가 항상 우리의 희망이나 염원과 맞아떨어지는 것은 아닙니다. 면밀하게 들여다본다면 내가 진실이라고 믿고 있는 것이 정말 진실이 맞는지 시험해 볼 수 있을 겁니다. 그리고 여전히 효력을 발휘하는 것이 무엇이고 더 이상 효력을 발휘하지 못하는 것이 무엇인지도 볼 수 있게 될 테고요. 새로운 통찰이 모습을 드러낼 때면 나는 그것들에 기꺼이 자리를 내줍니다. 우리가 가진 지식이나 앎은 우리 인생과도 같습니다. 그도 그럴 것이 삶이란 끝없이 흘러가고 변화하며 조금씩 성장해 가는 경험이니까요.

　이 탐구 여행에 당신을 초대하고자 합니다. 우리가 곧 우리의 사랑을 지지하는 동시에 그 사랑의 지지를 받게 될 이 특별한 여행에 말입니다."

　이 책의 편자이자 버트 헬링거의 친구로서 나는 독자인 당신이 여기에 정리해 놓은 도전적이고 감동적인 경험들이 당신의 내면을 휘저을 수 있도록 허락하는 모습을 보는 것보다 더 기쁠 일이 없을 것 같다. 아울러 이 책이 당신이 다른 사람을 들여다보는 창문 역할을 해주고 당신이 맺고 있는 부부 관계를 잘 풀어가도록 도와주는 역할을 해준다면 좋겠다.

요하네스 노이하우저

1

불완전하기에
사랑한다

남녀 관계와 관련된 문제

완전하고 완벽한 것은 우리에게 별다른 호감을 일으키지 못합니다. 완벽함이란 보통의 삶과는 무관한 것이지요. 그런 건 현실에서 숨소리 조차 들리지 않아요. 우리가 사랑할 수 있는 것은 오직 불완전한 것들입니다. 성장을 향한 욕구도 불완전함에서 비롯됩니다. 이미 완벽한 것에서 비롯되는 게 아니고요.

남자와 여자는 서로를 필요로 한다

남자는 여자를 찾아다닙니다. 남자는 자신에게 결핍된 것을 여자가 가지고 있다는 사실을 감지하기 때문이지요. 여자는 남자를 받아들입니다. 자신에게 남자가 필요하다는 사실을 감지하기 때문입니다. 두 사람은 정확하게 상대방만이 제공해 줄 수 있는 바로 그것을 필요로 하고 또 상대방이 필요로 하는 바로 그것을 서로에게 줄 수 있습니다. 남녀 관계가 성공하려면 남자는 먼저 남자가 되어야 하고 또 남자로 남아 있어야 합니다. 마찬가지로 여자도 먼저 여자가 되어야 하고 또 여자로 남아 있어야 하고 말이죠.

결속과 그에 따른 결과

남자가 여자를 받아들일 때 그리고 여자가 남자를 받아들일 때, 두 사람은 남자와 여자로서 사랑을 완성하게 됩니다. 성적 결합을 통한 사랑의 완성은 두 사람의 영혼 안에 지대한 영향을 끼치게 되는데, 이제 뒤집을 수 없이 단단히 묶이게 된 남자와 여자는 과거에 그들이 원했던 관계가 어떤 것이든 상관없이 더 이상 자유로운 상태를 유지할 수 없게 됩니다.

그 한 예로 남녀의 헤어짐을 들 수 있는데요, 남녀가 헤어지게 될 때 왜 그처럼 큰 고통을 겪는 걸까요? 왜 그처럼 험악한 논쟁을 벌이고, 어째서 실패감이나 죄책감 같은 고통스러운 느낌을 갖는 걸까요? 이와 같은 이별의 흔적이 남는 이유는 두 사람 사이에 강한 결속이 존재하기 때문입니다.

성적 결합을 통해 결속되어 있던 남자와 여자가 나중에 헤어지게 돼 새로운 파트너를 만나게 되었다고 해보죠. 새로운 파트너와의 결속이 첫 번째 파트너와 맺은 결속보다 강하지 않다는 사실을 남녀가 알아채는 데는 그다지 오랜 시간이 걸리지 않습니다. 첫 번째 결속이 미치는 영향이 새로운 관계 안에서도 계속 이어지기 때문입니다. 그런 까닭에 두 번째 헤어짐은 첫 번째보다 덜 고통스럽고 죄책감도 덜하게 됩니다. 세 번째 배우자와의 헤어짐은 두 번째보다 덜 고통스럽고 말이에요. 네 번째 헤어짐은 아픔을 거의 유발하지 않습니다.

언젠가 한 남자가 내게 한 여자와 안정적인 관계를 꾸준히 맺어가고 싶다는 말을 한 적이 있습니다. 나는 그에게 과거에 여자와 깊은 관계를 가져본 적이 몇 번이나 되느냐고 물어봤어요.

"일곱 번쯤이요."

남자의 대답을 듣고 난 뒤 나는 그에게 여자와 안정된 관계를 지속적으로 갖는 건 꿈도 꾸지 말라고 대답해 주었습니다. 그러자 남자가 내게 이 딜레마에서 빠져나올 방법이 없겠느냐고 묻더군요. 나는 그에게 딜레마에서 빠져나올 방법이 하나 있기는 하다고 말해주었죠.

"당신이 만일 그 일곱 명의 여자들에게 존경심을 가질 수 있다면, 그리고 그 여자들이 당신에게 준 선물을 사랑하는 마음으로 받아들일 수 있다면, 그 선물들을 당신 가슴속에 받아들인 뒤 새로운 관계 안으로 가져갈 수 있다면, 그러면 가능할 수도 있습니다."

과거에 결속 관계가 형성되었기 때문에 나중에 맺는 관계는 무조건 실패할 수밖에 없다는 뜻은 아닙니다. 나중에 맺은 관계가 잘되려면 이전에 맺은 관계를 존중하고 그것에 맞는 적합한 대접을 해주어야 한다는 뜻입니다. 그러한 상황에 놓여 있는 사람들과 치유 작업을 할 때, 나는 남자에게 전 부인을 상대로 "나의 사랑은 그대로 남아 있습니다"와 같은 말을 해보라고 제안합니다. 참으로 아름다운 문구 아닌가요! 이러한 방식으로 전 부인은 존재를 인정받게 되고, 대개는 둘 사이에 화해가 이루어집니다. 이 과정이 없으면 두 사람 사이에 기이한 얽힘 관계가 만들어지고, 새로 한 결혼에서 생긴 자녀가 아버지의 과거 배우자를 자신과 무의식적으로 동일시하게 됩니다. 물론 누구도 이러한 동일시에 대해 알아채지 못합니다. 다만 그에 따른 결과만이 겉으로 드러날 뿐이죠.

세대를 초월한 얽힘과 그 해결책

가족체family system 안에는 온당함을 회복하려는 욕구와 그렇지 못한 것을 징벌하려는 욕구가 깊이 내재되어 있습니다. 가족체 안에는 일종의 가족체적 영혼이 존재합니다. 단순 가족은 물론 확대 가족의 경우도 마찬가지입니다. 이 공동의 가족체적 영혼은 이득과 상실 사이에서 균형을 유지하고 보호하려고 듭니다. 이러한 시도는 세대를 뛰어넘어 진행되기도 하는데, 예컨대 한 남자가 첫 번째 부인과 헤어지는 과정에서 경솔한 태도로 부인에게 아픔을 주었다고 합시다. 당연히 부인은 남자에게 화가 났겠죠. 남자는 두 번째 결혼에서 얻은 딸이 아버지인 자신에게 화가 나 있으며 첫 번째 부인과 유사한 느낌을 보여준다는 사실을 알아채게 됩니다.

가족세우기 세션에서 도달하는 해결책은 남자가 첫 번째 부인을 보면서 다음과 같이 말을 하도록 제안하는 겁니다. "내가 당신을 부당하게 대했어요. 미안합니다. 나는 당신이 내게 준 모든 것을 귀하게 여기고 있어요. 당신의 사랑은 컸고 나의 사랑도 마찬가지예요. 그리고 영원히 그러할 거예요."

그 순간 첫 번째 부인은 방금 전보다 더 우호적이고 친밀한 모습으로 전 남편을 바라보게 됩니다. 그럴 수밖에 없는 것이 그녀가 전 남편에게서 존중을 받고 인정을 받았기 때문이지요. 남자는 또 첫 번째 부인에게 "이 사람은 나의 새 아내이고 이 아이들은 내 자식들이오. 부디 우리를 다정하게 바라봐 주었으면 좋겠어요"라는 말을 할 수도 있습니다. 대개 첫 번째 부인은 이 상황에 동의하게 되고, 둘 모두에게 이로운 방식으로 두 사람 사이에 남아 있던 결속이 해소됩니다.

만일 치유사가 딸을 대상으로 치유 작업을 할 경우, 딸로 하여금 아버지를 보면서 이렇게 말하도록 제안할 수도 있습니다. "이분이 저의 어머니이고 저는 이분의 딸이에요. 저는 아버지의 첫 번째 부인과는 아무런 상관도 없어요. 저는 아버지와 어머니 옆에 서 있을 거예요. 두 어른들 사이에서 있었던 일은 저와는 아무 상관도 없어요. 아버지, 부디 저를 아버지의 자식으로만 바라봐 주세요. 그러면 저도 아버지를 제 아버지로만 바라볼게요."

딸은 자신의 어머니를 향해서 다음과 같이 말할 수도 있습니다. "당신만이 저에게 적합한 어머니입니다. 저는 아버지의 첫 번째 부인과는 아무런 상관도 없습니다. 저는 엄마를 제 어머니로서 바라볼 뿐입니다." 그 말에 이어 "당신은 크고 저는 작습니다"라고 덧붙인다면 이제 딸은 가족체 내에서 자식의 자리를 온전히 취할 수 있게 됩니다. 이 과정이 완료되고 나면 과거의 관계가 현재의 가족에게 더 이상 부정적인 영향을 끼치지 않게 됩니다.

성 관계의 힘

남녀가 성 관계를 맺으면 두 사람 사이에 끊을래야 끊을 수 없는 결속이 형성됩니다. 이러한 결속은 결혼이라는 법적인 통과 의례의 산물이 아니라 남자와 여자의 성적 합일의 결과물입니다. 심지어 근친상간이나 강간의 경우에도 남녀 사이의 결속이 형성됩니다. 이것이 바로 성적 관계가 가진 힘입니다.

이 세상에는 관능성이나 성적 욕구를 수치스럽게 여기는 사람들이 있습니다. 하지만 성욕은 아주 강렬한 충동으로 저항할 수 없는 힘을 가지고 있습니다. 성욕은 온갖 장애물에도 불구하고 생명이 계속 이어질 수 있도록 해줍니다. 남녀가 사랑 속에서 성 관계를 맺으면 성적 결합의 힘은 더욱더 강력해집니다. 서로의 눈을 들여다보는 남자와 여자, 그 순간 두 사람의 사랑은 완성에 이르게 됩니다. 성적 결합이 지닌 힘을 인정하는 것은 남녀 관계에서 사랑이 커가도록 하는 데 무엇보다 중요한 전제 조건입니다.

"남자들은 오직 한 가지만 원해" 같은 관능성을 비하하는 속담도 있습니다. 하지만 이 한 가지를 원하는 배우자는 바른 길 위에 있는 사람입니다. 간혹 성 관계가 두 사람 사이에서 보이지 않는 힘겨루기가 될 때도 있습니다. 예컨대 둘 중 한 사람은 성 관계를 원하는데 다른 사람은 응하긴 하되 진정으로 원해서 하는 것이 아닐 경우, 성 관계를 원하는 배우자는 열등한 위치로 전락하고 '승낙해 준' 배우자는 우월한 위치로 올라서게 되면서 두 사람 사이의 사랑은 파괴되고 맙니다.

사랑은 바라는 것과 주는 것이 동등하게 이루어질 때 성장합니다. 사랑은 한 사람이 표현한 욕구가 다른 사람에게 잘 받아들여질 거라는 믿음이 둘 사이에 굳건할 때 성장합니다. 그리고 두 사람이 사랑하는 마음으로 욕구를 표현하고, 사랑하는 마음으로 줄 수 있을 때 활짝 피어나게 됩니다. 이러한 태도가 나와 배우자, 두 사람 모두에게 고스란히 적용되어야 함은 두말 할 필요도 없겠지요.

주기와 받기

성 관계는 완전한 동등함의 표현입니다. 그리고 이러한 태도는 부부 관계의 다른 영역에도 똑같이 적용되어야 합니다. 부부 관계란 사랑을 바탕으로 주기와 받기를 지속적으로 해나가느냐 아니냐에 따라 성패가 좌우됩니다.

예컨대 남자가 부인에게 무언가를 주고자 할 때 그 밑에 있는 마음은 부인에 대한 사랑입니다. 부인이 남편의 선물을 받아들이는 그 순간 남편은 우월한 자리, 즉 주는 사람의 자리를 차지하게 됩니다. 선물을 받은 부인은 즉각적으로 남편에게 무언가를 돌려주고 싶다는 느낌을 갖게 되고요. 받았으니 주고 싶은 마음이 일어나는 것은 당연한 현상이지요. 이제 부인은 남편에게 무언가를 돌려주는 것으로 불균형을 바로잡을 방법을 찾으려 듭니다. 하지만 남편을 사랑하기 때문에 부인은 남편에게 받은 것보다 조금 더 얹어서 돌려주게 됩니다. 이제 남편 역시 균형을 회복하고 싶은 내적 압박을 느끼고, 마찬가지로 부인을 사랑하는 마음에 받은 것보다 조금 더 얹어서 돌려주게 되고요. 균형을 유지하고자 하는 두 사람의 욕구는 사랑을 동반자삼아 계속적인 주기와 받기로 이어지고, 매번 주고받을 때마다 조금씩 더 커지는 교환 관계를 형성하게 됩니다. 이는 두 사람을 좀 더 친밀하게 결속시켜 줄 뿐만 아니라 그들 사이에 행복을 가져다주는 전달자 노릇을 하게 됩니다. 이런 식의 긍정적인 주기와 받기는 좋은 부부 관계의 토대가 됩니다.

하지만 결혼한 사람들 사이에서 이와는 다른 형태의 주기와 받기가 진행되는 모습을 자주 보게 되는데요, 예컨대 남편이 부인에게 상처를 입혔다고 해보죠. 이 경우에도 상처를 받은 배우자는 불균형을 균형으로 바꿔놓고자 하는 욕구, 즉 복수의 욕구를 느끼게 됩니다. 이제 부인은 남편에게 상처를 줌으로써 자기가 받은 것을 돌려주려고 합니다. 하지만 자신의 분노가 '정당하다'고 여기기 때문에 그녀는 받았던 상처보다 조금 더 아프게 복수를 하게 됩니다. 여기에 이어지는 반응 역시 '정당한 분노'에 대한 복수가 될 테고, 따라서 받은 것보다 조금 더 아픈 상처를 되돌려주게 되지요. 그러면서 상대방에 대한 해악이 점점 커져갑니다. 그 결과 긍정적인 주기와 받기 대신, 사랑이 담긴 교환 활동 대신, 강도 높은 부정적 교환 관계가 두 사람 사이에 성립되고 맙니다. 이런 류의 교환도 부부를 가깝게 결속시켜 주긴 하지만 그들에게 쌓여가는 건 오직 불행뿐이죠.

이러한 상황을 해결하는 간단한 처방이 하나 있긴 합니다. 긍정적인 교환이 이루어지는 경우를 보면 남녀가 서로에게 돌려줄 때 조금 더 얹어서 줌으로써 행복의 기반이 굳건하게 다져집니다. 상처를 주고받는 경우에 배우자 각자가 자신이 받은 것보다 조금씩 덜 돌려줄 수 있다면 점차로 상처와 분노가 줄어들면서 서로에게 이로운 교환 관계가 회복될 수 있습니다. 간단한 처방이지만 제법 유용한 법칙입니다.

배우자의 가족과 결혼하다

부부 관계에 들어선 남녀를 보면 결혼 초반부에 어려움을 겪는 경우가 많습니다. 그럴 수밖에 없는 게 두 사람이 각기 다른 가족체적 양심을 따라서 살아온 집안 출신이기 때문입니다.

여러 해 동안 개인 및 부부를 대상으로 치유 작업을 해오면서 나는 원래 가족 내의 가족체적 양심이 그들의 삶에 끼치는 여러 가지 영향을 관찰할 수 있었습니다. 그리고 어떤 가족체적 양심도 절대적 선이나 악과 연결되어 있지 않다는 것도 알게 되었고요. 그렇지 않다면 그토록 많은 사람들이 양심적 행위라 믿으면서 그처럼 끔찍한 일을 저지를 수는 없을 테니 말입니다.

양심conscience의 1차적 기능은 자녀를 그가 속해 있는 가족체에 묶어 주는 것입니다. 이 양심은 특히 자녀에게 허용된 항목들, 그리고 가족체 내에서의 소속감을 유지하기 위해 견뎌내야 할 항목들에 민감하게 반응합니다. 자녀는 자기 행위가 가족체 내에서 자리를 보장받을 때 양심적 행위를 했다는 자부심을 갖게 됩니다. 반대로 가족체에 속할 권리를 상실할 수도 있다는 두려움이 느껴질 때는 양심의 가책을 받습니다. 하지만 한 가족체 내에서 소속감을 강화시켜 주는 특정 행위가 다른 가족체에서는 오히려 소속감을 위협하는 행위가 될 수도 있습니다.

예컨대 가족체 안에서 소속감을 얻기 위해 자녀들이 불교 신자가 되거나 혹은 기독교 신자가 되어야 하는 경우가 있습니다. 이제 불교 집안 출신의 남자와 기독교 집안 출신의 여자가 만날 경우, 두 사람은 가족체적 양심을 저버린 듯한 불편한 느낌을 갖게 됩니다. 종교가 다른 사람과 연인 관계를 맺음으로써 그들의 무의식 속에 원래 가족 내에서 자기 자리를 잃을지도 모른다는 두려움이 생기는 거지요. 그런 감추어진 긴장 관계로 인해 두 사람 사이에 어떤 종교가 우세한가를 겨루는 갈등이 시작될 수도 있습니다.

부부 관계가 성공하기 위해서는 배우자 양쪽이 원래 가족으로부터 떠날 수 있어야만 합니다. 물리적인 차원에서뿐만 아니라 가족체적 원칙들까지 포함해서 말입니다. 새롭게 가족을 형성한 두 사람은 양쪽 가족체 모두에게 공정하면서 동시에 새 가족체에게 적합한, 그야말로 새로운 원칙들을 함께 만들어가야 합니다. 이런 토대 위에서 두 사람의 친밀한 관계가 형성, 유지될 수 있습니다.

자신의 원래 가족은 문제가 없는데 배우자 쪽 가족에 문제가 있다고 생각하는 사람들이 있습니다. 이런 생각은 부부 관계에 악영향을 끼칩니다. 어떤 사람과 결혼을 한다는 것은 곧 그 사람의 가족과 결혼을 한다는 뜻이기도 합니다. 배우자를 사랑하는 것처럼 배우자의 가족 역시 존경하고 사랑할 수 있어야만 두 사람 사이에서 사랑이 활짝 피어날 수 있습니다.

부부가 만날 수 있는 운명

부부 관계에 걸림돌이 될 수도 있는 운명의 특별한 도전장을 받는 부부들이 종종 있습니다. 예컨대 두 사람 중 한 명이 불임인 경우가 그런 경우에 속합니다. 한 사람은 자녀를 낳을 수 없는 상태인데 다른 사람은 아이를 원할 경우, 자녀를 생산할 수 없는 특별한 운명의 짐을 진 배우자는 상대방에게 이러한 운명을 함께 지고 가자고 요구할 수 없습니다. 이때 운명의 짐을 진 배우자는 그렇지 않은 배우자를 자유롭게 놓아주어야 합니다. 만일 그렇지 않은 배우자가 계속 부부 관계에 머물기로 결정할 경우, 운명의 짐을 진 배우자는 이것을 특별한 선물로 여기고 상대방에게 존경하는 마음을 가져야 합니다. 예컨대 그는 배우자에게 이렇게 말할 수도 있습니다.

"내가 아이를 낳을 수 없는데도 당신이 나와 함께 머물러준다는 것은 내겐 정말이지 특별한 선물이에요. 나는 이 선물에 깊이 감사해요. 나는 무언가 특별한 방식으로 당신에게 이 감사한 마음을 표현할 거예요."

이러한 태도에서 부부 관계 안에 균형이 회복될 수 있습니다. 그리고 사랑하는 마음으로 두 사람이 계속 부부로 남게 되고요.

부부 관계가 부모 역할보다 우선이다

부모라는 역할은 부부 관계로 생긴 결과입니다. 그러므로 부모 노릇이 부부 관계보다 우선할 수 없습니다. 즉 이전 관계가 나중 관계보다 중시되는 게 당연합니다.

문제를 가진 부부를 대상으로 치유 작업을 할 때면 나는 그들에게 두 사람의 삶에서 부모의 역할과 부부 관계 중 어떤 게 더 우선시되느냐고 물어봅니다. 자녀를 둔 부부를 보면, 부모 노릇을 하느라 두 사람의 에너지가 모두 고갈되어 부부 관계에 쓸 에너지가 거의 남아 있지 않은 게 보통입니다. 하지만 자녀를 향한 부모의 사랑이라는 나무는 부부 간의 사랑을 영양분삼아 자라납니다. 부부의 사랑이 흙이 되어 자식 사랑이라는 열매가 맺어지는 것이죠. 부부 관계가 1순위가 될 때 부모와 자녀의 관계도 나아지는 모습을 자주 보게 됩니다. 무엇보다도 자녀들은 서로 사랑하는 부모의 모습을 볼 때 행복을 느끼게 되니까요.

2

힘이 되어주는
사랑

부부 15쌍을 대상으로 한 3일 간의 세미나

세미나의 구조

이번 장은 독일과 오스트리아에서 온 열다섯 쌍의 커플을 대상으로 사흘 동안 진행한 세미나를 정리한 것이다. 세미나가 진행될 당시, 참가자들의 나이는 27세에서 56세까지 다양했다.

일곱 쌍은 결혼을 한 상태였고, 네 쌍은 결혼하지 않았으나 오랫동안 함께 동거해 온 사람들이었다. 그리고 한 쌍은 이미 헤어진 상태였고, 두 쌍은 이혼의 위기에 놓여 있었다. 마지막 한 쌍은 최근에 결혼한 신혼 부부였다.

일곱 쌍은 자녀가 있었는데, 그중 네 명의 남자는 이전 관계에서 얻은 자녀가 있었고 아이들은 어머니와 생활하고 있었다. 한 여성의 경우 이전 관계에서 아들을 하나 얻은 상태에서 현재는 새로운 남편과 함께 살고 있었다. 한 부부는 아이를 낳지 못하는 상황이었는데 남자의 불임이 원인이었다. 또 두 사람 모두 자녀를 원하고 의학적으로도 임신이 가능한 상태인데 자녀가 없는 부부도 있었다.

이들은 모두 부부 관계에서 어려움을 겪고 있었다. 이 세미나에 참여한 커플들은 이 책의 편집자에 의해 선발되었는데, 다양한 가족체적 역동力動이 있어서 여러 모습의 가족세우기 접근이 가능한 사례들을 중심으로 선발되었다. 버트 헬링거는 참여자들에 관한 정보를 전혀 받아보지 않은 상태에서 세미나가 시작되는 날 아침 처음으로 그들을 만났다.

가족세우기에 관한 설명

가족세우기는 가족체 내에 감추어진 긴장 관계를 가시화시켜 주는 치유 기법입니다. 대리인들이 선입견을 갖지 않도록 의뢰인의 가족 구성원들이 갖고 있는 특성이나 의뢰인이 그들에 대해서 지니고 있는 주관적 느낌 등의 정보는 제공되지 않습니다. 다만 누가 일찍 죽었는가, 누가 질병에 걸렸나, 누가 가족을 떠났는가 혹은 누가 가족체 내에서 제외당했는가 같은 가족체와 관련된 실제적인 정보만이 중요시됩니다.

문제의 해결책을 찾기 위해서 의뢰인의 가족 중 반드시 세워야 할 구성원을 대신할 대리인들이 선택되면, 서로간의 물리적 관계성에 따라서 의뢰인이 장場 안에 그들의 자리를 찾아 세우게 됩니다. 적합한 자리를 찾아 세우는 과정은 주의 깊고 고요한 상태, 즉 의식을 내면의 중심에 둔 상태에서 이루어져야 합니다. 다시 말해 의뢰인은 '내 가족체는 이런 모습이다' 하는 식의 평소 가족에 대해 품고 있던 생각을 따르지 않고, 순전히 그 순간의 느낌 혹은 직관에 따라서 대리인들을 세워야 합니다. 특정한 방식으로 대리인들의 몸짓이나 동작을 만들어내는 가족 조각 방식*은 가족세우기에 포함되어 있지 않습니다.

대리인들에게는 자리가 바뀌면서 생길 수도 있는 감정적 변화나 몸의 움직임에 자연스럽게 반응할 수 있도록 전적인 자유가 주어져야 합니다. 가족세우기 세션에서는 대리인들에게 '역할을 한다'거나 의도된 연기를 해야 하는 심리극의 배우 같은 역할을 요청하지 않습니다. 단지 세션의 장 안에 움직임이 있을 때마다 어떤 내적 변화가 일어나는지 주

---

* 버지니아 사티어에 의해서 계발된 가족 치료 기법.—옮긴이.

의 깊게 그리고 정확하게 인식하기만 하면 됩니다.

가족의 장이 세워지고 나면 일어나는 현상 중 하나는 바로 대리인들이 움직이고 싶다는 욕구나 감정의 변화 등을 감지하기 시작한다는 건데요, 사실 이러한 비자발적인 반응은 일상에서는 경험할 수 없는 지극히 낯선 현상입니다. 이러한 반응들이 의뢰인의 실제 가족 구성원들에 관한 객관적 진실을 보여준다고 단정 지을 수는 없지만, 가족체 내에 감춰져 있는 긴장 관계가 밖으로 드러날 수 있도록 하는 것은 분명합니다. 아울러 치유사가 영혼의 움직임을 찾아서 쉽게 치유 작업을 할 수 있도록 도와줍니다.

가족세우기 세션은 두 단계로 진행됩니다. 첫 번째는 가족체적 '질병'(혹은 불편함) 혹은 고통을 만들어내는 데 기여하는 긴장 관계를 드러내는 단계이고, 두 번째는 해결책과 치유가 가족체 안에 들어설 수 있도록 하기 위한 움직임이나 문구를 찾는 과정입니다.

부부 관계─삶의 목표

헬링거 (참여자들 전체에게) 시작하기에 앞서 관계에 대해 몇 마디 하려고 합니다. 남자와 여자의 관계는 삶의 완성입니다. 어린 시절과 사춘기에 남녀는 각각 장차 배우자와 맺게 될 남녀 관계를 향해 성장해 갑니다. 그것이 목표 지점입니다. 어떤 사람들은 이 관계에 대해 굉장한 기대감을 키워가기도 하지요. 그럴 만도 한 것이 성공적인 부부 관계가 우리 삶에서 아주 높은 자리를 차지하고 있기 때문입니다. 우리의 삶은 이 목표를 성취하는 데 초점이 맞추어져 있습니다.

하지만 부부 관계로 진입하고 부모라는 역할을 맡기 위해서는 어린 시절과 사춘기의 포기라는 과도기를 거쳐야만 합니다. 일단 어른 대 어른의 관계로 문지방을 넘어서고 나면 다시는 사춘기로 되돌아갈 수 없습니다. 어린 시절과 사춘기는 과거가 되는 거지요. 부부가 직면하게 되는 어려움 중 하나는 사춘기를 등 뒤에 남겨두려 하지 않고 그걸 부부 관계 안으로 가져오려고 할 때 발생합니다. 말도 안 되는 일이지요. 그 시기는 이미 지나버렸습니다. 문지방을 하나씩 넘으면서 인간은 성장해 갑니다. 입구가 하나 닫히고 나면 다시는 뒤로 돌아갈 수 없습니다.

이것을 가장 잘 보여주는 예가 출생입니다. 아기에게 자궁은 편안한 공간이지만 어느 순간 더 이상 견디지 못할 시점이 찾아오고 그때는 문지방을 넘어서야 합니다. 일단 자궁을 벗어나면 모든 게 달라지지요. 하지만 돌아갈 길은 없습니다. 그 다음으로 중요한 문지방이 결혼과 부모 되기입니다. 사춘기는 지나갔고 다시 돌아갈 수 없습니다. 성공적인 부부 관계는 한번 문지방을 넘어선 뒤에는 절대로 뒤돌아보지 않을 때 이루어집니다.

이 정도로 서두를 마무리 짓기로 하지요. 자, 이제 자기 소개를 시작하기로 합시다. 이 말은 곧 자기 차례가 되면 이름을 말한 뒤 다루고자 하는 문제와 이번 세미나의 결과로 무엇을 기대하는지 한두 문장으로 말해달라는 뜻입니다.

어린 시절의 트라우마가 부부 관계에 투사되다

헬링거 (홀든에게) 당신부터 시작할까요?

홀든 제가 얻고자 하는 것은 아내와 제가 처음 만났던 때의 느낌을 되찾아서 우리 일상 안으로 다시 가져오는 겁니다. 지금은 저희 두 사람 다 그렇게 하질 못하고 있어요. 그게 제가 바라는 겁니다.

홀든의 눈에 눈물이 고인다.

헬링거 지금 바로 그 내용을 거론하고 싶은 거군요. 뭔가 당신의 감정을 건드린 것 같군요.

홀든이 동의하는 의미로 고개를 끄덕인다.

헬링거 마치 어린아이처럼 가슴이 뭉클해져 있는 것 같아요. 어머니한테 어떤 일이 있었나요?

홀든 머릿속에 바로 떠오르는 사건이 하나 있는데요, 제가 두 살 반쯤 되었을 때 맹장 수술을 받으러 병원에 입원했던 적이 있어요. 어머니는 그 자리에 계시지 않았고요.

헬링거 바로 그거군요. 그 과거의 경험이 현재의 부부 관계에서 계속해서 반복되고 있어요. 당신은 부인에게 너무 과한 걸 요구하고 있습니다. 그 감정은 본래 속해 있는 곳에서 해소를 해야 합니다. 잠시 후 우리가 그 문제를 다루고 나면, 당신의 영혼은 여태까지와는 다른 방식으로 부인에게 자유롭게 돌아갈 수 있을 거예요. 부인 역시 그 부담감에서 놓여날 테고요.

관계에 온전히 몰두하다

일카 더 이상 주저하는 것 없이, 저 자신을 완전히 다 줄 수 있으면 좋겠어요.

헬링거 자신을 완전히 다 주는 방법을 알고 계세요? 남편의 두 눈을 들여다보면 됩니다. 남편의 눈을 들여다볼 수 있다면 가능해요. 남편이 보일 때까지 남편 두 눈을 들여다보는 거예요.

일카가 고개를 돌려 홀든을 쳐다본다.

헬링거 아니요, 당신은 지금 남편을 보고 있지 않아요. 시선이 지금 어딘가 다른 곳을 향해 있어요.

일카가 홀든을 꿰뚫어보려고 하는 것처럼 보인다.

헬링거 됐어요, 그걸로 충분합니다. 나는 단지 한 가지 실험을 해보고 싶었던 것뿐이에요. 당신은 남편을 보고 있지 않아요. 남편을 통해서 다른 무언가를 보고 있는데 그게 뭔지는 잘 모르겠습니다. 하지만 만일 당신이 그걸 해결할 수 있다면, 자유롭게 남편을 향해 돌아설 수 있고 남편의 눈도 들여다볼 수 있게 될 거예요.

일카가 한숨을 쉬더니 미소를 짓기 시작한다.

헬링거 굉장한 안도감을 주는 한숨이로군요. 어쩌면 이제 두 번째 방식의 바라보기가 가능할 것도 같군요. 맞아요, 바로 그런 눈빛으로 말예요. 바로 그런 눈으로 남편을 바라보아야 합니다.

일카가 홀든을 보면서 미소를 짓는다. 그리고 홀든의 손을 잡는다.

···▶일카와 홀든을 대상으로 한 치유 작업은 175쪽에서 계속됨

주기와 받기 사이의 균형

알렉산드라 저는 이제 그만 내려놓고 좀 더 만족스럽게 살고 싶어요.

마르쿠스 알렉산드라와 저 사이에 균형점을 찾을 수 있는 방향으로 한 걸음 더 나아가고 싶어요. 주기와 받기 사이의 균형, 그리고 내려놓기와 움켜쥐기 사이의 균형까지 포함해서요.

헬링거 두 사람 중에서 누가 더 주고 누가 더 받고 있다고 여겨지세요?

마르쿠스 둘 중 한 사람은 더 주고 다른 사람은 덜 주는 것 같지는 않아요. 다만 주고받는 타이밍이 서로 어긋나 있다고 생각해요.

헬링거 질문에 대한 답을 듣지 못했습니다. 두 사람 중 누가 더 주고 누가 더 받나요? (알렉산드라에게) 당신은 뭐라고 대답하시겠어요?

알렉산드라 제가 더 주는 것 같아요.

헬링거 주기와 받기 사이의 균형은 다른 사람과 성공적인 관계를 맺기 위한 전제 조건입니다. 그런데 무조건 주기만 하는 사람은 없습니다. 무조건 받기만 하는 사람이 없는 것처럼요. 만약 내가 가진 가방에 10킬로그램 정도의 물건을 담을 수 있다면 그 정도의 물건이 내가 줄 수 있는 전부이자 상대방에게서 받을 수 있는 전부예요. 다시 말해서 처음부터

주기와 받기 사이에는 이미 한계가 정해져 있다는 겁니다.

관계가 성공하기 위해서는 상대방이 받을 수 있는 만큼만 주어야 합니다. 그리고 상대방이 나에게 줄 수 있는 만큼만 요구하는 게 좋습니다. 이게 바로 주기와 받기 사이의 적정한 한계인데, 이상한 것은 만일 우리가 이러한 한계를 수용하고 맞춰갈 경우 주고받는 것의 크기가 점점 더 커질 수 있다는 겁니다.

헬링거 (알렉산드라에게) 한 가지 방법은 당신이 남편*에게 아주 비밀스런 방식으로 자신이 원하는 게 뭔지 알려주는 거예요. (마르쿠스에게) 가끔 부인이 당신에게 자신이 원하는 게 뭔지 말해주나요?

마르쿠스 (잠시 생각하는 듯하더니) 예, 알려줍니다.

헬링거 당신이 그걸 실행할 수 있도록 부인이 구체적으로 그 내용을 표현해 주나요?

마르쿠스 예.

헬링거 구체적이라는 말의 의미가 무엇인지 예를 하나 들어 말씀드리죠. 간혹 배우자에게 "나는 당신이 나를 좀 더 사랑해 주었으면 좋겠어요"라고 말하는 사람들이 있습니다. 그럴 경우 배우자는 남편이나 부인의 희망이 언제쯤 충족되었는지 알 수가 없습니다. 만일 부인이 남편에게 "나는 당신이 나하고 30분 동안 함께 산책을 나갔으면 좋겠어요"라고 말한다면, 남편은 그 희망 사항이 언제 충족되었는지 알 수 있습니

---

* 알렉산드라와 마르쿠스 두 사람이 결혼이 아닌 약혼 관계이기는 하나, 무의식적 관계성을 다루는 가족세우기에서는 성적 관계가 형성된 경우 기본적으로 두 사람을 남편과 부인으로 지칭한다. 법적 결합 여부와 무관하게 감정적 관계성 혹은 역동이 형성된 뒤 남자와 여자 사이의 상호 작용, 영향 관계가 그 둘을 남편과 부인으로 묶어주기 때문이다. 따라서 이 책에서는 설령 결혼 관계가 아니더라도 이런 경우 남편과 부인이라는 표현을 그대로 썼음을 밝혀둔다.─옮긴이.

다. 그러니까 구체적인 표현법을 사용하는 것이 아주 중요합니다. 그렇지 않으면 배우자는 충족될 수 없는 희망 사항을 충족시켜 주어야 한다는 압박감에 시달리게 되고, 결국 아무것도 해줄 수 없게 됩니다. 그 요구 자체가 너무 막연해서 채워주기가 불가능하기 때문이지요. 내가 원하는 것을 구체적으로 표현할 수 있느냐 없느냐는 부부 관계의 성공을 위해 두 사람 모두에게 중요합니다. 나중에 그와 관련된 구체적인 내용을 다뤄보도록 하지요.

···▸알렉산드라와 마르쿠스를 대상으로 한 치유 작업은 265쪽에서 계속됨

배우자 재교육

데니스 저는 실비아와 친밀하게 관계를 맺고 싶어요. 실비아에게 진심으로 '예스'라고 말할 수 있다면 좋겠어요. 그처럼 전적인 수긍 속에서 새로운 가족을 만들고 싶어요.

헬링거 두 분은 결혼한 사이인가요?

데니스 아니요.

실비아 서로에게 좀 더 감사하는 관계를 맺고 싶어요. 데니스를 존중하고 그가 하는 일에 좀 더 감사한 마음을 가질 수 있었으면 해요. 저 자신도 같은 대접을 받고 싶고요. 저는 이 두 가지가 서로 연결되어 있다고 생각해요.

헬링거 감사함에 대해서 한 말씀 드리죠. 여러분도 알다시피 남자와 여자는 서로 다릅니다. 육체적인 면만 다른 게 아니라 모든 면에서 달라요. 남녀가 서로 관계를 맺게 되면서 두 사람은 서로에게 낯선 영역에 발

을 들여놓게 됩니다. 남자는 수수께끼와도 같은 존재인 여자를 알아가야 하고, 여자도 남자를 알아가야 하지요. 여자에게도 남자가 도저히 이해할 수 없는 존재인 것은 마찬가지입니다.

간혹 둘 중 한 사람이 나는 옳은데 상대방은 그다지 옳지 않다고 생각할 때가 있습니다. 대개 여자들은 자신이 남자보다 더 우월하다고 생각합니다. 하지만 남자들도 그 자체로 훌륭하기는 마찬가지예요. 단지 둘이 다른 것뿐이죠.

실비아가 미소를 짓는다.

헬링거 감사함이란 상대방이 나와 전혀 다름에도 불구하고 그를 있는 그대로 인정해 주는 걸 말합니다. 배우자를 지금과 다른 사람으로 만들려는 '배우자 재교육 시도'는 반드시 실패로 끝납니다. 당연히 부부 관계에도 악영향을 끼치게 되지요.

남자를 있는 그대로 인정하고 여자를 있는 그대로 인정하면 부지불식간에 내가 나 자신의 면모 중 어떤 부분을 포기했다는 걸 알게 되지요. 그러면서 남녀 간의 차이점이 전혀 문제로 여겨지지 않게 됩니다. 그저 서로가 다르다는 사실을 하나의 정보로 받아들이게 되는 거지요. 그게 바로 서로에게 감사하는 관계의 토대입니다. 비록 당신은 남자이고 나는 여자지만 혹은 당신은 여자이고 나는 남자지만 당신은 그 자체로 온전하다, 그렇게 받아들일 때 두 사람은 자기 생각을 조금씩 접게 되고 그 대신 감사함이 커가기 시작합니다. 어쨌거나 상대방이 나와는 전혀 다른 존재이고, 그게 바로 내 삶을 풍요롭게 만들어주는 것 아니겠어요? 여성은 남성을 통해 새로운 것을 얻고 남성 역시 여성을 통해 삶 속에 새로운 것을 얻으면서 둘 사이에 좀 더 확장된 일체감이 형성되는 거니까요.

실비아와 데니스가 고개를 끄덕이면서 미소를 짓는다.

···▶ 실비아와 데니스를 대상으로 한 치유 작업은 56쪽에서 계속됨

결혼으로 이어지지 않은 관계는 두 사람 모두에게 상처가 된다

마틴 이 세미나를 통해서 저희 두 사람의 관계를 새로운 시각에서 바라보게 되었으면 좋겠어요. 저희는 7년째 함께 살고 있는데요, 맨 처음 느꼈던 감정을 조금이라도 되찾아 그때처럼 일상이 가슴 뛰는 관계가 되었으면 좋겠어요.

헬링거 두 사람은 결혼했나요?

마틴 아니요.

헬링거 같이 생활한 지 얼마나 되었나요?

마틴 7년 조금 넘었어요.

헬링거 왜 결혼하지 않은 건가요?

마틴 꼭 결혼을 해야 하나요?

헬링거 결혼은 사춘기를 향한 작별 인사와 같아요. 결혼을 하지 않고 남녀가 함께 사는 것은 사춘기의 연속선상에서 살고 있다는 뜻입니다. 두 사람이 오랫동안 함께 살면서 결혼을 하지 않는다는 것은 서로가 상대방에게 "나는 더 나은 사람을 찾고 있는 중이야"라고 말하는 것과 같아요. 그건 서로에게 계속 상처를 입히는 것과 같습니다.

마틴 저희 두 사람에게는 자식이 있어요. 어쩌면 그게 결혼을 하는 것보다 더 중요했던 것 같아요. 그러니까 저희가 남들과는 다른 방식의 삶을 살고 있다고 말할 수 있겠네요. 게다가 저희 둘은 전통적인 생활 방식을 추구하지 않아요. 다른 방식의 삶을 시도해 본다는 데 더 큰 의의를 두고 있죠.

헬링거 사춘기적 발상일 뿐이에요.

마틴 그건 맞아요.

헬링거 게다가 아이의 눈에 "다른 방식의 삶을 시도해 본다"는 생각을 가진 부모가 어떤 모습으로 비칠 거라고 생각되세요?

마틴 "이제 너를 나의 자식으로 맞아들인다."

헬링거 지금 바로 당신의 현재 가족을 세워보도록 하지요.

마틴 좋아요.

헬링거 아이가 몇 살인가요?

마틴 일곱 살이에요.

헬링거 남자애인가요, 여자애인가요?

마틴 사내아이입니다.

헬링거 가족세우기 세션이 진행되는 모습을 본 적 있나요?

마틴 비디오로 본 적이 있어요.

헬링거 여기에 온 사람들 중에서 당신과 배우자 그리고 아들을 대신할 대리인들을 선택해 보세요. 그런 다음 대리인들을 한 사람씩 세우는데, 등 뒤쪽에서 대리인의 양쪽 어깨를 잡은 뒤 천천히 움직이면서 그에게 맞는 자리를 찾아봅니다. 첫 번째 대리인을 세우고 난 다음 그를 기준점삼아 나머지 사람들의 자리를 찾으면 됩니다. 순전히 지금 이 순간의 느낌에 따라서 세워야 합니다. 어떻게 세울지 머릿속으로 계획을 세우지 않고 말이에요. 당신이 대리인들을 다 세우고 나면 당신 배우자에게도 느낌에 따라서 세울 수 있는 기회를 줄 겁니다.

가족을 세우다

마틴이 세미나에 참여한 사람들 중에서 대리인들을 선택한다. 자신을 대신할 대리인으로 남자를, 배우자의 대리인으로 여자를, 그리고 일곱 살짜리 아들을 대신할 대리인으로 남자를 선택한다. 마틴이 침묵 속에서 아주 안정된 모습으로 서로간의 관계성에 따라 대리인들을 세우기 시작한다.

이제 의뢰인이 이끄는 자리에 세워진 대리인들은 아무 말 없이 느낌과 몸의 감각에 집중하게 된다. 잠시 후 대리인들은 그 자리에 서 있는 동안 든 느낌이나 감각 등을 치유사에게 알려준다. 대리인들이 실제 가족 구성원에 관해 아는 바가 전혀 없음에도 그들이 보여주는 반응은 실제 가족 구성원이 놓여 있는 무의식적인 상태를 때로는 극적으로 때로는 깊은 차원의 역동까지 놀라울 정도로 세밀하게 드러낸다.(이 사례에서 두 사람이 결혼을 하지는 않았지만 세션에서 남자와 여자는 '남편'과 '부인'으로 지칭된다.)

44

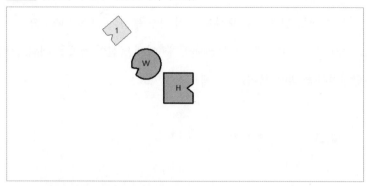

H_ 남편(마틴) W_ 부인(캐롤) 1_ 첫 번째 아이, 아들

헬링거 (대리인들을 모두 세운 뒤에도 여전히 그들이 세워진 자리를 놓고 고심하고 있는 마틴에게) 대리인들이 모두 자리에 세워졌군요. 이게 당신의 현재 가족 모습입니다.

헬링거가 대리인들에게 질문을 한다.

헬링거 (아들에게) 지금 아들의 느낌은 어떤가요?

아들 무언가 아주 불확실한 느낌이에요. 마치 허공 속을 들여다보고 있는 것 같아요. 부모님이 주변에 있다는 건 알겠는데 제대로 보이지는 않아요. 온몸에서 한기가 느껴져요.

헬링거 부인은 지금 어떠세요?

부인 굉장히 으스스해요. 등 뒤에 서 있는 남자한테서 전혀 교감이 느껴지지 않아요. 저 남자는 무시무시한 그림자 같은 사람이에요. 아들에게 강하게 끌리고 있고, 이쪽 방향(앞쪽)으로 돌아서고 싶어요.

헬링거 남편은 어떻습니까?

남편 저는 괜찮아요. 오른쪽 팔이 아주 무겁다는 것만 빼고요.

헬링거 (마틴의 배우자인 캐롤에게) 이제 당신이 가족을 세워보세요. 당신이라면 대리인들을 어떻게 세우겠어요?

그림 1b 부인에 의해서 세워진 가족의 모습

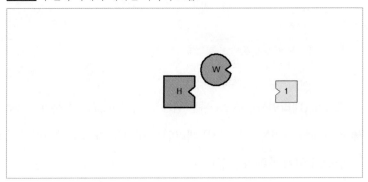

헬링거 (마틴의 대리인에게) 지금 남편의 느낌은 어떤가요?

남편 아까보다 좀 나아졌어요. 하지만 몸이 자꾸만 오른쪽으로 기울어지는 것 같아요.

헬링거 (캐롤의 대리인에게) 부인은요?

부인 저도 기분이 좀 나아진 것 같네요. 그리고 남편이 제 등 뒤에 서 있는 것보다는 제가 남편 옆에 나란히 서 있고 싶어요. 아들에 대해서도 지금은 마음이 한결 편안해졌어요.

헬링거 아들은 이 상황이 어떤가요?

아들 아까보다 훨씬 편해졌어요. 이제야 두 발이 바닥을 딛고 서 있는 것 같아요. 아버지보다는 엄마에게 아주 강하게 끌리고 있어요.

헬링거 맞아요, 아버지는 불안합니다. 일종의 불안한 어린아이라고 말할 수 있어요. (마틴에게) 당신의 원래 가족에게 어떤 사건이 있었나요? 어린 나이에 죽은 사람이 있나요?

마틴 없어요.

헬링거 이혼을 한 사람은요?

마틴 없어요.

헬링거 (마틴의 대리인에게) 강하게 끌리는 방향으로 가보세요.

마틴의 대리인이 한 걸음을 떼어 부인과 나란히 선다. 그 상태에서 오른쪽으로 한 걸음을 더 떼어놓자 두 사람 사이에 좀 더 거리가 생긴다.

그림2

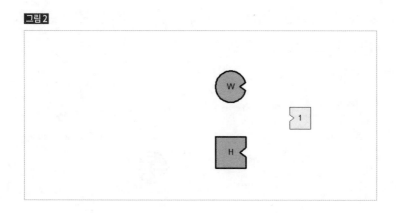

헬링거 (마틴의 대리인에게) 지금은 어떠세요?

남편 좋아요.

헬링거 부인은 어떠세요?

부인 아직 그다지 좋지는 않아요. 여전히 남편과 저 사이를 무언가가 가로막고 있는 것 같아요.

헬링거 맞아요. 남편은 떠나고 싶어 합니다. 그래서 당신은 남편에게 의지할 수가 없는 거예요. (마틴에게) 이 관계 이전에 깊은 남녀 관계를 가진 적이 있나요?

마틴 예, 두세 번 정도 됩니다.

헬링거 어떤 일이 있었나요? 자식을 두었거나 낙태를 한 적이 있나요?

마틴 (잠깐 생각에 잠기더니) 예, 낙태를 한 적이 있긴 한데 십대 때 흔히 겪는 불장난 정도였어요. 왜 열일곱 살짜리 남자애라면 보통 거치는 그런 거 말이에요.

헬링거 물론 그런 식으로 말을 할 수도 있겠지요.

헬링거가 마틴의 과거 배우자, 즉 낙태된 아이의 엄마를 마틴의 대리인이 서 있는 오른쪽에 세운다.

그림 3

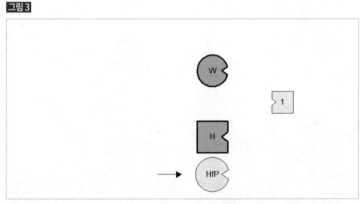

HfP_ 남편의 과거 배우자

헬링거 이 상황이 남자에게는 어떻습니까?

남편 점점 더 편해지고 있어요.

헬링거 (캐롤의 대리인에게) 부인은요?

부인 여전히 아들과는 교류감이 느껴지는데, 남편과는 연결되어 있다는 느낌이 전혀 들지 않아요.

헬링거 남편은 여전히 이전의 관계에 묶여 있습니다. (마틴에게) 한번 상상해 보세요, 낙태된 아이가 여자아이일까요 남자아이일까요?

마틴 한 번도 그런 생각을 해본 적이 없는데요.

헬링거 어느 쪽일 거라고 상상이 되나요?

마틴 모르겠어요. 양성이었을 것 같은데요.

헬링거 양성인 태아는 없습니다.

마틴 여자아이예요.

헬링거가 낙태된 아이의 대리인을 세운다.

그림 4

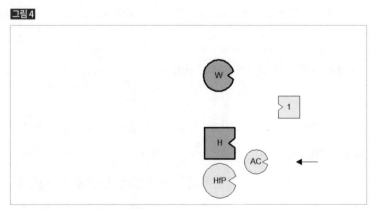

AC_ 낙태된 아이

헬링거 (낙태된 아이에게) 부모님 앞에 앉아보세요. 두 분에게 등을 기댄 채로요. 의식을 배에 모으도록 합니다. 내면에서 일어나는 감정을 느낄 수 있도록 말이에요. (잠시 후) 그 자리에 있는 느낌이 어때요?

낙태된 아이 부모님이 저를 진심으로 받아들이지 않고 있어요. 뒤로 넘어지지 않으려면 정신을 바짝 차리고 있어야 해요. 부모님은 제 등 뒤에 서 계시지 않아요.

헬링거 (낙태된 아이의 어머니에게) 첫 번째 여자는 지금 어떤가요?

과거의 배우자 처음엔 이 남자에게 다가가 팔을 어깨에 두르고 싶었어요. 그러다 아이가 들어오자 금방이라도 눈물이 쏟아질 것만 같았고요.

말을 끝낸 뒤 낙태된 아이의 어머니가 눈물을 흘리기 시작한다.

헬링거 아이의 머리 위에 한쪽 손을 올려보세요.

과거의 배우자 가슴이 너무 아파요.

헬링거 지금 남자는 어떻습니까?

남편 이 상황으로부터 조금 거리를 두고 싶어요.

남자가 옆으로 한 걸음을 옮겨놓는다.

남편 저 역시 아이와 교류해야 할 필요가 있다는 것은 알지만 조금 거리를 둘 필요가 있기도 해요.

헬링거 (남편에게) 당신도 아이의 머리 위에 손을 얹어보세요. (낙태된 아이에게) 눈을 감아보세요. (캐롤의 대리인에게) 지금 부인에게 어떤 일이 일어나고 있나요?

부인 몸의 한기가 점점 더 심해지고 있어요. 아들을 제 쪽으로 끌어오고 싶어요. 누군가 저를 좀 안아주고 따뜻하게 해줬으면 좋겠어요.

헬링거 아들은 어떤가요?

아들 저는 엄마하고만 교류하고 있는 것 같아요.

헬링거 어머니 옆으로 와보세요. 하지만 여전히 아버지 쪽을 볼 수 있도록 살짝 비켜서 서보세요.

그림 5

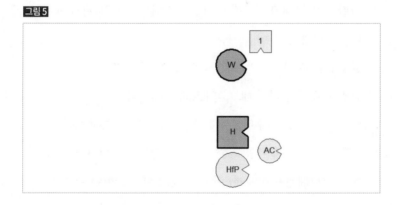

헬링거 (남편에게) 지금 어떠세요?

남편 이렇게 있는 게 좋아요.

헬링거 낙태된 아이는 지금 어떤가요?

낙태된 아이 이곳은 따뜻하지 않아요. 하지만 거부당하고 있다는 느낌은 없어요. 엄마에 대해서는 확신이 좀 덜한 편이에요.

헬링거 아버지에 대한 느낌은 어때요?

낙태된 아이 (아버지의 손을 만지면서) 좋아요.

이 시점에 이르자 헬링거가 자리에 앉아서 세션을 지켜보던 마틴과 캐롤에게 자신들의 대리인이 있는 자리에 와서 서보라고 요청한다. 두 사람의 대리인은 장에서 나와 자리로 돌아가 앉는다.

헬링거 (마틴에게) 낙태된 아이의 머리 위에 손을 올려보세요. 의식을 배에다 둔 상태로 아이를 내려다봅니다. 느낌이 일어나는 대로 따라가 보세요. 그래야만 현재 일어나고 있는 상황과 직접적으로 교류할 수 있습니다. 이 아이가 당신을 볼 수 있도록 시선을 아이에게 고정시키세요. 그런 다음 낙태된 아이에게 이렇게 말해봅니다. "사랑하는 아이야."
마틴 사랑하는 아이야.
헬링거 "이제 나는 너를 내 자식으로 받아들인다."
마틴 이제 나는 너를 내 자식으로 받아들인다.
헬링거 "내 가슴속에 너를 위한 자리를 마련하도록 하마."
마틴 내 가슴속에 너를 위한 자리를 마련하도록 하마.
헬링거 (낙태된 아이에게) 이 말을 듣고 나서 느낌이 어때요?

낙태된 아이의 대리인이 거부하듯 고개를 좌우로 흔든다.

헬링거 아이의 가슴에 가 닿지 못한 것 같군요.
낙태된 아이 가슴에 와 닿지 않아요.
헬링거 (마틴에게) 여기서 세션을 중단하겠습니다. 이 상황이 당신과 캐롤의 내면에서 자리를 잡을 때까지 시간을 좀 갖는 게 좋을 것 같군요. 고맙습니다, 대리인 여러분, 역할 밖으로 나오세요.

낙태된 아이를 매개체로 남자와 여자는 서로에게 묶여 있다

헬링거 (참여자들 전원에게) 자녀를 생산해 낸 남녀 관계는 설사 그 자녀가 낙태되었다 해도 서로에게 묶여 있게 됩니다. 그러한 결속은 두 사람이 헤어진 후 새로 관계를 시작할 때 걸림돌이 되기도 합니다. 그러므로 먼저 과거의 관계를 좋은 방식으로 마무리 지어야 해요. 그러기 위해서는 과거의 배우자를 온전히 존중할 수 있어야 하겠지요. 헤어짐으로 인한 고통도 똑같이 존중해야 하고요. 마찬가지로 자녀 역시 존중받아야 합니다. 설사 낙태된 아이라 해도 말이에요. 아이를 위한 고통과 애도가 내면에서 완료되어야 하고, 아이를 위한 자리를 부모의 가슴속에 마련해야 합니다. 간혹 이러한 역동의 결과가 표면에 드러나기까지 제법 긴 시간이 걸리기도 하는데, 일단 표면화된 뒤에는 애정과 배려의 마음으로 작별을 고할 수 있어야 합니다. 그때 남자는 새로운 배우자 쪽으로 방향을 전환할 수 있습니다. 그리고 어떤 경우라도 과거의 배우자와 아이의 존재가 인정받고 포함되어야 합니다.

(마틴과 캐롤에게) 남편의 과거사는 당신의 가족에 속해 있다고 말할 수 있습니다. 두 분의 현재 가족 안에 말이에요. 이해되세요? 혹시 하고 싶은 말이 있나요?

마틴 제가 과거 여자에게 애정이 있고 지금도 관계가 지속되는 건 사실입니다. (캐롤이 소리 내 웃는다.) 그리고 이 낙태 건에 대한 압박감이 여전히 존재한다는 것도 알아요. 기억 속에서 잊힌 사건이 아니란 걸요. 옛 여자는 현재 미국에서 살고 있고 지금도 이따금 만나곤 합니다. 그럴 때마다 여전히 서로에게 강한 끌림을 느끼게 돼요.

헬링거 당연하죠. 그 여자가 당신의 첫 번째 부인이었으니까요.

잠시 후.

마틴 몇 분 전만 해도 머릿속이 온통 뒤죽박죽이었어요. 지금은 좀 마음이 가라앉은 상태예요. 아까보다 더 편해졌고, 답답하던 것도 걷힌 느낌이에요. 아까와 비교해 보면 지금은 기분이 훨씬 좋아요. 아마도 눈앞에서 펼쳐진 상황이 저를 송두리째 흔들어놓은 것 같아요. 가슴 깊은 곳을 파고든 것 같다고나 할까요.

헬링거 당신 얼굴이 달라졌군요.

마틴이 미소를 지으면서 고개를 가볍게 끄덕인다.

헬링거 이 새 얼굴이 당신에게 더 잘 어울려요.

캐롤 저는 지금 몹시 혼란스런 상태예요. 하지만 이곳에 있다는 게 마음 편하기도 해요.

헬링거 좋습니다. 이제 다른 사람들도 자기 소개를 해보도록 하지요.

해결책은 당신의 영혼 안에 자리 잡고 있다

마거릿 앞 분의 세션이 진행되는 동안 여러 차례 복통을 느꼈어요. 특히 전 부인과 관련된 내용을 다룰 때는 이게 제 문제일 수도 있겠다는 생각이 들었어요. 솔직히 말해서 남편의 첫 번째 부인이 차지해야 마땅한 자리를 제가 기꺼이 내줄 수 있을지 잘 모르겠어요.

덱스터 첫 번째 부인과 관련된 내용은 저에게도 깊은 감동을 주었어요. 제 전처가 이 자리에서 세션에 참여할 수 있었으면 좋겠다는 바람이 생기네요. 그게 안 된다면 다른 사람의 세션을 볼 수라도 있으면 좋겠다는 마음이 들어요.

헬링거 해결책은 당신의 영혼 안에 자리 잡고 있습니다. 첫 번째 부인이 굳이 이 자리에 있을 필요는 없어요. 당신 내면에서 변화가 일어난다면 과거의 상황에 대해 전혀 다른 이미지를 갖게 될 테고, 첫 번째 부인에 대해서도 다른 눈으로 보게 될 겁니다. 전 부인에게도 변화가 일어날 건 자명하고요. 굳이 누가 뭐라고 말을 해주지 않더라도 말예요. 그게 바로 이 가족세우기 치유 작업이 갖는 신비스러운 힘입니다.

덱스터 과거에 다른 곳에서 저희 상황을 가지고 가족세우기를 해봤어요. 그때 아주 많은 일들이 표면으로 드러났어요.

헬링거 아직 해결이 된 상태는 아니에요.

덱스터 맞아요. 아직 해결이 된 건 아니에요.

헬링거 당신은 여전히 첫 번째 부인에게 원한을 품고 있어요.

덱스터 맞는 말이에요.

헬링거 원한이 생기게 한 과거사를 한마디로 요약해 주는 멋진 문구가 있습니다. 이거예요. "내가 당신에게 무슨 짓을 저질렀기에 내가 지금도 이렇게 당신에게 화가 나 있는 걸까?" 당신이 다른 사람에게 상처를 입혔다는 걸 알아채기 시작할 때, 그러한 행위에 대해 인정하게 될 때, 감정의 전환이 시작됩니다. 그때 배우자를 존중하게 되고, 두 사람 사이에 화해가 이루어졌다는 느낌이 들게 되지요.

⋯➔ 마거릿과 덱스터를 대상으로 한 치유 작업은 147쪽에서 계속됨

과거의 남녀 관계에서 여러 차례 낙태를 경험하다

← 40쪽에서 시작된 실비아와 데니스를 대상으로 한 치유 작업에 이어지는 내용

헬링거 혹시 하고 싶은 이야기 있는 분 계세요?

데니스 방금 전에 진행한 세션의 내용이 저하고도 관련 있다는 느낌이 들어요. 저는 과거에 네 번 남녀 관계를 가진 적이 있고 여러 차례 낙태를 경험했어요. 여전히 해결되지 않은 문제가 남아 있다는 느낌이 드는데 이제 그걸 해결하고 싶어요.

다음날.

실비아 데니스와의 관계에서 다루고 싶은 문제가 있어요.

헬링거 그게 뭔가요?

실비아 데니스가 과거에 네 여자와의 사이에서 여러 차례 낙태를 했던 게 사실이에요. 저희는 둘 다 아이를 원하고 있어요. 하지만 아이를 갖는다는 게 저에게는 굉장히 특별한 일로 여겨지는 반면, 데니스한테는 일상에서 흔히 경험하는 평범한 일 중 하나에 불과하다는 느낌이 들어요. 그렇다고 그 문제를 가지고 이 사람을 심하게 몰아붙이려는 건 아니에요. 하지만……

헬링거 방금 전 그렇게 하지 않았나요? 당신은 방금 전 데니스를 심하게 몰아붙였어요.

실비아 그게 아니라 저는 단지 우리 둘에게도 출산은 참으로 특별한 일이라는 느낌을 나누고 싶은 거예요. 그러니까 자식이란 아주 특별한 존재라는 느낌을 가질 수 있으면 좋겠다는 거죠.

헬링거 당신에게 비밀을 하나 알려드리죠. 자녀들은 이 세상에서 가장 위대한 선물이에요. 하지만 아주 흔한 선물이기도 해요!

실비아 받아들이기가 어렵네요.

헬링거 자녀들은 특별히 흔한 선물이에요. 당신보다 이전 세대에 속해 있는 수백, 수천의 여성들을 떠올려보세요. 그 거대한 물줄기를 놓고 본다면 당신은 그저 군중 속의 한 사람에 불과해요.

실비아가 미소를 지으면서 고개를 끄덕인다.

데니스 어제 이후 저는 정말이지 깊은 안도감을 느끼고 있어요. 숨 쉬기가 훨씬 편해졌어요. 실비아가 꺼낸 문제는 저에게도 중요한 일이에요. 제가 과거의 일 때문에 비난받고 있다는 느낌이 계속 있었거든요. 또 얼른 그 문제를 매듭짓고 그 아이들에게 작별을 고하고 싶다는 욕구도 있어요.

헬링거 당신은 그들에게 작별을 고할 수 없어요. 단지 그 아이들을 당신 가슴속으로 받아들일 수 있을 뿐이에요. (실비아에게) 그리고 당신은 이 문제를 이것이 본래 속해 있던 곳에 그대로 남겨둬야 해요. 다시 말해 남편과 다른 여자들의 몫으로 남겨둬야 한다는 말입니다. 당신은 그들 문제에 끼어들 자격이 없어요. 그렇지 않으면 당신은 무의식적으로 그 여성들을 대신하게 될 테고, 그러면 당신 자리를 잃게 될 거예요. 아시겠어요?

실비아가 고개를 끄덕인다.

몇 시간 뒤.

데니스 점심시간 뒤부터 지금까지 왼쪽 가슴과 왼쪽 팔에서 통증이 느껴져요.

헬링거 당신 왼팔과 심장의 통증에 대해 제가 어떤 상상을 하고 있는지 아세요?

데니스 아니요.

헬링거 당신은 왼팔을 과거 여성들의 어깨에 둘러주어야 해요. 그리고 당신의 가슴 안으로 그들을 받아들여야 합니다. 낙태된 아이들과 함께 말이에요.

데니스가 가슴이 벅차오르는 듯한 표정으로 고개를 끄덕인다.

실비아 "당신과 함께라면 저는 여자가 될 수 있어요."

헬링거 지금 당장 내 문제를 다뤘으면 좋겠다는 다급한 기분이 드는 분이 있나요?

실비아와 데니스 예, 저희 두 사람이요.

실비아 저희는 둘 다 결혼을 하고 싶어 해요. 문제는 결혼에 대해 생각할 때마다 제가 결혼 생활을 파탄에 이르게 한 뒤 도망치고 말 것 같다는 강한 두려움이 인다는 거예요. 어떤 일이 됐든 책임을 진다는 게 제게는 너무나 어려운 과제예요. 제 한 몸이라면 어떻게든 지고 가겠는데, 결혼을 하면 우리 두 사람을 책임져야 한다는 생각이 들고, 그런데 뭐랄까,

그게 저와 아무 상관도 없는 일처럼 여겨지는 거예요.

헬링거 당신 배우자는 자기 자신에 대해 책임을 지고 있나요?

실비아 자기 혼자 몸은 책임지는 것 같아요.

헬링거 (미소를 지으며) 그럼 됐군요. 두 사람이 여태까지 해온 것처럼만 해나간다면, 즉 각자가 스스로에 대해서 책임질 수 있다면 아무 문제 없겠군요.

실비아 하지만 문제는요, 그러다 세 번째 인물이 등장하게 되면 어떻게 해야 하죠? 저희 둘이 책임을 나눠 질 수 있을까요?

헬링거 물론이죠. 간혹 여성 혼자서 자녀의 양육에 대한 책임을 져야 할 때도 있지만요.

실비아 맞아요. 제 어머니도 그렇게 하셨어요.

헬링거 (고개를 끄덕이며) 아버지에게 어떤 문제가 있었나요?

실비아 아버지는 알코올 중독자였어요. 집에 계시는 날이 거의 없었죠. 사람들과 어울려 술 마시는 걸 너무 좋아해서 아예 바깥에서 사시다시피 했어요.

헬링거 당신의 원래 가족을 세워보도록 하죠. 형제들이 어떻게 되나요?

실비아 저보다 네 살 어린 여동생이 한 명 있어요. 그리고 아버지의 첫 번째 결혼에서 태어난 이복오빠가 한 명 있기는 한데 서로 연락을 주고받는 사이는 아니에요. 그냥 소문으로 그 오빠 이야기를 들은 정도예요. 오빠가 한 살 때쯤인가 찍은 사진이 하나 있었는데 그걸 본 적은 있어요.

헬링거 재론의 여지가 없군요. 결혼식에 오빠를 초대해야 합니다. (데니스에게) 그렇게 해줄 수 있나요?

데니스 예.

헬링거 (실비아에게) 당신이 갖고 있는 감정은 누구의 감정일까요?

실비아 아버지의 첫 번째 부인이 갖고 있는 감정인 것 같아요.

헬링거 맞습니다. 그러면 당신이 가져야 할 감정은 어떤 걸까요?

실비아 딸로서의 감정이겠지요.

헬링거 그겁니다.

실비아 (감정의 동요를 보이며) 하지만 이 감정 상태에서 빠져나갈 수
가 없어요. 정말이지 이 감정에서 벗어나고 싶은데 말이에요.

헬링거 당신이 빠져나오고 싶어 하는 게 보이는군요. 그렇게 할 수 있
도록 제가 도와드리죠. 당신의 원래 가족을 세워보도록 합시다.

그림 1

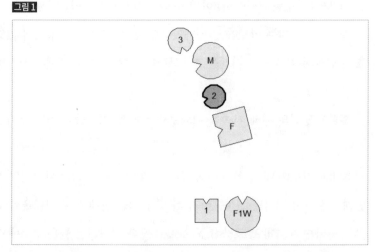

M_ 어머니 F_ 아버지 1_ 첫 번째 자녀, 아들 2_ 두 번째 자녀(실비아) 3_ 세 번째 자녀, 딸
F1W_ 아버지의 첫 번째 부인

헬링거 (실비아에게) 지금 이 모습을 보건대 당신이 누구를 대신하고 있는 것처럼 보이나요?

실비아 제 엄마한테는 남편 역할을 하고 있고, 아버지한테는 아내 역할을 하는 것 같아요

헬링거 아니요. 당신은 아버지의 첫 번째 부인을 대신하고 있습니다. 당신이 서 있는 자리는 첫 번째 부인의 자리예요. 아버지의 첫 번째 결혼이 왜 파경에 이른 거지요?

실비아 아버지의 첫 번째 부인이 아버지의 가장 친한 친구와 바람을 피우면서 두 분이 결국 이혼을 하게 되었어요.

헬링거 (아버지의 대리인에게) 아버지는 지금 어떠세요?

아버지 (실비아의 대리인을 가리키면서) 이 딸이 제 아내예요. 지금의 아내는 저를 위해 있는 사람이 아니에요. 첫 번째 아내나 아들과는 교류한다는 느낌이 거의 없어요. 저 둘이서만 가족을 이루고 있고 저는 완전히 외톨이가 된 것 같아요. 혹시 주위에 가족이 있는지 찾아보려는 듯 자꾸 주변을 둘러보게 돼요.

헬링거 첫 번째 부인은 어떠세요?

첫 번째 부인 몸이 떨리고 온몸에 소름이 돋아나요. 저기 있는 첫 번째 남편에게 그다지 호감을 느낄 수가 없어요. 아들과도 진정으로 교류하고 있다는 느낌은 들지 않아요. 아들이 옆에 서 있고 곁눈질로 볼 수 있기는 하지만 온기나 교류감이 느껴지는 건 아니에요.

헬링거 돌아서 보세요.

헬링거가 첫 번째 부인을 다른 사람들로부터 돌려세운다.

헬링거 (아들에게) 어머니가 돌아서고 난 뒤 느낌에 변화가 있나요?

첫 번째 자녀 이제야 좀 편해졌어요. 어머니한테서 제가 좀 떨어져 있어야 할 것 같아요.

헬링거가 첫 번째 자녀를 아버지 옆으로 옮겨 세운다.

그림2

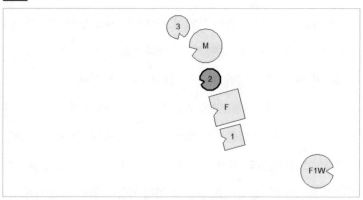

헬링거 그 자리가 바로 당신이 가야 할 곳입니다.

첫 번째 자녀 기분이 훨씬 나아졌어요.

실비아 한 가지 말씀드리지 않은 게 있어요. 제 이복오빠는 생모 손에서 크지 못했어요. 외조부모가 오빠를 키웠다고 들었어요. 그런 이유 때문에 어머니와 별다른 교류감이 없을 거라고 여겨져요. 그게 맞아요.

헬링거 (아버지에게) 아들이 옆에 서 있는데 아버지의 느낌은 어떠세요?

아버지 아까보다 더 낫습니다.

헬링거 (실비아의 대리인에게) 당신은 어떤가요?

두 번째 자녀 텅 빈 공간을 쳐다보고 있는 것 같아요. 누구와도 교류하고 있지 않아요.

헬링거 첫 번째 부인처럼 말이군요. (어머니에게) 어머니는 어떠세요?

어머니 첫 번째 부인이 저를 쳐다보고 있던 때보다 지금이 더 나아요. 첫 번째 부인이 저쪽으로 돌아서고 난 뒤에는 마음이 훨씬 편해졌어요. 둘째딸에게 관심이 많아요.

헬링거 (둘째딸에게) 당신은 어떤가요?

세 번째 자녀 이 자리에 제가 갇혀 있는 것 같아요. 언니에게 좀 더 가까이 서 있어야 할 것 같아요.

헬링거 모두에게 적합한 자리를 찾아보도록 하죠.

그림3

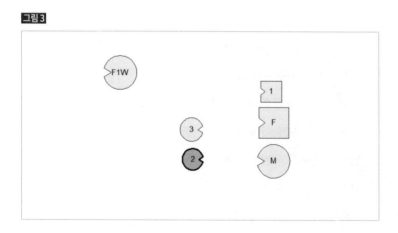

헬링거 (실비아의 대리인에게) 지금 어떠세요?

두 번째 자녀 가슴이 쿵쾅거려요. 누가 제 앞에 서 있다는 게 정말 좋아요.

　　헬링거　당신은 어머니 옆자리에 서 있어야 해요. 여동생도 마찬가지
고요.

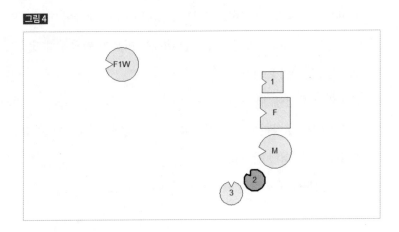

그림 4

　　헬링거　(실비아의 대리인에게) 그 자리가 어떠세요?

　　두 번째 자녀　훨씬 나아요.

　　세 번째 자녀　저도 이 자리가 더 좋아요.

　　어머니　저도 마찬가지예요.

　　헬링거　아버지는 어떤가요?

　　아버지　좋습니다.

　　헬링거　아들은 어떠세요?

　　첫 번째 자녀　괜찮아요.

　　헬링거　첫 번째 부인은 그 자리가 어떠세요?

　　첫 번째 부인　저도 훨씬 편안해요. 제 등 뒤에서 일어나고 있는 일에는

전혀 관심이 가지 않아요.

헬링거 첫 번째 부인은 과거의 일에 얽혀 있는 상태입니다. 그래서 떠나려고 하는 거예요.

대리인이 나오고 실비아가 자신의 자리에 선다.

헬링거 (실비아에게) 아버지를 보면서 이렇게 말해봅니다. "저는 엄마와 함께 머무를 거예요."

실비아 저는 엄마와 함께 머무를 거예요.

헬링거 "제 자리는 바로 엄마의 옆이에요."

실비아 (주저하면서) 제 자리는 바로 엄마 옆이에요.

헬링거 "저는 단지 어린아이일 뿐이에요."

실비아 저는 단지 어린아이일 뿐이에요.

헬링거 "저는 아버지의 첫 번째 부인과는 아무런 상관도 없어요."

실비아가 울음을 터뜨린다.

헬링거 아버지를 바라보도록 하세요.

실비아 (울면서) 저는 아버지의 첫 번째 부인과는 아무런 상관도 없어요.

헬링거 한 가지 비밀을 알려드리죠. 불행과 헤어지기란 어려운 일이에요.

실비아 (미소를 지으며 고개를 끄덕인다) 사실이에요.

헬링거 이제 좀 더 행복한 마음으로 말해보세요.

실비아 (분명한 목소리로) 저는 아버지의 첫 번째 부인과는 아무런 상관도 없어요.

헬링거 "저는 그저 어린아이일 뿐이에요."

실비아 저는 그저 어린아이일 뿐이에요.

헬링거 "제발 저를 아버지의 딸로서 바라봐 주세요."

실비아 (가슴이 뭉클해진 모습으로) 제발 저를 아버지의 딸로서 바라봐 주세요.

헬링거 "그러면 저도 아버지를 제 아버지로서만 바라볼게요."

실비아 그러면 저도 아버지를 제 아버지로서만 바라볼게요.

헬링거 이 말을 들은 아버지의 느낌은 어떤가요?

아버지 좋습니다. (실비아의 어머니를 가리키면서) 이제야 이 사람이 제 아내로 여겨지는군요.

헬링거 (실비아에게) 어머니를 불러봅니다. "엄마."

실비아 엄마.

헬링거 "당신만이 저에게 적합한 어머니세요."

실비아 당신만이 저에게 적합한 어머니세요.

헬링거 "엄마, 저를 그저 엄마의 딸로서 바라봐 주세요."

실비아 엄마, 저를 그저 엄마의 딸로서 바라봐 주세요.

헬링거 "그러면 저도 엄마를 그저 저의 어머니로서만 바라볼게요."

실비아 그러면 저도 엄마를 그저 저의 어머니로서만 바라볼게요.

헬링거 "지금 저는 엄마에게 온전한 존경심을 느끼고 있어요."

실비아 (가슴이 뭉클한 모습으로) 지금 저는 엄마에게 온전한 존경심을 느끼고 있어요.

　　헬링거 "엄마, 사랑해요."

　　실비아 (눈물을 흘리면서) 엄마, 사랑해요.

　　헬링거 어머니에게 가보세요.

　　실비아가 어머니를 꼭 껴안고 흐느껴 운다.

　　헬링거 입을 살짝 벌린 채 숨을 쉽니다. 그리고 어머니를 가슴으로 들이마십니다.

　　실비아가 굉장히 심각한 표정으로 어머니를 끌어안고 있다.

　　헬링거 어머니에게 안겨 있는 동안에는 조금 더 행복해져도 괜찮아요. 당신이 좀 더 행복해진다고 해서 상처받을 사람은 없으니까요.

　　실비아가 좀 더 다정한 표정으로 어머니를 포옹한다.

　　헬링거 그래요, 아까보다 낫군요. (제법 오랫동안 포옹을 하고 난 실비아에게) 지금 어떠세요?

　　실비아 훨씬 편해요.

　　이때 헬링거가 실비아가 볼 수 있는 자리에 배우자를 세운다.

헬링거 그를 불러봅니다. "데니스."

실비아 데니스.

헬링거 "우리 엄마 곁에서 나는 어린아이일 뿐이에요."

실비아 우리 엄마 곁에서 나는 어린아이일 뿐이에요.

헬링거 "그리고 당신 곁에서 나는 여자가 돼요."

실비아 그리고 당신 곁에서 나는 여자가 돼요.

헬링거 그 말이 조금 더 힘을 얻은 것처럼 들리는군요. (데니스에게) 당신은 지금 어떠세요?

데니스 아주 좋아요.

헬링거 (실비아에게) 데니스에게 가고 싶으세요?

실비아가 고개를 끄덕인다.

헬링거 옆으로 가서 서보세요. 그리고 데니스를 바라봅니다. 이렇게 나란히 서 있는 게 괜찮나요?

실비아와 데니스가 서로의 눈을 바라본다.

헬링거 두 분의 결혼을 축하드립니다.

실비아와 데니스가 미소를 지으면서 포옹을 한다.

다음날.

어머니와 조화로운 관계에 있는 여자가 남자에게 더 매력적이고, 아버지와 조화로운 관계에 있는 남자가 여자에게 더 매력적이다

데니스 실비아가 세션을 통해 어머니와 화해하는 모습을 보고 난 뒤 실비아에게 '예스'라고 말하기가 굉장히 쉬워졌다는 걸 알게 되었어요. 일말의 주저함도 없는 아주 즉각적인 '예스'였어요. 오늘 아침에도 똑같은 느낌을 받았고요.

헬링거 나는 가족세우기 치유 작업을 통해서 남자와 여자에 관해 아주 중요한 사실 하나를 발견했습니다. 그건 어머니를 거부하고 아버지하고만 연결되어 있는 여자보다 어머니를 사랑하고 존경하면서 어머니와 연결되어 있는 여자가 남자들에게는 더 매력적이라는 거예요. 마찬가지로 여자들에게는 아버지를 가슴으로 이해하고 받아들인 남자가 아버지를 거부하고 가슴과 영혼이 어머니로만 가득 차 있는 남자보다 더 매력적이죠. (데니스에게) 당신은 어제 바로 그런 걸 경험한 거예요.

데니스와 실비아가 고개를 끄덕인다.

"엄마, 제가 엄마를 대신해서 이 일을 할게요"

사브리나 (오후 휴식 시간이 끝난 뒤) 지금까지 한 시간 내내 휴와 싸웠어요. 그리고 그런 사실이 지금 몹시 언짢아요. 휴와 싸울 때면 저는 늘 '이건 내가 아니야. 이처럼 경멸스럽게 덤벼드는 모습은 내 엄마의 모습이야'라고 생각을 해요.

헬링거 그럴 수도 있겠죠.

사브리나 그렇게 하고 있는 게 다름 아닌 저라는 사실을 스스로 인지하고 있는데도 그래요.

헬링거 한 가지 제안을 드리죠. 아까 그랬던 것처럼, 당신이 싸움을 걸고 싶을 때 어머니가 당신 밖으로 나와서 말을 할 수 있도록 했다고 상상해 보세요. 당신 어머니가 지금 앞에 서 계신 겁니다. 등을 당신 쪽으로 돌리고 시선은 앞쪽을 향하고 말이에요. 당신은 어머니의 등을 보고 있어요. 이제 어머니께 싸울 권리를 넘겨드리는 거예요.

사브리나 저는 지금 막 엄마를 도와드려야 한다고 생각했어요.

헬링거 좋아요. 지금 어머니가 당신 앞에 서 계신다고 상상해 보세요. 어머니를 어떻게 부르세요?

사브리나 엄마.

헬링거 어머니를 불러봅니다. "엄마."

사브리나 엄마.

헬링거 어머니에게 이렇게 말해봅니다. "엄마가 작은 사람이에요."

사브리나 엄마가 작은 사람이에요.

헬링거 "제가 큰 사람이에요."

사브리나 제가 큰 사람이에요.

헬링거 "제가 엄마를 대신해서 이 일을 할게요."

사브리나 제가 엄마를 대신해서 이 일을 할게요.

헬링거 그 말을 하고 난 뒤 느낌이 어떠세요?

사브리나 (잠깐 생각에 잠겨 있다가) 굉장히 비현실적이에요.

헬링거 나도 그렇게 생각해요.

사브리나가 웃는다.

휴 사브리나가 말한 싸움이라는 게 전 그저 사소한 의견 충돌 정도라고 생각돼요. 뭐 그렇게 거대한 갈등이라고는 생각되지 않아요.

헬링거 (사브리나에게) 휴는 참 멋진 사람이지 않나요?

사브리나 싸움꾼인 저한테 단련이 되고 있는 것 같아요.

헬링거 휴에게 말합니다. "나에게 잘해주어서 정말 고마워요."

사브리나 나에게 잘해주어서 정말 고마워요.

사브리나와 휴가 서로를 마주보며 미소를 짓는다.

┈▶사브리나와 휴를 대상으로 한 치유 작업은 175쪽에서 계속됨

부모에게 비난의 화살을 쏘다

헬링거 안녕하세요?

엘리아스 안녕하세요?

헬링거 당신의 세션을 해볼까요? 어떤 문제를 다루고 싶으세요?

엘리아스 내적인 내려놓음과 관련된 문제예요.

헬링거 내적인 내려놓음이란 심리학적인 전문 용어인데, 그런 얘기는 더 듣고 싶지 않군요. 당신의 원래 가족에게 어떤 일이 있었나요?

엘리아스 어떤 의미에서 저는 혼자 남겨진 아이였어요. 어머니는 두 번 조산을 했는데 첫 번째는 제가 태어나기 전이었고 두 번째는 저 밑의 쌍둥이었어요.

헬링거 조산이라고요?

엘리아스 예.

헬링거 아이들은 살아남았나요?

엘리아스 아니요, 단 한 명도 살지 못했어요. 저만 유일하게 생존했죠.

헬링거 아이 넷 중에서 당신이 유일한 생존자라고요?

엘리아스 예. (감정적으로 크게 동요된 모습을 보인다.) 저는 낯선 사람들 손에서 자랐어요.

헬링거 왜요? 당신 아버지에게 무슨 일이 있었나요?

엘리아스 (울음을 터뜨리며 알아듣기 어려운 목소리로) 시간이 없었어요.

엘리아스가 두 손으로 얼굴을 가린 채 흐느껴 운다.

헬링거 (엘리아스의 부인에게) 아무래도 당신이 나머지 이야기를 해줄 수 있을 것 같네요. 남편 아버지에게 어떤 일이 있었나요?

엘사 시아버지는 아들을 위해 시간을 쓸 수 없는 분이었어요. 일하느라 엘리아스를 아동 보호 시설에 맡겨버렸죠. 어머니 역시 아들을 위해서 쓸 시간이 없었고요.

헬링거 그 두 분이 뭘 하셨는데요?

엘사 두 분 다 일을 하셨어요.

헬링거 어떤 일을 하셨나요?

엘사 엘리아스의 아버지는······

엘리아스 목수였어요. 어머니는 공장에서 일을 하셨고요.

엘사 시어머니는 공장에서 일을 하셨어요. 집을 짓고 싶어 하셨는데 단시간에 돈을 더 벌어보려고 두 분 다 일을 했죠. 그런 상황에서 아들이 걸리적거리니까 아동 보호 시설에 넣어버린 거지요. 엘리아스가 집에 있을 때도 부모님 말을 듣지 않으면 심하게 매를 맞곤 했대요.

헬링거 아, 그렇군요.

엘사 남편과 어머니는 사이가 아주 안 좋아요. 사이좋게 지낸 적이 없어요. 만나기만 하면 으르렁대고 싸워요.

헬링거 남편의 출산 과정에서 어떤 일이 있었나요?

엘사 시어머니 말씀에 따르면 굉장히 힘들었다고 해요.

헬링거 출산 때 산모의 목숨이 위험했었다고 하던가요?

엘사 아니오.

헬링거 (고개를 숙이고 바닥을 응시하며 앉아 있는 엘리아스에게) 내가 보기에 당신은 좀 엄살이 심한 것 같군요. 당신이 그렇다는 걸 아세요?

엘리아스 예, 알아요.

헬링거 뭔가 맞아떨어지지 않는 느낌이에요.

엘리아스 저는 여전히 부모님과 교류하고 있어요. 하지만 그분들은 언제나······

헬링거 (말을 가로막으며) 부모님에 관한 이야기는 이제 더 듣고 싶지 않습니다. 무언가가 맞아떨어지지 않아요. 하지만 그게 뭔지 잘 모르겠군요.

엘리아스 엘사와 관계를 맺기 전 다른 여자를 사귀고 있었어요. 그러다 여자가 임신을 하면서 그 여자와 결혼을 하게 됐죠. 부모님은 둘이 결혼해야 한다고 했어요. 그게 바로 가톨릭 신자의 도리라면서요. 결국 결혼 생활은 실패로 끝나고 말았죠.

헬링거 당연하지요. 당신이 그렇게 하는 게 당연한 일이에요. 말할 필요도 없는 일이죠.

엘리아스 하지만 두 사람이 서로 사랑해야 하는 거잖아요.

헬링거 남자가 여전히 어린아이 상태에 머물러 있다면 결혼을 할 수 없겠지요.

엘리아스 부모님이 강제로 결혼을 시킨 거예요.

헬링거 그건 당신의 스토리일 뿐이고요.

엘리아스 그러니까 제 말은 그게 그분들한테 수치스러운 일이었다는 거죠.

헬링거 그렇지 않아요.

엘리아스 그 사람들이 저에게 그렇게 설명했단 말이에요. 독실한 가톨릭 신자로서 수치스러운 일이라고요.

헬링거 그렇지 않아요.

엘리아스 그게 바로 제가 연락을 끊어버린 이유라니까요.

헬링거 그 부분에 대해선 더 이상 듣고 싶지 않습니다. 그런 이야기는 더 들을 생각이 없어요. 당신은 부모님께 모든 비난의 화살을 퍼붓고 있어요. 자식을 둔 남자가 하기에는 너무 값싼 행동이군요. 당신은 자식에게 어떻게 했나요? 당신도 당신 부모와 똑같아요. 무엇 때문에 부모를 비난하는 겁니까? 당신은 자식을 낳고 싶어 하지 않았어요.

엘리아스 아니에요, 낳고 싶어 했어요.

헬링거 만일 그랬다면, 아이 엄마와 사랑하는 마음으로 결혼을 했을 거예요.

엘리아스 저는 아이를 원했어요. 하지만 결혼식을 올릴 때까지는 기다리고 싶었던 거예요.

헬링거 그 전에 기다리지 못했다면, 그 후에 기다리는 게 무슨 소용이 있나요?

엘리아스의 부인이 미소를 짓는다.

헬링거 당신 말은 어딘가 꼬여 있어요. 그러니 나는 당신을 위해 아무것도 할 수가 없습니다.

엘리아스 아무것도 할 수가 없다고요?

헬링거 그래요. 만일 내가 무언가 한다면, 그 책임이 실제 당사자인 당신한테서는 더욱더 멀어질 거예요. 이 경우에는 그 책임이 바로 나에게 떠넘겨지겠죠. 내가 누구를 감정적으로 지지하거나 공감하고 있다고 여겨지세요?

엘리아스 아이들이요.

헬링거 당신은 자신이 무슨 말을 하는지 생각도 않고 말을 뱉는군요.

헬링거 (참여자들에게) 내가 누구에게 공감하고 있을까요?

여러 참여자들 그의 부모님이요.

헬링거 맞습니다. 그의 부모님입니다. 나는 언제나 비난을 받고 있는 사람들에게 감정적 지지를 보냅니다. (엘리아스에게) 당신도 눈치 챘겠지만, 의심의 여지 없이 나는 모든 부모님께 지대한 존경심을 가지고 있습니다.

엘리아스 당연히 그래야겠지요.

헬링거 당신 부모님에게도 마찬가지고요.

엘리아스가 고개를 끄덕인다.

헬링거 당신이 부모님께 온갖 비난을 퍼붓고 못되게 군 것을 감안하면, 부모님이 당신에게 주었다는 상처들은 아주 작아 보여요.

엘리아스 하지만 제 부모님은……

헬링거 (말을 가로막으면서) 됐습니다. 내가 당신에게 한 말이 당신한테 전혀 가 닿지 않고 있어요.

엘리아스 마치 아무것도 아니라는 듯 부모님에 대한 불만을 내려놓을 수는 없어요.

헬링거 그렇겠지요. 내가 당신을 위해서 해줄 수 있는 일은 아무것도 없습니다.

엘리아스 제가 정말로 부모님의 손길을 간절히 원했던 때가 있었는데 그분들은……

헬링거 (말을 가로막으면서) 부모님에 대한 불평은 더 이상 듣고 싶지 않아요. (잠시 침묵을 가진 뒤 참여자들에게) 최근 런던에서 세미나를 진행한 적이 있습니다. 참여자 중 한 여성이 내게 오더니 이런 말을 하더군요. "오늘이 제 어머니 기일이에요. 어머니는 1년 전에 돌아가셨어요. 어머니와 평화로운 관계를 맺고 싶어요." 나는 그 여성의 어머니의 대리인을 선택한 뒤 여자분 옆에 앉게 했어요. 그러곤 두 사람에게 대화를 해보라고 했죠. 어머니를 보자마자 딸은 팔짱을 끼더니 고개를 반대쪽으로 돌려버리더군요. 그런 오만한 자세로 어떻게 어머니와 화해하겠다는 희망을 가질 수 있겠습니까? 내가 그 여성에게 그건 어머니와 대화하기에 적절한 태도가 아니라고 했어요. 그러고는 엘리아스에게 말한 것과 똑같은 이야기를 했습니다. 나는 감정적으로 어머니를 지지한다고 말이에요. 런던의 그 여성은 분통을 터뜨리면서 내가 어머니의 대리인을 잘못 선택해서 그런 거라며 화를 내더군요. 그 시점에서 나는 세션을 중단시켰습니다.

쉬는 시간에 그 자리에 있던 참여자 몇 명이 여자에게 달려가서 위로를 하기 시작했어요. 그들 중 한 사람은 치유사였는데 내가 이 가엾은 여성에게 너무 끔찍한 짓을 했다며 나를 비난하더군요. 나는 그 사람에게 "나는 그녀의 어머니에게 공감하고 있고, 내 마음을 바꿀 생각이 없다"고 말해줬지요.

며칠 뒤, 독일로 돌아와 보니 편지 한 통이 나를 기다리고 있더군요. 편지를 보낸 사람은 그 치유사였는데, 워크숍이 끝나자마자 쓴 편지였어요. 그 치유사 말이 내가 한 일이 너무나 끔찍한 짓이고 상처 입은 여성에게 사과를 해야 한다는 거였어요. 같은 날, 나는 똑같은 치유사로부터 편지를 한 통 더 받았는데, 그 편지는 워크숍이 끝나고 이틀 뒤에 쓴 거였어요. 그 편지에 치유사가 "이 여성의 상태가 놀라울 정도로 좋아졌어요"라고 썼더군요. 간혹 그런 일이 발생하기도 합니다.

⋯▸ 엘사와 엘리아스를 대상으로 한 치유 작업은 168쪽에서 계속됨

부모를 거부하는 행위는 자신은 물론 배우자를 거부하는 행위이다

브리짓 남편과 저는 평상시처럼 어젯밤에도 자정까지 이야기를 나눴

어요. 얘기하는 중에 과거에 생긴 오해들을 비롯해 온갖 것들이 다 쏟아져 나왔어요. 크리스토퍼가 저에게 자주 했던 말 중에 아직까지도 가슴에 맺혀 있는 말이 있는데요, "당신은 장모님하고 똑같아. 당신 자신이 되란 말이야. 자기 자신으로 살란 말이야"라는 거예요. 저는 남편이 그 말을 할 때마다 가슴에 상처가 된다고 했어요. 나는 나일 뿐이라고 외쳤죠. 남편에게 도대체 저의 어떤 점이 마음에 안 드느냐고 물었어요. 나는 나일 뿐인데, 이렇게 생겨먹은 게 나인데 어쩌라는 말이냐고 항변했어요.

헬링거 조금 전 한 가지 통찰을 얻었는데, 삶의 근본적인 진실을 담은 통찰이에요. 원한다면 알려드리죠. 바로 이거에요. "자녀는 곧 자신의 아버지요 어머니이다."

브리짓 맞기도 하고 틀리기도 해요. 제 생각에 자녀 역시 자신만의 특성을 가지고 태어난다고 봐요. 죄다 부모에게서 온 것만은 아니라고 봐요.

헬링거 나는 지금 당장은 이 문구와 머물 겁니다. "자녀는 곧 자신의 아버지요 어머니이다."

브리짓 흠.

헬링거 자녀가 부모님을 부모님으로 받아들이면서 "내가 곧 내 부모님이다"라고 인정할 수 있을 때, 자녀는 마침내 내적인 평화를 느끼게 됩니다. 그 순간 자녀는 곧 '나'로 존재하게 되는 겁니다. 부모님 중 한 분이라도 거부하는 순간 나는 '나'로서 존재할 수 없게 됩니다.

브리짓이 수긍한다는 듯 고개를 끄덕인다.

헬링거 만일 배우자가 내 부모님 중 한 분이라도 거부한다면 나 역시 거부당하고 있는 겁니다. 만일 배우자가 내 부모님을 존경하지 않고 그분들이 지금과 다른 모습이길 요구한다면, 이는 곧 내가 다른 모습이 길 요구받는 것이요 나로서 존중받지 못하는 것입니다. 하지만 나는 조금 전에 당신이 한 말에도 동의합니다. 자녀 역시 자신만의 특성을 가지고 태어납니다. 맞아요, 모든 사람이 특별한 요소, 자신만의 것을 가지고 태어납니다.

브리짓 (고개를 끄덕이며) 예.

···▸ 브리짓과 크리스토퍼를 대상으로 한 치유 작업은 205쪽에서 계속됨

사위와 장모 사이의 나쁜 감정

시빌 오늘 아침 당신이 말한 배우자의 부모님을 존경하지 않는 태도에 관해 많은 생각을 하게 되었어요. 저희 두 사람의 문제는 제 어머니와 라틴이 서로를 너무나 미워한다는 거예요. 그럴 때마다 저는 중간에서 난처한 입장에 놓이고, 때로는 분을 참지 못해서 제발 두 사람 싸움에 나를 끼워 넣지 말고 좀 내버려두라고 악을 쓰는 상황이 벌어지곤 해요. 저는 두 사람 일에 끼어들고 싶은 마음이 조금도 없어요.

헬링거 이 상황을 세워보도록 하지요. 당신 두 사람은 한쪽에 나란히 서서 같은 방향을 바라보도록 합니다. 이제 시빌의 어머니를 맞은편에 세워보도록 하지요. (시빌에게) 이제 당신 어머니에게 이렇게 말합니다. "이 사람은 제 남편이에요."

시빌 이 사람은 제 남편이에요.

헬링거 "저는 오래전에 아버지와 어머니를 떠났어요."

시빌 저는 오래전에 아버지와 어머니를 떠났어요.

헬링거 "저는 남편에게 의지하고 있어요."

시빌 저는 남편에게 의지하고 있어요.

헬링거 "사랑하는 마음으로."

시빌 (잠깐 생각하는 시간을 가진 뒤) 사랑하는 마음으로.

헬링거 (라틴에게) 이제 당신이 장모님께 말합니다. "이제 이 사람은 제 아내입니다."

라틴 이제 이 사람은 제 아내입니다.

헬링거 "저는 아내 안에 존재하는 당신을 존경합니다."

라틴 저는 아내 안에 존재하는 당신을 존경합니다.

헬링거 이 말을 듣고 난 장모님의 느낌은 어떠세요?

부인의 어머니 저야 너무나 좋지요. 저는 사실 사위를 좋아하는 편이에요. 그리고 사위가 한 말이 참 멋진 말이라는 생각이 들어요.

헬링거 좋습니다. 여기서 마칩니다. 나는 단지 실험을 해보고 싶었던 겁니다.

세 사람이 다시 자리에 앉은 뒤 라틴이 변명조의 설명을 하기 시작한다.

헬링거 지금은 아무 말도 하지 마세요. 이 세션이 제 효과를 발휘하기 위해서는 약간의 시간이 필요합니다. 나는 두 사람을 위해서 이 세션을 진행했다기보다 이 자리에 참석한 사람들 모두를 위해서 일종의 시연을 해보인 겁니다. 아시겠어요?

라틴 예.

헬링거 시빌, 당신도 내 말을 이해하시나요?

시빌 예.

···▶시빌과 라틴을 대상으로 한 치유 작업은 195쪽에서 계속됨

두 사람이 비난을 나누어 지고 갈 때 함께하기가 수월해진다

다니엘레 왜 또 울음이 터지는지 모르겠어요. 마치 제가 진짜로 마티아스의 부인이 될 수 없을 것 같다는 느낌이 들어요. 제가 꼭 해야만 할 어떤 일이 있고, 그게 저를 마티아스의 아내로 머물지 못하게 막고 있는 것 같아요. 그 일이 또 제가 엄마 자리를 지키지 못하도록 막고 있고 말이에요. 저는 그게 다 마티아스 탓이라고 생각했어요. 남편과의 관계가 원만하지 못했거든요. 하지만 이젠 알 것 같아요. 제가 만약 마티아스에게 온전히 마음을 주면 다른 어떤 사람에 대한 신의를 저버리는 일이 될 것 같은 두려움이 있었다는 걸 말이에요. 사람들과 관계를 맺을 때마다 거기에 완전히 몰입하게 될까봐 늘 조심스러웠어요. 아이를 낳는 걸 피해온 것도 그게 저를 다른 방향으로 끌고 가는 힘 때문이었어요. 이제야 처음으로 그 느낌을 말로 표현할 수 있게 되었네요.

헬링거 당신으로선 굉장히 큰 걸음을 내디딘 셈이군요. 그게 부부 관계에 좋은 영향을 끼치게 될 거예요. 남녀 관계를 원만히 유지하기 위해서는, 두 사람이 비난을 나누어 지고 가는 것이 둘 중 한 사람만 죄책감을 느끼고 다른 사람은 결백한 것보다 낫습니다. 내가 말하는 죄책감이란 타인에게 그릇된 행위를 저지른 뒤 느끼는 보편적인 의미의 죄책감

81

을 말하는 게 아닙니다. 여기서 죄책감이란 각자 자신만의 방식으로 얽힘 상태에 놓여 있는 모습을 가리킵니다.

다니엘레 그렇군요.

마티아스 이 자리에 있는 모든 사람들과 교류하고 있다는 느낌이 들어요. 이런 건 제게 흔히 일어나는 현상이 아니에요. 저는 늘 사람들한테서 떨어져 있으려고 애쓰거든요. 저는 지금 이 모임의 한복판에 있고 감정적으로도 다양한 반향을 겪고 있어요.

헬링거 그거 참 좋은 일이군요. 그게 바로 살아있다는 걸 느끼게 해주는 좋은 방법이에요.

마티아스 맞습니다.

헬링거 지금 바로 두 분의 세션을 진행해 보도록 하죠.

다니엘레 "제가 머무를 수 있도록 저를 꼭 잡아주세요."

헬링거 (다니엘레에게) 준비되었나요?

다니엘레 예.

헬링거 당신의 원래 가족에게 어떤 일이 있었나요?

다니엘레 (울음을 터뜨린다. 그리고 그런 자신에게 짜증을 낸다.) 왜 이렇게 늘 울음을 터뜨리는지 모르겠어요. 제가 원하는 건 이런 게 아니거든요.

헬링거 지금 딱 한 번만이라도 당신 자신에게 언짢아하지 않으면서 눈물을 흘릴 수 있는 기회를 주세요. 울음은 수치스러운 일이 아니에요. (다니엘레가 웃음을 터뜨린다.) 어떻게 하면 계속해서 울 수 있는지 힌

트를 하나 드릴까요? 알고 싶으세요?

다니엘레 (웃음) 예, 알고 싶어요.

헬링거 시선을 다른 곳으로 돌리면 가능해요. 예컨대 눈을 감으면 당장이라도 울기 시작할 수 있어요.

다니엘레가 웃는다.

헬링거 두 눈을 뜬 상태를 유지한다면, 보통의 목소리로 나에게 이야기할 수 있을 거예요. 자, 당신의 원래 가족에게 어떤 일이 있었나요?

다니엘레 엄마는 열여덟 살 때 미국에 건너간 뒤 그곳에서 결혼을 했다가 나중에 이혼을 했어요. 아버지는 그 당시 미국에서 혼자 살다가 엄마를 만났고, 이혼 소송이 진행되는 동안 엄마에게 도움을 주었다고 해요. 소송이 끝나고 얼마 지나지 않아 두 분이 결혼을 했고요.

헬링거 두 분의 결혼 생활은 어땠나요?

다니엘레 두 분은 아주 행복하세요.

헬링거 그것 참 놀라운 일이로군요. 하지만 나는 늘 새로운 상황에 대해서 놀랄 준비가 되어 있는 사람입니다.

다니엘레 부모님에게 중요한 것은 행복하고 조화롭게 사는 거예요.

헬링거 오죽했으면 미국인들이 헌법에까지 인간은 행복할 권리가 있다고 적어 넣었을까요?

다니엘레 제 부모님은 두 분 다 독일인이세요.

헬링거 전염이 되신 거겠죠.

다니엘레 그럴 수도 있겠네요.

헬링거 형제들이 어떻게 되나요?

다니엘레 저보다 두 살 위인 오빠가 한 명 있어요.

헬링거 대리인 다섯 명을 골라보세요. 아버지와 어머니, 어머니의 첫 번째 남편, 그리고 오빠와 당신.

다니엘레가 아버지의 대리인을 주어진 공간 가운데에 세운다. 그러더니 다음에 어떻게 이어가야 할지 방향 감각을 잃어버린 것처럼 보인다.

헬링거 원한다면 자리로 돌아와 앉아도 됩니다. (다니엘레의 남편에게) 마티아스, 당신이 세워보도록 하세요. 순전히 지금 이 순간의 느낌에 따라서 세워야 합니다.

그림1 남편에 의해서 세워진 가족의 모습

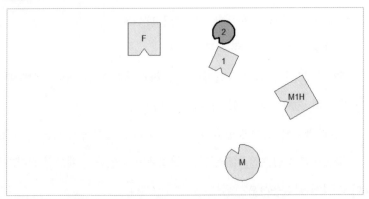

M_ 어머니 F_ 아버지 1_ 첫 번째 자녀, 아들 2_ 두 번째 자녀(다니엘레)
M1H_ 어머니의 첫 번째 남편

헬링거 (다니엘레에게) 바꾸고 싶은 부분이 있으세요?

다니엘레 아니요, 이 모습이 맞는 것 같아요.

갑자기 다니엘레가 자리에서 일어서더니 자신의 대리인을 오빠 옆으로 좀 더 가까이 옮겨놓는다.

헬링거 좋습니다. 첫 번째 남편의 느낌은 어떻습니까?

어머니의 전 남편 아주 불편해요. 가슴과 심장 주변이 조여드는 것 같아요. (다니엘레의 오빠를 가리키면서) 저 남자애가 저를 위협하고 있어요. 그러다 딸이 앞으로 한 걸음을 떼어놓으니까 압박감이 조금 덜해졌어요. 아내에게 무언가 말하고 싶은 충동이 느껴지는데, 뭐랄까? "당장 여기서 벗어납시다. 여긴 너무 복잡하게 얽혀 있어. 저쪽에 빈 공간으로 옮겨가면 될 거야"라는 식으로 말하고 싶어요.

그가 이 말을 하는 사이 다니엘레의 대리인이 울음을 터뜨린다.

헬링거 (다니엘레에게) 그녀가 당신의 비애를 표현해 주고 있군요. 당신의 대리인이 눈물을 대신 흘려주고 있는 겁니다. (다니엘레의 대리인에게) 지금 딸의 느낌은 어떤가요?

두 번째 자녀 (울면서) 오빠에게 화가 나 있어요. 이곳은 얼음처럼 차가워요. 오빠가 제 갈 길을 막고 있어요. 게다가 저는 지금 너무 슬퍼요.

헬링거가 다니엘레의 대리인을 어머니의 첫 번째 남편 오른쪽 옆으로 옮겨놓는다.

그림 2

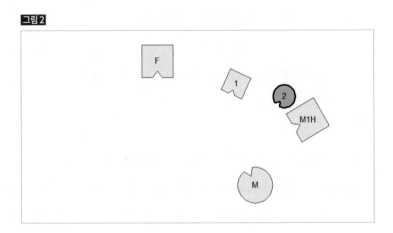

헬링거 (다니엘레의 대리인에게) 이 자리는 어떠세요?

두 번째 자녀 더 좋아요. 솔직히 말하자면 저는 지금 아주 행복해요. (그녀가 웃음을 터뜨린다.)

헬링거 그것 참 이상한 일이군요. (다니엘레에게) 이게 어떤 의미인지 아시겠어요? 당신은 누구의 느낌을 가지고 있는 겁니까?

다니엘레 어머니의 첫 번째 남편의 느낌이요.

헬링거 맞습니다. 첫 번째 남편의 느낌을 갖고 있어요. 그건 미친 짓입니다. 그렇지 않나요? 만일 당신이 어머니의 전 남편과 동일시된 상태라면, 당신이 여자가 되고 부인이 되는 게 아주 어려운 일일 테니까요.

다니엘레 맞아요. 그게 바로 제가 감당하기 어려운 역할이라는 거예요, 누군가의 아내 역할 말이에요.

헬링거 아직은 할 수 없겠지요. 세션을 계속 진행할까요?

다니엘레가 고개를 끄덕인다.

헬링거 아버지는 지금 어떠세요?

아버지 저만 완전히 고립된 상태예요. 몸의 오른쪽에서 한기가 느껴져요. 오른쪽이 얼어붙은 것 같아요. 왼쪽에서는 뭐랄까, 무언가 수월치 않다는 느낌이 드는군요.

헬링거 (다니엘레에게) 당신이 아까 언급한 조화로움이 이 두 사람한테서 전혀 감지되지 않는군요. 조화로움은 아주 훌륭한 위장막일 뿐이에요. 제가 잠깐 극단적인 버전을 한번 보여드리죠. 보여드릴까요?

다니엘레가 고개를 끄덕인다. 헬링거가 다니엘레의 아버지의 대리인을 가족으로부터 약 다섯 걸음 정도 앞으로 옮겨놓는다. 그런 다음 아버지가 문을 바라보도록 돌려세운다.

그림 3

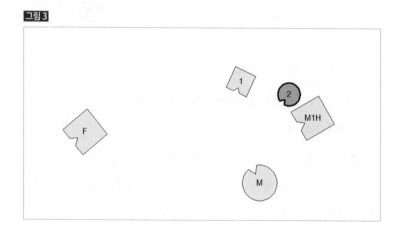

헬링거 (아버지에게) 이 자리에 선 느낌이 어떠세요?

아버지 어찌할 바를 모르겠어요.

헬링거 이 자리가 아까 저쪽보다 더 낫습니까, 아니면 못합니까?

아버지 더 나아요.

헬링거가 다니엘레의 어머니를 첫 번째 남편 옆으로 옮겨놓는다. 그런 다음 다니엘레의 대리인과 오빠를 어머니 옆으로 옮긴다.

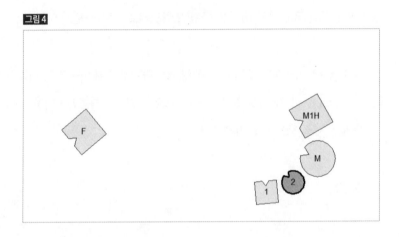

그림 4

헬링거 (다니엘레의 대리인에게) 지금은 어떠세요?

두 번째 자녀 아주 좋아요.

헬링거 (어머니에게) 어머니는 이떠세요?

어머니 아들은 저에게 속해 있어요. 아들이 제게 좀 더 가까이 와야 해요. 아들이 너무 멀리 떨어져 있는 것 같아요.

헬링거 (전 남편에게) 당신은 어떠세요?

어머니의 전 남편 이상해요. 다니엘레의 대리인이 이쪽에 서 있을 때는 아주 편안했어요. 이 가족 안에서 제가 긍정적인 느낌을 가졌던 유일한 사람이었거든요. 두 번째 남편에게 미안한 마음이 들어요.

헬링거 (참여자들을 향해서) 이런 맙소사! 도저히 말도 안 되는 상황이로군요. 제 정신이 아닌 모습이란 말입니다. 굉장히 기이한 역동이에요. 이 가족을 도대체 어떻게 해야만 할까요?

마티아스 자녀들은 두 번째 결혼에서 태어났어요.

헬링거 나도 알아요. 이건 말도 안 되는 상황이에요. 여기에 보이는 모습이 바로 의뢰인이 가지고 있는 기괴한 내적 이미지입니다.

헬링거가 가족의 위치를 바꾼다.

그림 5

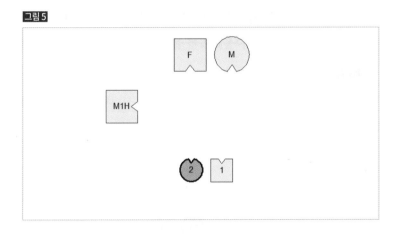

헬링거 아버지는 지금 어떠세요?

아버지 아내 옆에 서 있어서 좋아요.

헬링거 어머니는 어떠세요?

어머니 전 남편 옆에 서 있을 때가 더 좋았어요. 지금보다 더 따뜻하

게 부르세요?

다니엘레 엄마.

헬링거 "엄마"라고 불러보세요.

다니엘레 엄마.

헬링거 "엄마를 떠나보내렵니다."

다니엘레가 눈물을 흘리지 않기 위해 안간힘을 쓰다가 고개를 돌려 버린다.

헬링거 (다니엘레에게) 어머니를 바라봅니다.

다니엘레 (다소 반항적인 어투로) 엄마를 떠나보낼 거예요.

헬링거 보통의 어조로 말을 합니다. "엄마, 저는 엄마를 떠나보내렵니다."

다니엘레 엄마, 저는 엄마를 떠나보내렵니다.

헬링거 "저는 아빠 곁에 머무를 거예요."

다니엘레 저는 아빠 곁에 머무를 거예요.

헬링거 "여기가 바로 제 자리예요."

다니엘레 여기가 바로 제 자리예요.

헬링거 "제가 아빠 곁에 머물더라도 저를 다정하게 바라봐 주세요."

다니엘레 제가 아빠 곁에 머물더라도 저를 다정하게 바라봐 주세요.

헬링거 딸의 말을 들은 어머니의 느낌이 어떤가요?

어머니 괜찮아요.

헬링거 이 이혼은 정당하지 못했습니다. 그러므로 두 번째 결혼에는 미래가 없습니다. (다니엘레에게) 당신의 아버지에게 말합니다. "아빠, 저는 아빠와 함께 머무를 거예요."

다니엘레 아빠, 저는 아빠와 함께 머무를 거예요.

헬링거 그 말을 하고 난 뒤 느낌이 어떠세요?

다니엘레 이게 당연하다는 느낌이요. 편안해요. 여전히 어머니의 존재가 그리워요. (아버지 옆의 빈자리를 가리키며) 하지만…… 이게 맞다고 여겨져요. 이게 이치에 맞다고 여겨져요. (얼굴에서 눈물을 닦아낸다.)

헬링거 (다니엘레의 남편에게) 마티아스, 다니엘레를 마주보는 자리에 서보세요. 몇 걸음 떨어져서요. (다니엘레에게) 남편에게 말합니다. "저는 제 엄마와 똑같은 행위를 하고 있어요."

다니엘레가 망설이면서 고개를 좌우로 흔든다.

헬링거 일단 말해보세요. "저는 제 엄마와 똑같은 행위를 하고 있어요."

다니엘레 저는 제 엄마와 똑같은 행위를 하고 있어요.

헬링거 "저는 떠나려고 해요." 그 말이 맞나요?

다니엘레 저는 늘 곧 떠나야만 한다는 느낌과 함께 살고 있어요.

헬링거 맞아요. 마티아스에게 말합니다. "저는 제 엄마와 똑같은 행위를 하고 있어요. 저는 떠날 거예요."

다니엘레 저는 제 엄마와 똑같은 행위를 하고 있어요. 저는 떠날 거예요.

헬링거 그 말을 하면서 어떤 느낌이 들던가요?

다니엘레 갈피를 못 잡겠어요. 머물 수도 없고 떠날 수도 없고.

헬링거 남편에게 말합니다. "제발 저를 꼭 잡아주세요."

다니엘레 (울음 섞인 목소리로) 제발 저를 꼭 잡아주세요.

헬링거 "제가 머무를 수 있도록 꼭 잡아주세요."

다니엘레 제가 머무를 수 있도록 꼭 잡아주세요.

헬링거 남편에게 가봅니다. 그리고 한 번 더 같은 내용을 말합니다.

다니엘레가 남편에게 걸어간다.

다니엘레 저를 꼭 안아주세요. 제가 머무를 수 있도록요.

두 사람이 뜨거운 포옹을 한다. 다니엘레가 흐느껴 울기 시작한다.

헬링거 소리를 내지 않고 숨을 쉽니다. 깊게 숨을 들이쉬고 내쉽니다.

포옹을 하고 있는 시간이 길어질수록 다니엘레의 흐느낌이 잦아들면서 호흡이 깊고 편안해진다.

헬링거 (다니엘레에게) 이제 다시 한 번 남편을 보세요. 남편의 두 눈을 보면서 이렇게 말해봅니다. "당신과 함께 머무를 수 있어서 행복해요."

다니엘레 당신과 함께 머무를 수 있어서 행복해요.

헬링거 이대로 마무리를 지어도 되겠습니까?

다니엘레 네, 아주 좋아요.

헬링거 좋습니다. 여기서 마무리를 짓겠습니다. (참여자들 전체에게)

간혹 힘든 과정을 모두 거치고 나서야 비로소 해결책을 찾게 되는 세션도 있습니다. 그 모습을 보는 건 참 멋진 일이죠. (첫 번째 남편의 대리인에게) 혹시 덧붙이고 싶은 말씀이 있으세요?

어머니의 전 남편의 대리인 저 혼자 서 있을 때가 가장 편하고 좋았어요. 전 부인과 몇 걸음을 함께 떼놓아져 있을 때는 무책임하다는 느낌, 하찮다는 느낌이 들었어요.

헬링거 어머니의 전 남편은 좋은 사람이었습니다. 이혼당할 만한 일을 하지 않았어요. 그리고 실제로 어떤 상황이 일어나게 되느냐 하면, 여자가 혼자서 속죄를 위해 떠나게 될 겁니다. 그러면 어머니의 전 남편은 그 일로부터 자유로워집니다. 다니엘레의 아버지도 자유로워지고요. (다니엘레에게) 하지만 당신이 정말로 어머니의 모습을 답습하기를 원한다면……

다니엘레 아니요, 그러고 싶지 않아요.

헬링거 나도 그 결정에 찬성합니다.

휴식 시간이 끝난 뒤.

다니엘레 안도감이 느껴져요. 세션이 끝난 뒤, 고개를 뒤로 젖히고 위를 올려다봤어요. 처음으로 천장이 눈에 들어오더군요. 더 이상 등에 압박감이 느껴지지 않아요.

헬링거 좋은 일이군요.

다니엘레 아주 새로운 일이에요. 이 상황은 저에게 새로운 세상이에요. 세션이 끝나고 난 뒤 마티아스에게 죄책감이 느껴졌어요. 마티아스는 오랫동안 가족세우기 세션을 통해서 자기 문제를 다뤄보고 싶어 했거든요. 제가 마치 남편의 몫을 빼앗아간 것 같은 죄책감이 들어요.

헬링거 남편을 보면서 이렇게 말합니다. "이 일이 당신에게 손해가 되어서는 안 돼요."

다니엘레 이 상황이 당신에게 손해가 되는 걸 원치 않아요.

마티아스 (웃으면서) 괜찮아요.

헬링거 (다니엘레에게) 당신은 보상을 해줄 수 있는 방법을 찾고 있군요. 그건 바로 당신이 남편을 사랑하고 있다는 표시예요. 게다가 난 아직 마티아스를 잊어버리지 않았어요.

마티아스 아내의 세션이 끝난 뒤 일종의 안도감이 느껴졌어요. 다니엘레와의 관계가 훨씬 단단해졌다는 느낌이 듭니다. 아내의 세션을 통해서 제 자신이 아주 많은 것을 얻었어요.

어머니의 영향권 안에 놓여 있는 딸

헬링거 방금 전 세션과 관련해서 질문이 있나요?

다니엘레 예, 질문이 하나 있어요. 실비아의 세션 때, 당신은 딸이 어머니 곁에 서 있는 게 중요하다고 말했어요. 제 세션에서는 반대로 어머니를 향해 이제 떠나보내겠다는 말을 하라고 했고요. 실비아의 경우는 어머니와 함께 머무르는 게 당연한 결과처럼 보였는데 말이에요.

헬링거 원칙적으로는 그게 맞아요. 하지만 당신의 경우는 상황이 다릅니다. 어머니의 가족체가 어떤 식으로든 무거운 짐을 지고 있는 상태일 때는 자녀들이 아버지의 영향권 안으로 옮겨가는 게 좋아요. 아들이든 딸이든 똑같이요.

다니엘레 그래도 제가 여전히 어머니에게서 힘을 받을 수 있는 건가요?

헬링거 받을 필요가 없어요. 당신은 이미 그 힘을 가지고 있는 걸요!

다니엘레 그 말이 맞아요. 저는 이미 그 힘을 가지고 있어요. (안도의 웃음을 터뜨린다.)

헬링거 (참여자들 전체에게) 너무 빨리 이론을 만들어내지 않도록 하세요. 인생은 복합적인 속성을 띱니다. 한 가지 경험을 가지고 전체를 아우르는 일반 이론을 만들어내는 것은 삶의 복합성을 이해하는 데 도움은커녕 오히려 나쁜 영향을 끼칠 수 있으니까요. 나는 한 시간이 지난 뒤에 내가 한 시간 전에 했던 말에 매달리지 않습니다. 그러나 한 시간 전에 했던 말이 나름대로 타당성이 있었다고는 여깁니다.

참여자들 전체가 웃음을 터뜨린다.

다음날.

마티아스 "이제 저는 당신을 제 아버지로 받아들입니다."

헬링거 (마티아스에게) 오늘은 당신의 원래 가족을 세워보도록 하지요. 가족을 어떻게 세우는지는 이미 알고 있을 테고요. 부모님 중 결혼 전에 다른 남자나 여자와 관계가 깊었던 분이 있나요?

마티아스 공공연한 것은 아니지만 모두가 아는 비밀로, 결혼 전 어머니에게 다른 남자가 있었다는 걸 다들 알고 있어요.

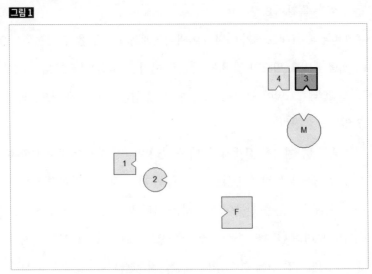

M_ 어머니 F_ 아버지 1_ 첫 번째 자녀, 아들 2_ 두 번째 자녀, 딸
3_ 세 번째 자녀(마티아스) 4_ 네 번째 자녀, 아들

헬링거 (마티아스에게) 어머니의 원래 가족 안에 어떤 일이 있었나요?

마티아스 어머니한테는 오빠가 한 명 있고 유산된 형제도 있었어요. 사실 그 유산된 아이가 태어난 후 죽었는지 태어나기 전에 죽었는지는 저도 잘 몰라요. 그 외에 다른 중요한 사건에 대해서는 아는 바가 없어요.

헬링거 (어머니에게) 지금 어머니는 어떠세요?

어머니 두 가지 느낌이 드는데요, 한편으로는 두 아들이 제가 가야 할 길을 막고 있다는 느낌이 들고, 다른 한편으로는 이 둘이 제 자식들이 아니라는 느낌도 들어요. 뭐랄까, 이 둘은 여기에 속해 있지 않아요.

헬링거 (참여자들 전체에게) 현재 이 가족의 모습을 보면 두 아들이 어머니가 떠나지 못하도록 막고 있는 상태입니다. 두말할 것 없이 두 사람을 이쪽으로 옮겨와야 합니다. (두 형제를 어머니로부터 몇 걸음 떨어뜨려 놓은 뒤, 어머니에게) 지금은 어떠세요?

어머니 이제야 숨을 쉴 수 있겠어요. (그녀 앞에 펼쳐진 텅 빈 공간을 가리키며) 비로소 제 공간을 되찾은 것 같아요.

헬링거 내면의 충동을 따라가 보세요. 앞으로 걸어가 보세요.

어머니가 앞으로 조금 나아간다.

헬링거 어머니의 과거 남녀 관계가 여기서 어떤 작용을 하고 있는 것처럼 보이는군요.

헬링거가 어머니의 이전 배우자를 나타내는 대리인을 추가한다.

그림 2

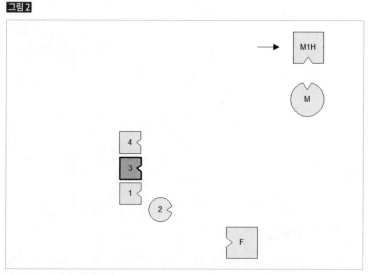

M1H_ 어머니의 첫 번째 남편

헬링거 이분이 들어오고 난 뒤 어떤 변화가 있나요?

어머니 '아, 그렇구나'라는 느낌이 있기는 하지만 백 퍼센트는 아니에요.

헬링거 당신은 어떤가요?

어머니의 과거의 배우자 감정이 복받쳐 오르는 것 같아요. (그가 어머니가 서 있는 방향을 향해서 두 팔을 크게 벌린다.) 몹시 강렬한 느낌이에요. 머리부터 발끝까지 뜨거워지고 있어요.

헬링거 (어머니에게) 남자 옆에 서보세요.

그림 3

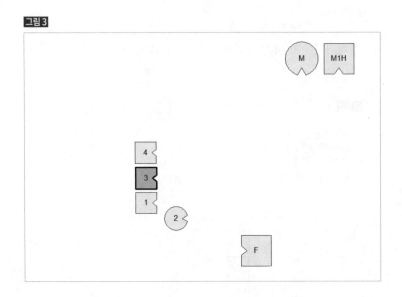

어머니 아, 이게 더 낫네요.

헬링거 (마티아스에게) 당신이 지금 보고 있는 이 모습이 첫 번째 결속의 모습입니다. 그리고 당신은 어머니의 과거 남자를 대신하고 있고요. 그게 바로 당신이 아버지와 갈등을 겪고 있는 이유이기도 합니다. 당신이 어머니의 옛날 남자를 대신하고 있기 때문에요. 이 말이 맞다고 느껴지나요?

마티아스 (고개를 끄덕인다.) 예, 맞아요.

헬링거 아버지의 원래 가족 안에 어떤 사건이 있었나요?

마티아스 아버지의 어머니, 그러니까 할머니가 제정신이 아니었다고 들었어요.

헬링거 제정신이 아니었다고요? 그분이 어땠는데요?

마티아스 공황 발작을 보이셨는데 그 증상이 아주 특이했대요. 그것 때문에 가족들이 할머니를 아주 하찮은 사람 취급을 했어요.

헬링거 그분을 세워보도록 하죠.

마티아스 저희 할머니를요?

헬링거 예.

마티아스가 할머니의 대리인을 추가한다.

헬링거 어머니가 세워지기 전 아버지는 어떤 느낌이었나요?

아버지 지금 온몸에 소름이 끼쳐요. 이분이 들어오면서 제 곁을 지나가는데 외면하고 싶었어요. 이분이 들어오기 전에는 제가 여기서 뭘 하고 있는지 아무 생각도 없었는데.

헬링거가 아버지의 어머니를 아버지 옆에 세운다.

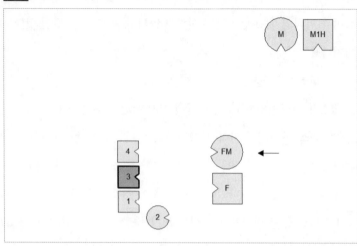

그림 4

FM_ 아버지의 어머니(부계 쪽 할머니)

헬링거 지금은 어떤가요?

아버지 아까보다 낫긴 한데 뭔가 잘못된 것 같아요.

헬링거 (딸에게) 이분이 들어오면서 당신에겐 어떤 변화가 있던가요?

두 번째 자녀 저는 이분이 싫어요. 오빠 등 뒤로 가서 숨고 싶어요. 아니면 오빠나 동생들 사이에 서 있거나. 누군가 날 보호해 줬으면 좋겠어요.

헬링거 둘째인 딸이 자신을 누구와 동일시하는 것 같아 보이나요?

마티아스 할머니요.

헬링거 예, 할머니를 대신하고 있어요. 이 상황이 맞다고 생각되세요?

마티아스가 고개를 끄덕인다.

헬링거 아버지의 아버지는 어떤 분이었나요?

마티아스 아버지 형제 중 한 사람은 아버지가 다르다는 말이 있지만 그게 사실인지 아닌지는 잘 모르겠어요.

헬링거 형제 중 어떤 분을 말하는 건가요?

마티아스 아버지의 여동생이요.

헬링거 당신 여동생이 동일시하는 사람이 그 사람일 수도 있겠군요. (할머니에게) 지금 느낌이 어떠세요?

아버지의 어머니 아들과는 교류감이 느껴지지만 그 외에는 별로······

아버지 큰아들한테서 위협감이 느껴져요. 아들이 저에게 뭔가 원한다는 느낌이 들기는 하는데 뭔지 잘 모르겠어요.

헬링거가 할머니의 애인이라 여겨지는 사람의 대리인을 추가한다.

그림5

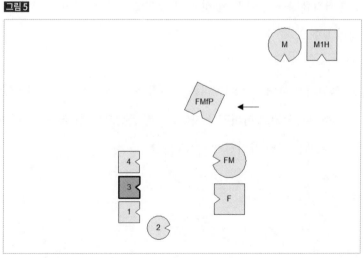

FMfP_ 친할머니의 과거 배우자

헬링거 이 사람은 할머니의 남자, 그러니까 마티아스의 고모의 친아버지입니다. (아버지에게) 이분이 들어오고 난 뒤로 느낌에 어떤 변화가 생겼나요?

아버지 더 편해졌어요.

헬링거 그럴 수밖에요. 큰아들이 바로 이 남자를 동일시하고 있으니까요.

첫 번째 자녀가 고개를 끄덕인다.

헬링거 (마티아스에게) 당신의 가족체에 속한 사람들은 각자가 이전 세대의 누군가를 대신한다는 특명을 수행하고 있군요.

네 번째 자녀 기분이 별로 좋지 않아요. 발 쪽 느낌이 이상하고 심장이 쿵쿵거려요. 목구멍이 막힌 것 같고 제대로 볼 수가 없어요. 모든 게 뿌옇게 보여요.

헬링거가 아버지의 어머니를 혼외정사 관계를 맺었던 남자 옆으로 옮겨놓는다. 그리고 아버지를 자녀들의 맞은편으로 옮겨놓는다. 아버지의 등 뒤에는 그의 아버지가 서 있다.

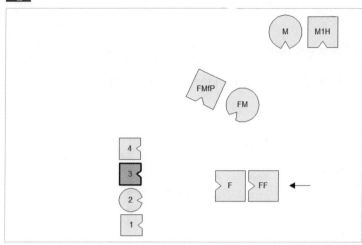

그림6

FF_ 아버지의 아버지(부계 쪽 할아버지)

헬링거 (큰형에게) 지금 큰아들은 어떤가요?

첫 번째 자녀 아까보다 더 편안해요.

헬링거 (아버지에게) 당신은요?

아버지 좋습니다. 이제는 고개를 들 수 있어요. 자식들도 다 시야에 들어오고요. 아이들에 대한 관심이 조금 더 커진 것 같아요. 아까는 바닥만 내려다보고 있었거든요.

첫 번째 자녀 저는 아버지가 앞으로 고꾸라지고 저는 뒤로 넘어질 거라는 생각을 계속 떨쳐버릴 수가 없었어요. 그러다 아버지의 아버지가 들어오자 그 느낌이 싹 사라져버렸어요.

헬링거 (마티아스의 대리인에게) 당신은요?

세 번째 자녀 아까는 심장 주변에서 여러 가지 증상이 감지되었어요. 아버지의 아버지가 등 뒤에 서 계신 지금은 숨 쉬기가 훨씬 편해졌어요.

가슴이 쫙 펴지는 것 같아요.

헬링거가 아버지의 어머니와 애인을 방금 전 서 있던 자리에서 반
대편으로 옮겨놓는다. 두 사람은 다른 사람들의 시야에 들어오는 위치
에 서 있다.

그림7

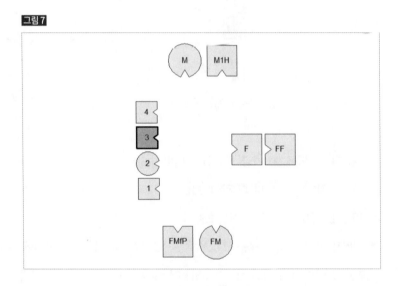

헬링거 (마티아스에게) 당신 자리에 와서 서보세요. 어머니를 봅니다.
어머니를 어떻게 부르세요?

마티아스 어머니.

헬링거 "어머니, 이제 어머니를 떠나보내렵니다"라고 말해봅니다.

마티아스 (눈시울을 적시며) 어머니, 이제 어머니를 떠나보내렵니다.

헬링거 "저는 아버지와 함께 머무를 거예요."

마티아스 저는 아버지와 함께 머무를 거예요.

헬링거 "이 자리가 저에게 적합한 자리예요."

마티아스 이 자리가 저에게 적합한 자리예요.

헬링거 (마티아스에게) 아버지 옆으로 가서 서보세요. 그리고 다시 한 번 어머니에게 "이제 어머니를 떠나보냅니다"라고 말합니다.

마티아스 (좀 더 냉정하고 명료한 목소리로) 어머니, 이제 어머니를 떠나보냅니다.

헬링거 "저는 아버지와 함께 머무를 거예요."

마티아스 저는 아버지와 함께 머무를 거예요.

헬링거 "이 자리가 저에게 적합한 자리예요."

마티아스 이 자리가 저에게 적합한 자리예요.

헬링거 "이분만이 저에게 적합한 아버지입니다."

마티아스 이분만이 저에게 적합한 아버지입니다.

헬링거 "어머니의 첫 번째 남편과 저는 아무런 상관도 없어요."

마티아스 어머니의 첫 번째 남편과 저는 아무런 상관도 없어요.

헬링거 아들의 말을 듣고 느낌이 어떠세요?

어머니 저는 정말로 아들을 사랑해요. 그리고 아들의 말이 다 맞다고 여겨져요.

헬링거 (마티아스에게) 아버지를 봅니다. 아버지를 불러봅니다. "아버지."

마티아스 아버지.

헬링거 아버지에게 말해봅니다. "이제 저는 당신을 제 아버지로 받아들입니다."

마티아스 이제 저는 당신을 제 아버지로 받아들입니다.

헬링거 "아버지도 저를 당신의 아들로 받아주세요."

마티아스 아버지도 저를 당신의 아들로 받아주세요.

헬링거 아들의 말을 듣고 느낌이 어떠세요?

아버지 아주 좋아요.

헬링거 (마티아스에게) 누나와 형 그리고 동생 사이에 있는 자신의 자리로 가서 서보세요. 그 자리에 선 느낌이 어떠세요?

마티아스 아까보다 더 편안해요.

헬링거 당신의 힘은 (아버지를 가리키며) 저쪽에서 오는 겁니다. 여기에서 간단한 실험을 하나 해보고 싶은데요, 일종의 간단한 마무리 의식 같은 거라고 보면 됩니다. 아버지 앞쪽에 서보세요. 등을 아버지에게 기대고 서봅니다.

마티아스가 등을 아버지에게 기대고 선다. 아버지의 등 뒤에는 아버지의 아버지가 서 있다.

헬링거 눈을 뜨고 계세요. 그리고 그 상태에서 눈앞에 펼쳐진 세상을 바라봅니다. (잠시 후) 충분한가요?

마티아스 (고개를 끄덕이며 미소를 짓는다.) 예, 아주 좋아요.

헬링거 그겁니다.

오후에 이어진 나눔의 자리에서.

마티아스 저는 생명력이 아버지로부터 저에게로 온다는 것을 직접적으로 경험했어요. 그래서 제가 이 힘이 오는 곳으로 더 가까이 다가설 필요가 있다는 걸 알게 되었어요. 연료 저장고를 가득 채울 수 있게 말이에요.

다니엘레 남편의 세션은 저한테도 아주 좋았어요. 맨 먼저 시어머니가 남편에게 사랑한다고 말할 때 제 가슴이 활짝 열리는 것 같았어요. 그 다음으로 남편 등 뒤쪽으로 두 명의 남자들, 아버지와 할아버지가 자리를 잡으면서 그 힘이 세대를 거쳐서 낮은 곳으로 퍼져 나오는 모습이 정말 멋졌어요. 제가 남편에게 그런 힘을 주는 역할을 할 필요가 없다는 것도 분명해졌고요. 남편은 자신의 아버지에게서 그 힘을 충분히 받을 테니까요.

헬링거 (다니엘레에게) 그리고 당신도 남편의 아버지에게서 그 힘을 얻을 수 있어요.

다니엘레 아, 맞아요. 그것도 굉장히 멋진 일이네요.

배우자의 현재 모습, 이보다 더 나을 순 없다

다니엘레 하지만 여전히 저를 괴롭히는 문제가 있어요. 어제 당신은 한 부부에게 배우자의 부모님을 받아들여야 한다고 말했어요. 솔직히 저는 아직까지도 마티아스의 부모님에 대해 나쁜 감정을 가지고 있어요. 그분들이 비난받아 마땅하다고 생각하거든요. 마티아스에게 못마땅한 마음이 생길 때마다 그게 다 부모님이 그런 사람들이어서 저 사람이 저렇다는 마음이 들어요.

헬링거 물론이죠. 부모님이 그런 사람들이므로 아들이 그런 사람인 거예요. 당신 부모님이 그런 분들이므로 당신이 그런 사람인 것과 똑같이요.

다니엘레와 마티아스가 고개를 끄덕인다.

다니엘레 알아요.

헬링거 배우자의 현재 모습보다 더 나은 버전은 존재하지 않아요. 지금 모습이 최고의 모습이에요.

마티아스와 다니엘레가 서로의 눈을 바라보면서 웃음을 터뜨린다.

헬링거 당신은 이미 최고 버전의 마티아스를 남편으로 두고 있는 겁니다.

다니엘레 그런 것 같네요.

···▶다니엘레와 마티아스를 대상으로 한 치유 작업은 251쪽에서 계속됨

헤어짐

스티븐 이 세미나에 제가 걸고 있는 기대는 제 미래, 그러니까 다시 독신으로 돌아갈 것인지 아니면 이 관계를 계속 유지할 것인지 좀 더 명확한 결정을 내릴 수 있었으면 하는 겁니다.

헬링거 결혼하셨나요?

스티븐 아니요. 현재 저희 두 사람은 이별을 고려하는 중이에요.

헬링거 두 분이 함께 생활한 지 얼마나 되었나요?

스티븐 5년째입니다.

헬링거 이미 결정이 내려진 상태로군요.

한동안 침묵이 이어진다. 스티븐과 사라가 아무 말 없이 살며시 고개를 끄덕인다.

헬링거 좀 명확해졌나요?

스티븐 완전하지는 않아요.

헬링거 당신은 이미 마음의 결정을 내려놓은 상태예요.

사라 사실 저도 같은 문제를 가지고 고민을 하고 있어요. 제 안에서 완전히 받아들이지도 못하고 완전히 거부하지도 못하는 상태라서 좀 더 명료해졌으면 좋겠어요.

헬링거 내 느낌으로는 사라 당신도 이미 마음의 결정을 내려놓은 상태예요.

사라가 울음을 터뜨린다.

헬링거 일단 지금은 여기에서 이야기를 멈추었으면 합니다. 괜찮으시겠어요?

사라가 고개를 끄덕인다.

헬링거 나중에 당신 문제를 다시 다뤄보도록 하지요.

나중에 이어진 나눔의 자리에서.

둘 중 한 사람은 자녀를 원하고 다른 사람은 원하지 않을 때

스티븐 겉으로는 태연한 척해도 지금 제 속에서는 화가 끓어오르고 있어요.

사라 아까 저희 두 사람 사이에 무슨 일이 있었느냐는 당신의 질문을 계속 생각해 봤어요. 그 질문을 받았을 때는 머릿속에 떠오르는 게 전혀 없었어요. 정말이지 이렇다 할 만한 사건이 없었거든요. 무언가 특별하고 극적인 사건 말이에요. 처음에는 어디에 초점을 두고 찾아봐야 할지 모르겠더군요. 제 생각에는 오랜 시간 쌓여온 상처 무더기가 현재의 상황을 만들어낸 게 아닐까 싶어요.

헬링거 분명히 결정적인 사건이 있었을 겁니다.

사라 아무리 뒤져봐도 찾을 수가 없어요. 저희 둘 사이가 삐걱거리기 시작한 건 제가 아이를 갖고 싶다고 생각하기 시작하면서였어요.

헬링거 스티븐이 어떤 반응을 보이던가요?

사라 굉장히 방어적이었어요.

헬링거 거기가 바로 두 사람 관계의 끝이에요. 거기서 모든 게 끝난 겁니다. 그리고 그 시점이 바로 정확하게 관계에 상처가 생긴 지점이기도 하고요.

사라가 고개를 끄덕인다. 스티븐도 고개를 끄덕인다.

이틀 뒤.

대개 상황은 사람들이 말하는 것과 반대일 때가 많다

사라 오늘 아침 저는 잠에서 깨어나면서 솔직히 아이를 원하지 않는 사람은 스티븐이 아니라 저란 걸 인정해야 한다는 생각이 들었어요. 최근 몇 달 사이 그 양상이 바뀌긴 했지만 지난 몇 년간을 살펴보면 그게 진실이에요.

헬링거 자기 자신의 느낌에 솔직해지는 것, 그게 바로 치유입니다. 가족세우기 치유 작업을 해오면서 내가 발견한 중요한 것 하나를 알려드리죠. "대개 상황은 사람들이 말하는 것과 반대일 때가 많다"는 겁니다.

사라 그 말은 제가 정말로 아이를 원했다는 뜻인가요?

헬링거 아니요. 당신은 스티븐이 아이를 원치 않았다고 했어요. 그리고 이제 사실은 그와 반대라는 걸 알아챘고요. 사실을 있는 그대로 바라볼 때 더 나은 단계로의 전환이 가능합니다. 우월감이 사라지고 남녀가 함께 인간적인 단계에서 만날 수 있게 되지요. 그리고 그 단계에서 동등함을 전제로 한 직접적인 대화가 가능해집니다.

사라 글쎄요, 지금 당장은 저희 두 사람이 동등하다는 느낌이 들지 않는데요. 스티븐은 정말로 아이들을 원하거든요.

헬링거 그래요, 그럼 이제 당신 차례예요.

사라가 웃는다.

헬링거 충분한가요?

사라 아니요, 충분치 않아요. 어제 저희 둘 문제를 다루면서 당신은 지금 같은 상황은 관계의 끝이라고 말씀하셨어요.

헬링거 (유머스런 말투로) 당신은 지금 내가 과거에 했던 말을 빌미로 내 발목을 잡으려는 건가요?

사라와 스티븐이 웃음을 터뜨린다.

헬링거 만일 내가 당신으로 하여금 어제 내가 한 말로 나를 얽어매게 내버려두었다면, 어떤 변화가 일어났을까요? 아무런 변화도 일어나지 않아요. 내가 기꺼이 내 의견을 내려놓을 수 있을 때 치유의 움직임이 시작됩니다. 내가 당신에게 약한 자극을 준 게 사실이에요. 이제 당신은 새로운 사실을 알게 되었고 새로운 출발선에 서게 되었어요. 남은 일은 그저 기다리는 것뿐입니다. 당신도 그렇고, 파트너도 그렇고. 영혼이 명료함을 얻을 때까지 기다리면 됩니다. 시간이 좀 걸릴 수도 있겠지만 서두를 필요는 없어요. 결론을 지으려고 할 필요도 없고요. 그러다 보면 새로운 변화가 모습을 드러낼 거예요. 갈등이 없어졌으니 가능한 일입니다. 하지만 아이가 생기기 전에 결혼부터 하는 게 좋아요.

사라와 스티븐이 웃는다.

그날 오후.

스티븐 "저는 아빠 곁에 머물 거예요."

스티븐 이 자리에 있기가 너무나 어색하고 힘들어요. 여기에 있는 부부들을 바라보는 게 힘들어요. 마치 부부 동반 모임에 저만 짝 없이 혼자 와 있는 것 같아요. 시간이 지날수록 이 느낌이 더욱 또렷해지네요.

헬링거 (스티븐과 사라에게) 두 분, 이쪽으로 와보세요. 당신들 문제를 다루어볼까요?

스티븐 예.

헬링거 당신이 준비가 된 것처럼 보이는군요.

스티븐이 미소를 짓는다.

헬링거 원래 가족 안에 어떤 사건이 있었나요?

스티븐 어머니가 30년째 심각한 우울증을 앓고 계세요. 어머니 마음을 편하게 해드리는 게 오랫동안 제 역할 중 하나였어요.

헬링거 누가 나에게 중병에 걸린 사람을 친구로 둔 한 남자 이야기를 해줬어요. 병에 걸린 사람은 침대에 누워 있고 그 친구는 곁에 앉아 밤새 환자 상태를 지켜보았다는군요. 그런데 아침에 보니까 간병하던 친구는 죽고 아픈 친구는 자리를 털고 일어났더랍니다.

스티븐이 미소를 지으며 고개를 끄덕인다.

헬링거 이 이야기에서 느껴지는 게 있나요?

스티븐 예.

헬링거 아버지에 대해서는 어떤가요?

스티븐 느낌상으로 아버지는 계시지 않는 분이었던 것 같아요. 아버지는 제가 태어나고 일주일 뒤에야 저를 쳐다봤다고 해요. 처음 그 이야기를 들었을 때는 가슴이 너무 아팠어요. 아버지는 저를 보는 것조차 원치 않았다는 말이잖아요.

헬링거 그 이야기의 진실이 뭔지 알고 계세요? 그 일이 아버지에게 어떤 의미인지 아세요? 무엇이 아버지로 하여금 당신을 보러 가는 걸 막았는지 아세요? 당신이 태어난 해가 언제인가요?

스티븐 1962년이에요.

헬링거 아버지는 어떤 일을 하시나요?

스티븐 현재는 퇴직을 한 상태예요.

헬링거 그 전에는 어떤 일을 하셨나요?

스티븐 아버지는 기계 전문가였어요.

헬링거 여행이 잦은 편이었나요?

스티븐 아니요. 그 당시에 아버지는 학생들을 가르쳤어요. 부모님 중 과거에 다른 남녀 관계를 가졌던 분은 없고 두 분은 지금도 함께 살고 계세요.

헬링거 부모님이 당신을 임신했을 당시 결혼을 한 상태였나요?

스티븐 저를 임신했을 때는 결혼하지 않은 상태였어요. 저 때문에 결혼을 하셨다는데 꼭 그 일이 아니더라도 두 분은 어차피 결혼할 사이였다고 하셨어요.

헬링거 두 분의 말을 믿었나요?

스티븐 예.

헬링거 (사라에게) 스티븐이 부모님 말씀을 믿었나요?

사라 (스티븐의 눈을 보면서) 제가 들은 바는 조금 달라요.

스티븐이 가볍게 고개를 끄덕인다.

헬링거 (스티븐에게) 당신은 두 분의 말을 믿지 않았어요. 만약 믿었다면 어머니에게 그처럼 강한 책임감을 느끼지 않았을 거예요. 임신 때문에 마지못해 한 결혼과 관련해 이야기를 하나 해드리죠. 부모님이 결혼을 '해야만 하는' 상황일 때, 둘 중 한 사람이 그런 자기 처지에 화가 나 있거나 우울감에 빠져 있으면, 자녀가 그에 대해 죄책감을 느끼게 돼요. 이런 경우, 해결책이 뭔지 아세요?

스티븐 죄송하지만 방금 전 말씀을 듣지 못했어요. 마음이 소란스러워서 집중하지 못했어요.

헬링거 상관없습니다. 당신 영혼은 이미 들었으니까요.

스티븐 그렇다면 다행이고요.

헬링거 당신의 원래 가족을 세워보도록 하지요. 그러면 좀 더 명확하게 상황을 알 수 있을 거예요. 형제자매가 있나요?

스티븐 여동생이 한 명 있어요.

헬링거 아버지와 어머니 그리고 당신과 여동생을 대신할 대리인들의 자리를 찾아서 세워보세요.

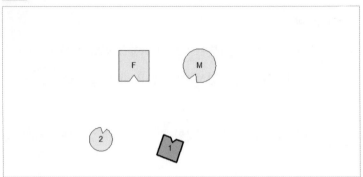

M_어머니 F_아버지 1_첫 번째 자녀(스티븐) 2_두 번째 자녀, 딸

헬링거 (스티븐에게) 부모님 중에서 결혼 전에 다른 남자나 여자와 깊은 관계를 가졌던 분이 있나요?

스티븐 없어요.

헬링거 아버지는 지금 느낌이 어떠세요?

아버지 특별히 교류한다는 느낌이 드는 사람은 하나도 없어요. 심한 소외감이 느껴져요.

헬링거 어머니는 어떠세요?

어머니 왼쪽 옆구리가 아파요. 남편이 들어와 제 옆에 서자 오른쪽 어깨가 결리기 시작했어요. 지금은 심장이 아주 심하게 쿵쾅거리고 있어요.

헬링거 그 외 다른 느낌도 있나요?

어머니 아이들을 바라보는 게 힘들어요.

헬링거 (스티븐의 대리인에게) 당신은 지금 어떠세요?

첫 번째 자녀 낡은 부대자루가 된 듯한 느낌이에요.

헬링거 (여동생에게) 딸은 지금 어떠세요?

두 번째 자녀 심장이 요동치고 있어요. 오빠에게는 따뜻함이 느껴지는데 부모님한테는 그런 느낌이 없어요.

첫 번째 자녀 제 심장도 요동치고 있어요.

헬링거가 어머니를 대각선 앞쪽으로 다섯 걸음 정도 옮겨서 돌려세운다. 아들과 딸을 아버지의 맞은편으로 옮겨놓는다.

그림2

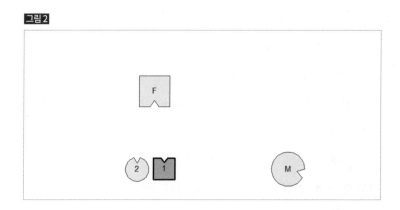

헬링거 (아버지에게) 지금은 어떠세요?

아버지 이제야 저 아이들이 제 자식처럼 보이네요. 아까보다 더 편안해요.

헬링거 (스티븐의 대리인에게) 당신은 지금 어떤가요?

첫 번째 자녀 아까보다 더 가벼워지고 안도감이 느껴져요. 더 편안해졌어요.

헬링거 (여동생에게) 당신은요?

두 번째 자녀 저도 마찬가지예요.

헬링거 (스티븐에게) 이 상황에 대해서 뭐라고 말씀하시겠어요?

스티븐 (혼란스러워하며) 예?

헬링거 당신 어머니는 떠나고 싶어 하고 당신은 어머니가 떠나지 못하도록 붙잡고 있어요.

어머니 전 정말이지 저 앞에 펼쳐져 있는 아름다운 꽃밭으로 당장 달려가고 싶어요. (어머니는 꽃문양이 새겨진 벽지를 바라보는 위치에 서 있다.) 저기가 저에게 맞는 곳이에요.

헬링거 그건 바로 천국에 대한 열망을 의미합니다. (스티븐에게) 어머니의 원래 가족에게 어떤 사건이 있었나요?

스티븐 어머니가 세 살 때 할아버지가 전쟁터에서 돌아가셨어요.

헬링거 그거군요. 어머니는 당신 아버지를 따라가고 싶은 열망으로 가득합니다.

스티븐 한 가지 더 있어요. 어머니의 큰언니가 어머니 열 살 생일 때 트럭에 치여 죽었어요. 그때 이후로 어머니의 생일은 죽은 언니의 추모제가 되어버렸어요.

헬링거 물론 그 영향도 있겠지만 가장 중요한 사건은 아버지의 죽음입니다. 죽음에 대한 어머니의 욕구는 당신의 할아버지와 연관되어 있습니다.

헬링거가 어머니의 아버지 대리인을 선택한 뒤 어머니를 마주볼 수 있는 자리에 세운다.

그림 3

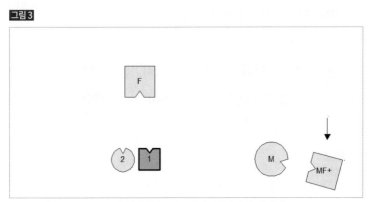

MF+_ 어머니의 아버지(모계 쪽 할아버지. 스티븐의 어머니가 세 살 때 사망)

헬링거 (어머니에게) 아버지가 들어오고 난 뒤 어떤 변화가 있나요?

어머니 이분이 저쪽에 있는 꽃들을 죄다 가려버렸어요. 이분의 어디에서도 아버지다운 모습을 찾을 수가 없어요.

헬링거 (아버지에게) 느낌이 어떤가요?

어머니의 아버지 일종의 연결감이 느껴집니다. 아버지와 딸 사이의 연결감이요.

헬링거가 어머니를 남편 옆으로 옮겨놓는다. 그리고 어머니의 아버지를 그 곁에 세운다.

헬링거 (어머니에게) 아니면 아버지가 등 뒤에 서 계시는 게 더 나을까요? 어느 쪽이 더 나을까요?

어머니 한번 등 뒤에 세워보면 어떨까요?

헬링거 그렇게 해보죠.

어머니 제 등 뒤에 서 계시는 게 더 좋네요.

헬링거가 어머니의 죽은 언니의 대리인을 추가한다. 언니를 어머니 옆에 세운다. 그런 다음 어머니의 아버지를 두 딸의 등 뒤로 옮긴다.

그림4

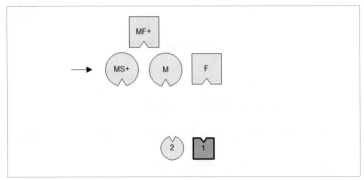

MS+_ 어머니의 언니(어머니의 열 살 생일 때 자동차 사고로 사망)

헬링거 (어머니에게) 지금은 어떠세요?

어머니 아버지와 언니에게 강한 연결감이 느껴져요. 이제야 눈앞에 서 있는 자식들이 보이네요.

헬링거 아버지는 어떠세요?

아버지 여전히 편안하고 좋아요.

헬링거 부인 쪽으로 조금만 가까이 가보세요.

남편이 부인 옆으로 한 걸음을 떼놓는다.

아버지 이제야 가족 같은 느낌이 드네요.

헬링거 (스티븐의 대리인에게) 당신은 어떠세요?

첫 번째 자녀 어머니가 이쪽으로 오자마자 심장이 또 쿵쾅거리며 뛰기 시작했어요. 하지만 마음은 여전히 편안해요.

헬링거 (스티븐과 여동생의 대리인에게) 현재로서는 두 사람이 아버지 옆에 서 있는 게 좋습니다. 다시 말해 아버지의 영향권 안에 있어야 해요. 어머니의 가족체가 너무 큰 무게에 짓눌려 있기 때문이에요.

그림5

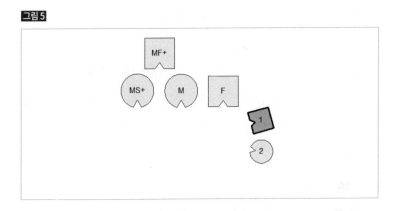

헬링거 (아버지에게) 두 아이들이 옆으로 옮겨오고 난 뒤 느낌에 변화가 있나요?

아버지 좋아요.

헬링거 (스티븐의 대리인에게) 당신은 어떤가요?

첫 번째 자녀 저도 이 자리가 좋아요.

헬링거 (여동생에게) 딸은 어때요?

두 번째 자녀 저도 좋아요.

스티븐의 대리인이 나가고 스티븐이 그 자리에 들어선다.

헬링거 (스티븐에게) 주변을 한번 쭉 둘러보세요.

스티븐 아주 좋아요. 여기가 제가 머물 만한 자리인 것 같아요. 안정감이 들고 안전한 느낌도 들어요.

헬링거 어머니에게 말합니다. "저는 이 자리에 머무를 거예요." 말을 하는 동안 시선을 어머니에게 고정시키도록 합니다.

스티븐 저는 이 자리에 머무를 거예요.

헬링거 "저는 아빠 곁에 머무를 거예요."

스티븐 저는 아빠 곁에 머무를 거예요.

헬링거 "제가 아빠 곁에 머무르더라도 저를 다정하게 바라봐 주세요."

스티븐 제가 아빠 곁에 머무르더라도 저를 다정하게 바라봐 주세요.

헬링거 아들의 말을 듣고 어머니는 느낌이 어떠세요?

어머니 굉장한 안도감이 느껴져요.

헬링거가 스티븐을 할아버지 앞으로 옮겨놓는다.

헬링거 할아버지를 봅니다. 그런 다음 고개를 숙여 절을 하면서 이렇게 말합니다. "사랑하는 할아버지, 저는 당신의 운명을 존중합니다."

스티븐 (잠깐 동안 말없이 할아버지를 바라본 뒤) 사랑하는 할아버지, 저는 당신의 운명을 존중합니다.

스티븐이 깊은 감동을 느끼고 있음이 얼굴에 역력하다.

헬링거 할아버지를 향한 강렬한 감정이 당신에게서 느껴지는군요. 가까이 가서 두 팔로 할아버지를 안아보세요.

스티븐이 할아버지를 따뜻하게 포옹한다. 스티븐이 숨을 깊게 들이쉬었다 내쉰다.

헬링거 할아버지에게 말합니다. "사랑하는 할아버지."
스티븐 사랑하는 할아버지.
헬링거 "할아버지는 여전히 제 가슴속에 살아계십니다."
스티븐 할아버지는 여전히 제 가슴속에 살아계십니다.
헬링거 "제가 여기 머물더라도 저를 다정하게 바라봐 주세요."
스티븐 제가 여기 머물더라도 저를 다정하게 바라봐 주세요.
헬링거 손자의 말을 들으니 할아버지의 느낌이 어떤가요?
어머니의 아버지 뭔가 다른 느낌이에요.
헬링거 어떤 느낌인가요?
어머니의 아버지 저 자신에 대한 반감이라고 할까요? 제가 이 아이에게서 엄마를 빼앗아갔다는 느낌이 들어요.
스티븐 순간적으로 외할머니가 제 앞에 서 계신 것 같았어요. 그 순간, 어쩌면 할머니는 이 상황을 받아들이지 않을 거라는 느낌이 들었어요. 할머니는 가끔씩 그리움이 가득한 눈으로 저를 쳐다보곤 하세요. 할머니는 제가 할아버지를 꼭 빼박았다는 말을 입에 달고 사시죠. 그 말은 늘 제 가슴을 답답하게 짓눌러요. 할머니를 위해 제가 할머니의 남편 역할을 대신해야 하니까요. 지금 그 상황이 여기에서 펼쳐지고 있는 것 같아요.

헬링거가 할머니의 대리인을 선택한 뒤 할아버지 옆에 세운다. 그런 다음 스티븐을 아버지의 옆자리로 옮겨놓는다.

그림 6

MM_ 어머니의 어머니(모계 쪽 할머니)

헬링거 (스티븐에게) 어머니에게 말합니다. "어머니의 원래 가족 안에 어떤 일이 일어났든 상관없이 저는 아버지 곁에 머무를 거예요."

스티븐 사랑하는 어머니, 어머니의 원래 가족 안에 어떤 일이 일어났든 상관없이 저는 아버지 곁에 머무를 거예요.

헬링거 그리고 이제 할아버지에게도 "저는 제 아버지 곁에 머무를 거예요"라고 말합니다.

스티븐 사랑하는 할아버지, 저는 제 아버지 곁에 머무를 거예요.

헬링거 "여기가 저에게 적합한 자리예요."

스티븐 여기가 저에게 적합한 자리예요.

헬링거 손자의 말을 듣고 할아버지의 느낌이 어떤가요?

어머니의 아버지 좋습니다.

헬링거 할머니는 어떠세요?

할머니의 대리인이 고개를 끄덕인다.

헬링거 어머니는 어떠세요?

어머니 처음부터 쭉 아들이 저를 위해서 저 일을 하고 있다는 느낌이 들었어요.

헬링거 아들을 보면서 이렇게 말합니다. "내 문제에 관한 한, 너는 자유롭단다."

어머니 내 문제에 관한 한, 너는 자유롭단다.

헬링거 "엄마는 너를 아빠 곁에 남겨두려고 해."

어머니 엄마는 너를 아빠 곁에 남겨두려고 해.

헬링거 "사랑하는 마음과 함께 말이야."

어머니 사랑하는 마음과 함께 말이야.

헬링거 지금은 어떤가요?

스티븐 아주 좋아요. 갑자기 모든 게 굉장히 쉬워졌어요.

헬링거 사라는 어디에 있나요?

사라 여기요.

헬링거가 사라를 스티븐이 서 있는 곳으로 이끌어간다. 두 사람이 서로를 마주본다.

헬링거 (스티븐에게) 사라에게 말합니다. "나는 여기에 머물러 있어.

나는 지금 여기에 머물러 있어."

스티븐 지금 나는 여기에 머물러 있어.

헬링거 (사라에게) 그 말을 들으니 느낌이 어떠세요?

사라 (울음을 터뜨리며) 믿을 수가 없어요.

스티븐 제가 막 알아챈 것은……

헬링거 (스티븐에게) 아니요, 그냥 놔두세요. 나는 지금 사라와 대화하는 중이에요. 이 반응은 당신 때문이 아니에요. 사라 자신과 관련된 거예요. (잠시 시간을 둔 뒤 다시 사라에게) 이 남자를 사랑한 적이 있으세요?

사라 네.

헬링거 정말로요?

사라가 상당히 편안해진 표정으로 웃는다.

헬링거 (미소를 지으면서) 그 사실을 스스로에게 자주 상기시켜 줄 필요가 있어요. (스티븐에게) 당신에게 해주고 싶은 말이 있어요. 사라와 함께 있는 동안 당신은 끝없이 어머니에 대한 걱정을 하게 될 거예요. (사라에게) 30년 동안이나 스티븐은 어머니를 걱정해 왔어요. 그리고 지금부터 당신을 대상으로 똑같은 일을 하게 될 거예요. 그가 그렇게 하는 게 마땅하겠죠?

사라 아니에요.

헬링거 그럼 지금 당신은 스티븐에게 뭐라고 말해주고 싶나요?

사라 (한참 동안 스티븐을 바라보더니) 모르겠어요.

헬링거 일단 여기서 중단하겠습니다. 나중에 사라와의 치유 작업을 따로 진행해야 할 것 같군요. (스티븐에게) 당신에게 적합한 자리에 머물러 있도록 하세요. 거기에서 힘을 얻을 수 있어요. 아시겠어요?

스티븐과 사라가 고개를 끄덕이며 자리에 앉는다.

"우리가 새롭게 시작할 수 있는 기회를 허용합시다"

헬링거 행복에 관한 비법을 하나 알려드리죠. 행복은 건망증이 아주 심해요. 과거에 무슨 일이 있었는지 잘 기억하질 못합니다. 하지만 불행은 기억력이 아주 좋아요. 부부 관계에 어려움이 있을 때, 두 사람은 서로에게 "우리가 새롭게 시작할 수 있는 기회를 허용합시다"라고 말할 수 있어야 합니다. 그런 다음에는 과거에 무슨 일이 있었는지 절대로 언급해서는 안 됩니다. 생각조차 해서는 안 돼요. 그게 바로 행복의 문을 여는 비밀의 열쇠입니다. 비법이라지만, 이건 뭐 아주 쉬운 일이지요.

참여자들 전체가 웃음을 터뜨린다.

사라 (미소를 지으며) 저도 그럴 수 있어야 할 텐데요.

하루가 지난 뒤.

너무 쉬운 해결책은 모욕처럼 여겨진다

스티븐 어제 진행된 세션을 돌이켜보다가 제가 여태까지 믿어온 것과 모순되는 부분이 있다는 걸 알았어요. 왜냐하면 모든 게 너무나 간단했거든요.

헬링거 맞습니다.

스티븐 저는 언제나 모든 걸 굉장히 복잡하게 보는 습성이 있어요. 그러니까 제 말은……

헬링거 당신이 원한다면 훨씬 더 복잡하게 만들어드릴 수도 있어요. 아주 길고 힘든 방식을 선호하는 사람이 있을 땐 나는 그 사람을 위해서 그렇게 하기도 해요. 어떤 사람들은 해결책이 너무 쉬우면 모욕감 비슷한 걸 느끼기도 합니다.

스티븐 맞아요. 왜냐하면 그게 여태까지 일어난 모든 일이 아무것도 아니었다는 거냐는 의구심을 갖게 하거든요.

헬링거 그 모든 고통이 아무것도 아니었다는 사실을 받아들이기가 어려운 거겠죠. 제1차 세계대전이 끝난 뒤 인플레이션이 급등하면서 10만 마르크 지폐 하나로 살 수 있는 게 빵 한 덩어리였던 때가 있었어요. 그때 어떤 사람들은 언젠가 이 돈의 가치가 높아질 날이 올 거라 기대하며 지폐 다발을 숨겨두기도 했다더군요.

스티븐이 웃음을 터뜨리면서 고개를 끄덕인다.

복수를 하기 위한 방법으로 꿈 얘기를 하다

사라 저 역시 스티븐의 세션이 너무 쉽게 풀리는 모습을 보고 놀랐어요. 왜냐하면 저는 항상 생각하기를……

헬링거 하느님 맙소사! 같은 이야기를 반복할 생각일랑 마세요.

사라가 소리 내어 웃는다.

사라 어제는 다들 저를 비난하고 있다는 느낌이 들었거든요.

헬링거 예, 그게 사실이에요. 어제 상황에서 분명한 것은 스티븐은 기꺼이 머무르고자 하는데 당신이 그를 거부한다는 거였어요.

사라가 살짝 고개를 끄덕인다.

헬링거 비밀을 하나 알려드리죠. 둘 다 죄인이 되면 한데 어울려 살기가 더 쉬워져요. 어제 당신은 스티븐이 당신에게 상처 준 적이 있다고 했어요.

사라 그랬죠.

헬링거 그래서 어제 당신은 상황을 공평하게 만들기 위해 그에게 상처를 주었고요. 그러니 이제 새롭게 시작할 일만 남았군요.

사라 제가 오랫동안 헤어져야겠다는 생각을 해온 게 사실이에요. 그리고 실제로 떠나기 위한 절차를 밟아보기도 했어요. 그런데 갈 수가 없었어요.

헬링거 왜 그런지 아세요?

사라 아뇨.

헬링거 당신이 아직 그에게 진 빚이 있기 때문이에요.

사라 하지만 왜 그런지 모르겠어요.

헬링거 내가 방금 전에 알려주었잖아요. 당신이 아직까지 그에게 진 빚이 있기 때문이라고요.

사라 무슨 빚을 말하는 건지 모르겠어요. 어젯밤 저는 두 가지 꿈을 꿨어요. 꿈속에서 저는……

헬링거 (그녀의 말을 가로마으며) 꿈에 관한 비밀을 알려드리죠. 꿈은 그저 꿈일 뿐이에요. 간혹 사람들은 배우자에게 복수를 할 목적으로 꿈 이야기를 할 때가 있어요. 그들은 "내가 어제 꿈에서 당신을 봤는데……" 라며 신에게서 받은 메시지라도 공개하듯 꿈 이야기를 꺼내곤 하지요. 대부분의 경우, 배우자에 관한 꿈은 심술궂은 속임수에 지나지 않아요. 사실 꿈의 내용이란 대개 다른 사람과 관련된 게 아니라 꿈을 꾼 당사자와 관련되어 있어요.

사라 저도 알아요. 저는 그런 목적으로 꿈 얘기를 하려던 게 아니었어요.

헬링거 다행이군요.

사라 첫 번째 꿈에서 낡은 집이 무너지는 모습을 보았는데, 그 광경을 보면서 새로 집을 지어야겠다는 일종의 책임감을 느꼈어요. 두 번째 꿈에서는 수리를 마친 낡은 계단이 보였는데 제가 그걸 망가뜨려버렸어요. 책임감을 느끼긴 했지만 새로 보수를 해야겠다는 마음이 들지는 않더라고요.

헬링거 꿈에 관한 또 다른 측면을 알려드리죠. 첫 문장만이 중요해요.

첫 번째 문장이 뭐였죠? 무너진 집이 있었다고 했지요. 굉장해요. 그 부분만 꿈에 속합니다. 당신이 이 첫 번째 문장과 머무를 수 있다면, 꿈이 효력을 발휘할 거예요. 이해하겠어요?

사라 오늘 제 문제를 다루어보고 싶어요. 왜냐하면 오늘 제 느낌을 보면……

헬링거 과연 그게 해도 좋을 일인지 확신이 서지 않는데요.

사라 제가 아직 받아들이지 못한 무언가가 있는 것 같은 느낌이 들어요.

헬링거 (잠깐 시간이 흐른 뒤) 작은 실험을 한번 해보죠. 두 가지 상황을 상상해 봅시다. 첫 번째 상황은 내가 당신과 치유 작업을 하는 거예요. 두 번째는 내가 그걸 거부하는 거고요. 둘 중 어떤 상황이 당신을 더 강하게 만들어줄까요? 내가 당신의 세션을 진행할 때인가요, 아니면 하지 않을 때인가요?

사라 저와 치유 작업을 할 때요.

헬링거 아니요, 하지 않을 때예요. 그게 더 어려운 도전이에요. 나 역시 어느 쪽이 나를 더 강하게 만드는지 스스로에게 물어봐야 합니다. 우월감의 차원에서가 아니라 내 자신의 가치 존중이라는 차원에서 말이에요. 어느 쪽이 나를 더 강하게 만드는가? 이 의뢰인의 치유 작업을 함으로써? 아니면 하지 않음으로써? 결론은 명백해요. 내가 당신의 치유 작업을 하지 않을 때 내 자신의 가치도 존중하고 내 에너지도 보존할 수 있어요. 그렇지 않으면 아무 소용도 없으리라는 걸 뻔히 알면서 그 일에 끼어드는 게 되어버릴 테니까요.

사라가 고개를 끄덕인다.

몇 시간 뒤.

사라 "엄마, 제 자리는 바로 여기 엄마 옆이에요."

헬링거 자, 이제 또 다른 분의 문제를 다루어보도록 하지요. (사라에게) 당신의 세션을 진행해 보도록 할게요.

사라 (놀라면서) 저요? 왜요?

헬링거 당신도 보다시피 나는 사람들을 놀라게 하는 데 탁월한 재주가 있거든요.

사라가 웃는다.

헬링거 자, 당신의 원래 가족을 세워보도록 하지요. 형제들이 어떻게 되나요?

사라 여덟 명이에요.

헬링거 여덟 명이요? 당신은 그중 몇 째인가요?

사라 위에서부터 네 번째예요.

헬링거 일찍 죽은 자녀가 있었나요?

사라 아니요. 그런데 3개월 만에 유산된 아이는 있었다고 해요.

그림1

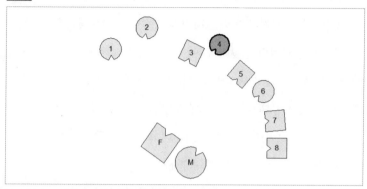

M_ 어머니 F_ 아버지 1_ 첫 번째 자녀, 딸 2_ 두 번째 자녀, 딸 3_ 세 번째 자녀, 아들
4_ 네 번째 자녀(사라) 5_ 다섯 번째 자녀, 아들 6_ 여섯 번째 자녀, 딸
7_ 일곱 번째 자녀, 아들 8_ 여덟 번째 자녀, 아들

헬링거 (사라에게) 아버지의 원래 가족 안에 어떤 사건이 있었나요?

사라 총 3남매였는데 막내여동생이 다섯 살 때 죽었어요.

헬링거 (사라에게) 당신은 누구를 대신하고 있는 걸까요? 가족이 세워진 모습을 보세요. 아버지의 막내여동생 대리인을 한 분 선택해 보세요.

그림2

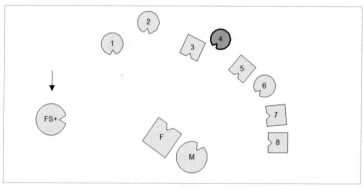

FS+_ 아버지의 여동생(다섯 살 때 사망)

135

헬링거 (사라의 대리인에게) 지금 느낌이 어떠세요?

네 번째 자녀 전기가 통하는 것처럼 양손이 찌릿찌릿해요. 언니들이나 동생들이 잘 인식되지 않아요. 이곳에 괴상한 긴장감이 감돌고 있어요. 아버지의 죽은 여동생이 나타난 뒤부터 자꾸만 형제들 사이로 저 사람을 힐끗힐끗 엿보게 돼요. 저 여자에게 관심이 가요. 하지만 제대로가 아니라 그냥 절반쯤만 보고 있어요. 그러니까 살짝 엿보는 정도……

헬링거 아버지의 느낌은 어떠세요?

아버지 왼쪽에 있는 아이들에게 관심이 많이 가요. 아이들이 들어오면서 제 오른쪽이 따뜻하고 편안해졌어요. 죽은 여동생이 가까이 다가오자 온몸에 소름이 끼쳤는데 몇 걸음 떨어지니까 마음이 좀 가라앉네요.

헬링거가 어머니와 아버지의 자리를 바꾼다. 그런 다음 아버지의 죽은 여동생을 아버지의 오른쪽으로 옮겨온다. 오른쪽에 서 있던 자녀들이 두 걸음 뒤로 물러난다.

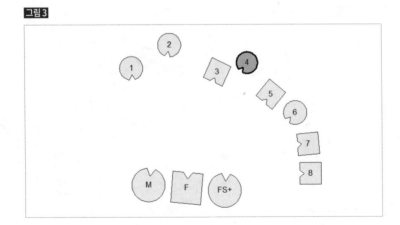

그림3

헬링거 아버지에게 어떤 변화가 있나요?

아버지 즐거워요.

헬링거 (사라의 대리인에게) 당신은요?

네 번째 자녀 이제 아버지, 어머니 그리고 아버지의 죽은 여동생을 제대로 봐야 할 것 같아요.

헬링거가 사라의 대리인을 앞쪽으로 옮겨놓는다.

그림4

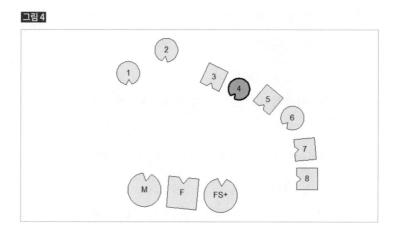

네 번째 자녀 죽은 고모를 바라보는 게 너무 가슴 아파요. (감정적 동요가 일어나고 있음이 역력한 모습으로) 정말이지 당장 고모에게 달려가고 싶어요. 고모에게 강하게 끌려요.

헬링거 그렇게 하세요. 고모에게 가보세요. "사랑하는 고모"라고 불러보세요.

네 번째 자녀 (죽은 고모 앞에 서서) 사랑하는 고모.

헬링거 "제 가슴속에는 고모를 위한 자리가 있어요."

네 번째 자녀 제 가슴속에는 고모를 위한 자리가 있어요.

헬링거 "제가 머무르더라도 다정하게 대해주세요."

네 번째 자녀 제가 머무르더라도 다정하게 대해주세요.

헬링거 "제발."

네 번째 자녀 제발.

헬링거 조카의 말을 듣고 고모의 느낌이 어떤가요?

아버지의 여동생 아주아주 행복해요.

헬링거 아버지는 어떠세요?

아버지 저도 그래요.

헬링거가 사라의 대리인을 다시 형제자매들 사이로 옮겨놓는다.

헬링거 (아버지에게) 여동생에게 말합니다. "이 사람이 내 아내란다. 저 아이들은 내 자식들이야."

아버지 이 사람이 내 아내란다. 저 아이들은 내 자식들이야.

헬링거 "자그마치 여덟 명이나 된단다."

아버지 자그마치 여덟 명이나 된단다.

헬링거 "우리를 다정하게 바라봐다오."

아버지 우리를 다정하게 바라봐다오.

헬링거 "내 가슴속에는 너를 위한 자리가 있단다."

아버지 내 가슴속에는 너를 위한 자리가 있단다.

헬링거 고모는 지금 어떠세요?

아버지의 여동생 좋아요.

헬링거 (사라의 대리인에게) 당신은 지금 어떠세요?

네 번째 자녀 양쪽 무릎이 떨리기 시작했어요.

헬링거가 사라를 장 안으로 데리고 들어온다.

헬링거 (사라에게) 이제 당신에게 해결책을 보여드리죠.

헬링거가 사라를 죽은 고모와 아버지 옆에 서 있는 어머니의 왼쪽
에 세운다.

그림5

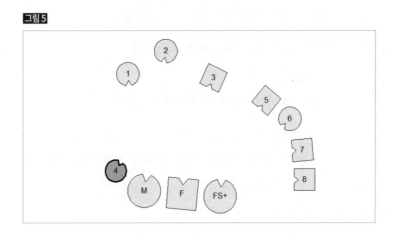

사라가 감정이 복받치는지 울음을 터뜨리기 시작한다.

헬링거 어머니를 보면서 이렇게 말합니다. "제 자리는 여기, 엄마 옆

이에요."

사라가 소리 내 울면서 고개를 떨어뜨린다.

헬링거 (사라에게) 어머니를 봅니다. 평상시에 어머니를 어떻게 부르세요?

사라 엄마.

헬링거 이렇게 말해봅니다. "엄마, 저의 자리는 바로 여기, 엄마 옆이에요."

사라 (울면서) 엄마, 제 자리는 바로 여기, 엄마 옆이에요.

헬링거 "제가 머무를 수 있도록 저를 붙잡아주세요."

사라 제가 머무를 수 있도록 저를 붙잡아주세요.

헬링거 (어머니에게) 두 팔로 딸을 안아주세요.

사라가 한동안 어머니의 품에 안긴 채 흐느껴 울면서 숨을 깊이 쉰다.

헬링거 (사라에게) 이제 다시 어머니 옆으로 가서 서보세요. 그런 다음 아버지를 봅니다. 아버지를 어떻게 부르나요?

사라 아빠.

헬링거 "아빠, 저는 엄마와 함께 머무를 거예요."

사라 아빠, 저는 엄마와 함께 머무를 거예요.

헬링거 "저는 아빠의 여동생을 사랑해요. 그리고 저는 엄마와 함께 머무를 거예요."

사라 (울먹이며) 저는 아빠의 여동생을 사랑해요. 그리고 저는 엄마와 함께 머무를 거예요.

헬링거 "저를 다정하게 바라봐 주세요."

사라 저를 다정하게 바라봐 주세요.

헬링거 딸의 말을 들은 아버지의 느낌이 어떤가요?

아버지 좋습니다.

헬링거 딸에게 말해줍니다. "너의 자리는 네 엄마 옆이란다."

아버지 너의 자리는 네 엄마 옆이란다.

헬링거 (사라에게) 이제 형제자매들이 있는 곳으로 돌아가 보세요. 지금 느낌이 어떤가요?

사라 (안도의 숨을 내쉬며) 이제 다시 숨을 쉴 수 있어요.

헬링거 바로 그겁니다. 이대로 마무리 지어도 되겠군요.

동일시의 해결

헬링거 (사라에게) 여기서 잠깐 동일시에 관해 설명을 드리도록 하지요. 가족체는 모든 가족 구성원들이 하나도 빠짐없이 다 포함될 것을 요구합니다. 이 말은 곧 한 가족체에 속한 사람들은 누구나 가족체 안에 자신만의 자리가 있으며, 다른 모든 사람과 똑같이 그 가족체에 소속될 권리를 가지고 있다는 뜻입니다. 예컨대 당신 아버지의 여동생 경우처럼 자녀가 어린 나이에 죽으면 그 아이는 잊히거나 아니면 더 이상 가족체에 속한 사람으로 여겨지지 않게 됩니다. 대개의 경우 나머지 가족 구성원들은 이 아이를 사랑하는 존재로 받아들이는 걸 잊어버리죠. 혹은 적합한 방식으로 아이에게 작별을 고하지 않거나요.

만일 이런 상황이 벌어지면, 나중 세대 중 누군가가 그 잊힌 사람을 가족체 안에서 대신하게 됩니다. 즉 가족체적 무의식은 나중 세대 중 누군가로 하여금 그를 대신하도록 함으로써 그 사람의 자리를 회복하려고 듭니다. 잃어버린 퍼즐 조각을 찾아내 빈자리를 채우려는 가족체적 무의식의 힘이 작용하는 거지요. 이제 나중에 태어난 자녀 중 한 사람은 가족체적 균형을 회복하는 데 일조하게 됩니다. 그렇다고 누군가가 의식적으로 이런 역할을 선택한다거나 이런 상황을 조장한다는 뜻은 아니에요. 누군가 이런 상황이 발생하길 원한다는 뜻도 아니고요. 다만 가족체적 무의식에서 기인한 균형 회복의 필요성으로 인해 무의식적 동일시가 만들어지는 것뿐입니다.

당신의 경우, 아버지의 여동생이 된 듯한 느낌을 갖고 있을 뿐만 아니라 마치 자기는 이 가족에 속해 있지 않은 것처럼 옆으로 비켜나 있는 상태였습니다. 우린 그걸 방금 전 당신의 세션에서 볼 수 있었어요. 그러다 보니 배우자를 향해서도 온전히 돌아서지 못할 수밖에요. 그건 당신이 자신의 가족체에 속해 있지 않다고 느끼고 있기 때문이에요. 이 모든 상황은 서로 연결되어 있고, 그 연결고리가 바로 동일시라는 겁니다.

문제는 어떻게 하면 동일시를 해결할 수 있느냐 하는 건데요. 동일시는 나를 다른 사람인 양 느끼게 만듭니다. 내가 곧 그 사람인 것처럼 느껴지기 때문에 다른 사람을 명확하게 볼 수 없습니다. 이제 세션의 장 안에서 동일시된 사람은 자신이 동일시하고 있는 대상 앞에 서서 그를 바라보게 됩니다. 당신의 경우에는 고모를 마주보고 서 있었지요. 그 상태에서 고모의 사랑이 당신에게 흘러 들어올 수 있게 되고, 그러면서 마침내 동일시가 해결되는 겁니다.

그게 바로 치유를 향한 첫걸음이에요. 하지만 그것만으로는 충분치 않아요. 두 번째 해결의 움직임은 자녀로 하여금 짐이 지워진 가족체의 영역에서 나오도록 하는 겁니다. 당신의 경우 동일시의 대상이 당신 아버지의 죽은 여동생이었기 때문에, 당신을 그곳으로부터 어머니의 영향권 안으로 옮겨놓아야 했던 거예요. 그 역시도 동일시를 해소해 줍니다. 또한 어떤 상황에서 비롯되었든 무관하게 여자가 어머니 곁에 서는 것은 여자에게는 특히 더 이로운 일입니다.

이제 그 일들이 질서를 되찾으면서 당신은 오빠들과 여동생들 곁으로 갈 수 있게 되고 그 문제로부터 자유로워진 겁니다. 물론 그게 당신이 원하는 것일 때에만 가능한 얘기예요.

사라가 소리 내어 웃으면서 고개를 끄덕인다.

원래 가족에서 기인한 얽힘을 인정할 때 부부는 좀 더 나은 방식으로 교류할 수 있다

사라 제 세션이 끝나고 아직까지도 감정이 요동치는 상태예요. 저한테는 모든 게 생소하기 짝이 없는 경험이에요. 그렇지만 이 새로운 시각에 익숙해져야 한다는 느낌이 강하게 드는군요.

헬링거 에스키모에 관한 이야기를 아세요?

사라 아니요.

헬링거 한 에스키모 인이 카리브 해로 여름 휴가를 갔답니다. 그리고 곧 그곳에 익숙해졌다더군요.

스티븐 저는 이제야 저희 두 사람 관계에 대해 좀 진지하게 생각해 보기 시작했어요. 제 가족사도 그렇고 이 사람의 가족사에 대해서도 훨씬 명확해진 것 같아요. 하지만 그래서 이제 제가 뭘 해야 하나요? 이제부터 어떻게 해야 하는 건가요?

헬링거 우리는 가족세우기 세션을 통해서 두 가족체에서 기인한 얽힘 관계가 현재의 부부 관계에 어떤 영향을 끼치고 어떤 제약을 가하는지 명확하게 볼 수 있습니다. 각자가 자신의 원래 가족으로부터 어떤 요소를 현재 가족 안으로 가지고 왔는지 알면 서로에 대해 과거와는 다른 이해를 하게 됩니다.

어쩌면 당신은 오늘 처음으로 당신 파트너를 본 건지도 모르지요. 과거에 당신은 파트너를 진정으로 본 적이 한 번도 없었을 거예요. 앞으로 당신이 뭘 하기로 결심하느냐와 상관없이, 중요한 것은 이제 당신 무의식 안에 누군가의(혹은 무언가의) 투사체가 아니라 있는 그대로의 배우자 모습이 담긴 사진 하나가 생겼다는 겁니다.

호기심은 머리에서 기인한다

스티븐 제가 생각을 너무 많이 하지만 않는다면 이 상태도 괜찮아요. 지금 제 머릿속은 수많은 질문들로 어지러울 정도이고, 이 질문들에 대한 답을 죄다 얻고 싶어요. 그러다 그 상태를 벗어나면 순간적으로 모든 게 그저 좋다는 느낌이 들어요.

헬링거 그게 바로 에고에서 벗어나 영혼으로 향하는 모습입니다. 영혼은 답을 요구하지 않아요. 영혼은 이미 올바른 움직임이 어떤 것인지 정확히 알고 있기 때문이지요. 간혹 우리는 영혼의 차원에서 일어나는 일까지도 자기 마음대로 통제하려고 듭니다. 자기가 원하는 쪽으로 가게끔 조정하려 들기도 하고요. 이렇게 할 때 영혼은 뒤로 물러나고 맙니다. 어느 쪽으로 가야 할지 영혼은 머리보다 더 잘 알고 있어요. 그렇다고 당신에게 생각하는 기능을 꺼버리라고 말하는 건 아니에요. 그건 말도 안 되는 얘기죠. 다만 누가 대장 노릇을 하고 있는지 묻는 거지요. 길을 안내하는 게 머리인가요, 아니면 영혼의 몫인가요? 머리가 대장 노릇을 하면 퀼른의 엘프elf(요정)와 같은 꼴이 되는 거예요. 그 이야기를 들어본 적 있나요?

스티븐이 들어본 적이 없다는 듯 고개를 좌우로 흔든다.

헬링거 독일의 퀼른 사람들이 밤에 잠자리에 들었다가 아침에 일어나면 해야 할 일들이 밤새 다 해결되어 있곤 하던 시절이 있었어요. 그렇게 행복하게 잘 지내왔는데, 어느 날 한 사람이 궁금증을 갖게 되면서 이 모든 게 끝나고 말았지요. "이게 어떻게 가능한 걸까?" 이 질문이야말로 최악의 질문이죠. 호기심은 머리에서 나옵니다. 영혼은 결코 호기심을 느끼지 않아요. 그저 함께 흘러갈 뿐이죠.

사라 저는 죄책감을 떨쳐버릴 수가 없어요. 스티븐에게 빚졌다는 생각도 그렇고요. 제가 지금 그러한 생각에 갇혀 있다는 것도 알아요.

헬링거 그 생각으로 앞으로 살아가는 동안 늘 분주하겠군요. 그 질문을 잊어버린다면 어떻게 될까요?

사라 그러면 가슴의 무게감이 조금은 줄겠죠.

헬링거 바로 그겁니다. 삶은 둘 중 하나예요. 앞을 바라보거나, 뒤를 돌아다보거나. 부부 관계에서 무엇보다 중요한 건 무언가 잘못되었다고 여겨질 때 그 문제를 그곳에 남겨두고 다시 앞으로 나아가는 거예요. 그 후로는 더 이상 그 문제를 언급해서는 안 됩니다. 그게 가장 중요해요. 새롭게 결정하고 산뜻하게 다시 시작하는 거예요. 자신의 배우자와 새로 사랑에 빠지고 새로 연애를 하고 새로 결혼을 하는 거죠. 새로운 한 다발의 꽃과 함께 다시 시작하는 겁니다.

스티븐과 사라가 웃으며 고개를 끄덕인다.

헬링거 물론 이 모든 건 영혼과의 조화에서 이루어져야 합니다. 인위적으로 할 수 있는 게 아니에요. 최상의 방법은 과거의 보따리를 남겨둔 채 앞을 보면서 나아가는 겁니다. 과거에 대해 걱정하느라 시간을 낭비하기에는 인생이 너무 짧아요.

사라 하지만 당신은 부부 관계에서 한 사람이 다른 사람에게 상처를 주었을 경우, 상처를 받은 사람도 똑같이 상처를 되갚아주되 받은 것보다 조금 줄여서 주어야 한다고 말했잖아요. 그런데 지금은 쌓아둘 생각일랑 말고 과거를 그대로 떠나보내라고 하시는 건가요?

헬링거 (소리 내어 웃으며) 맞아요. 그것도 또 다른 해결 방법이에요. 동의하세요?

사라 예.

행복의 뒤를 쫓아다니다

←…54쪽에서 시작된 마거릿과 덱스터를 대상으로 한 치유 작업에 이어지는 내용

마거릿 가슴속이 요동치는 것 같아요. 저만을 위한 공간이 필요해요.

헬링거 그렇군요. 그리고 또요?

마거릿 시간에 맞서서 싸우고 싶지 않아요. 얼마 안 있으면 세미나가 끝날 텐데, 그 말은 곧 저와 남편을 위한 시간이 얼마 남지 않았다는 거 잖아요.

헬링거 방금 전 나를 설득하는 데 성공했다고 여겨지세요?

마거릿 아니요. 하지만 짜증은 좀 해소된 것 같아요.

헬링거 나를 설득하는 데 성공했다고 여겨지세요?

마거릿 아니요.

헬링거 그러면 어떻게 나를 성공적으로 설득하려는 건가요?

마거릿 잘 모르겠어요. 정확히는요.

헬링거 (참여자들 전체에게) 지금 여기서 일어난 일은 부부 관계에서도 아주 자주 발생하는 상황입니다. 가족세우기 워크숍에 참여한 한 여성이 일요일 아침마다 벌어지는 드라마에 대해 들려준 적이 있습니다. 매주 일요일 아침이면 남편이 일찍 일어나 아이들을 깨우고 옷을 입힌 뒤 아침 식사를 준비합니다. 부인에게 더 잘 수 있는 시간을 주려고 말이에요. 준비가 다 되면 남편과 아이들이 아침을 들라며 그녀를 부른답니다. 그 시간이면 아직 침대에 누워 있거나 샤워를 하는 중이거나 해서, 부인은 아래층에 대고 먼저 먹으라고 고래고래 소리를 지르게 된다는 거예요. 하지만 식구들은 그녀가 없으면 절대로 숟가락을 들지 않는대요. 일요일마다 식구들은 그녀가 식탁에 와서 앉을 때까지 마냥 기다

린다는 겁니다. 그리고 매주 일요일마다 부인은 식구들에게 분통을 터뜨리게 되고 말이에요.

내가 그녀에게 아주 간단한 해결책이 있다고 했어요. 그냥 식구들한테 자기를 기다려줘서 얼마나 기쁜지 모른다고 말하기만 하면 된다고요. 그러자 그 여성이 대뜸 화를 내더군요. 그리고 세미나가 끝날 때까지 사흘 동안 입을 다물어버리더군요. 사흘째 되던 날, 내가 그 여성에게 혹시 좋은 해결책을 찾았느냐고 물었어요. 그랬더니 그 여성이 이렇게 대답하더군요. "제가 저 없이 먼저 식사하라고 말하면 식구들이 제가 시키는 대로 저 없이 먼저 식사하는 거예요. 그러면 돼요."

참여자들이 일제히 웃음을 터뜨린다.

헬링거 그 여성이 말한 대로 상황이 전개되면 어떤 모습이 연출될까 상상해 봤죠. 또 만약 남편과 아이들에게 자기를 기다려줘 기쁘다고 말하면 어떤 일이 일어날지도 생각해 봤어요.

마거릿 그러면 그녀가 남편의 방식을 존중하는 게 되겠지요.

헬링거 그녀 내면에서 무언가 변화되겠지요. 남편의 내면에서도 마찬가지고요. 아이들의 내면에서도 무언가가 바뀔 겁니다. 하지만 그러한 변화에 대한 통제권은 그녀에게 있지 않습니다. 만일 그 여성이 "나 없이 식사하라"고 할 때 나머지 가족이 그렇게 한다면, 그건 곧 그녀가 통제권을 쥐는 거지요. 그게 가족의 행복에 무슨 도움이 되겠습니까?

마거릿이 고개를 끄덕인다.

헬링거 그 생각을 하다 보니 행복의 속성에 관해 떠오르는 게 있군요. 사람들이 행복의 뒤를 열심히 좇지만 붙잡지 못할 때들이 있어요. 왜 그런지 아세요? 행복이 사람들의 뒤를 좇아가고 있기 때문이에요. 행복이 사람들을 잡지 못하는 이유는 사람들이 행복을 잡기 위해서 전력질주를 하고 있기 때문이고요.

····▶ 마거릿과 덱스터를 대상으로 한 치유 작업은 192쪽에서 계속됨

화해를 막는 가장 큰 장애물은 내가 옳다고 믿고 있는 배우자이다

게오르그 저는 카타리나와 결혼해 11년 동안 살았고, 현재는 별거한 지 5개월 됐습니다. 아내에게 가졌던 첫 느낌을 잃어버린 것 같은데 그 느낌이 조금이나마 남아 있다면 다시 찾고 싶어요. 그러니까 저희 두 사람의 관계에 미래가 있는지 알고 싶어요.

헬링거 당신은 부인에게 여전히 호감을 가지고 있군요. 문제는 부인 쪽도 당신에게 호감을 가지고 있느냐는 겁니다.

카타리나가 그렇다는 듯 고개를 끄덕인다.

헬링거 호감이란 게 참 멋진 느낌이지 않나요?

카타리나가 고개를 살짝 좌우로 흔들며 거부 의사를 밝힌다.

헬링거 당신은 화가 나 있군요. 화가 나 있다는 건 나를 우쭐거리게 만

들어요. 특히 자신이 옳다고 여기고 있을 때는 더더욱요.

카타리나가 동의의 의미로 고개를 끄덕인다.

헬링거 화해를 가로막는 가장 큰 장애물은 자기가 옳다고 믿고 있는 배우자예요. 당신한테 충분한 실마리가 되었나요?

카타리나가 고개를 끄덕인다.

카타리나 이 별거 상태가 진짜 헤어지는 걸 의미하는지 보고 싶어요.

헬링거가 고개를 끄덕인다.

다음날.

카타리나와 게오르그 "저희 두 사람을 다정하게 바라봐 주세요."

헬링거 오늘은 당신 두 분의 문제를 다루어볼 생각입니다. 두 분은 결혼한 상태죠?
게오르그 예.
헬링거 얼마나 됐죠?
게오르그 11년이요.
헬링거 이전에 다른 결혼을 한 적이 있나요?

게오르그 아니요.

헬링거 두 사람 사이에 자녀가 있나요?

게오르그 셋이 있어요.

헬링거 (카타리나에게) 당신과 게오르그 그리고 세 자녀로 이루어진 현재 가족을 세워보도록 하지요. 혹시 일찍 죽은 자녀가 있나요?

게오르그 없어요.

헬링거 아이들 나이가 어떻게 되지요?

카타리나 여섯 살, 여덟 살 그리고 열 살이에요.

그림1 부인에 의해서 세워진 가족의 모습

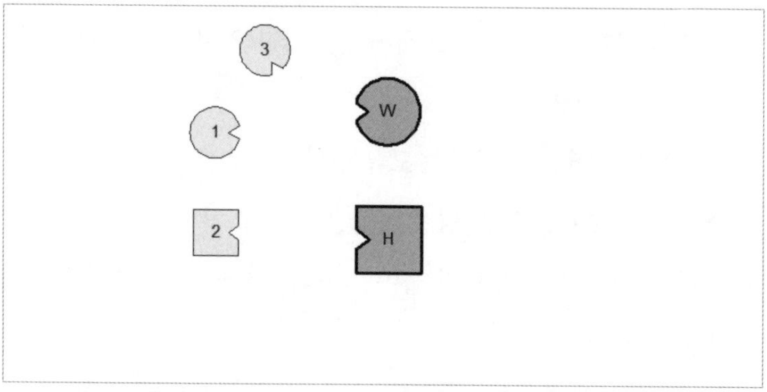

H_ 남편(게오르그) W_ 부인(카타리나) 1_첫 번째 자녀, 딸 2_두 번째 자녀, 아들
3_세 번째 자녀, 딸

헬링거 (게오르그의 대리인에게) 지금 남편은 어떠세요?

남편 아들과 저 사이에 팽팽한 긴장감이 감돌고 있어서 딴생각할 틈이 없어요. '남자 대 남자'의 힘겨루기 같은 거예요. 아내한테는 별다른 느낌이 없어요. 오히려 큰딸이 아들이 있는 자리로 와주었으면 좋겠어요.

왜 그런지 막내딸에 대해서는 별 존재감이 느껴지지 않아요.

헬링거 (카타리나의 대리인에게) 부인은 어떠세요?

부인 왼팔이 너무 무거워요. 심장이 심하게 요동을 치고. 저는 오히려 아들이 제 곁에 가까이 와주었으면 좋겠어요.

헬링거 큰딸은 지금 어떠세요?

첫 번째 자녀 남동생이 있는 쪽으로 강하게 끌리지만 두 동생 모두에게 애정을 가지고 있어요.

헬링거 아들의 느낌은 어떤가요?

두 번째 자녀 정확하게 부모님 사이의 빈 공간으로 비집고 들어가고 싶어요. 그러곤 그대로 빠져나가는 거죠.

세 번째 자녀 조금 외롭기는 하지만 그나마 언니가 저를 지켜봐 주고 있어서 다행이에요.

게오르그 백 퍼센트 제 가족 모습이네요.

헬링거 (게오르그에게) 당신 아들은 위험에 처해 있어요. 왜 그런지 아세요? 당신의 원래 가족 안에 어떤 사건이 있었나요? 뭔가 특별한 사건이 있었나요?

게오르그 아버지의 첫 결혼에서 태어난 큰누나가 집을 나갔어요. 가족과 인연을 끊어버린 거죠. 아버지는 두 번 결혼하셨는데 큰누나는 첫 결혼에서 얻은 자식이에요. 첫 부인은 암으로 사망했는데 그때가 언제인지는 잘 모르겠어요. 왠지 모르겠지만 사건들을 순차적으로 파악하기가 어려워요. 첫 부인이 사망할 당시 제 누나들은 아홉 살, 열한 살 정도였다고 해요. 아버지가 제 어머니와 결혼했을 때 누나들은 열세 살, 열다섯 살이었고요. 그러다 두 사람이 열여덟과 스물일 때 제가 태어났죠.

헬링거 당신이 막내인가요?

게오르그 예, 제가 막내예요.

헬링거 당신의 아버지와 어머니 그리고 아버지의 첫 번째 부인을 세워보도록 하지요.

그림2

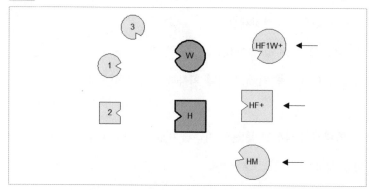

HM_ 남편의 어머니 HF+_ 남편의 아버지(게오르그가 15세 때 사망)
HF1W+_ 남편의 아버지의 첫 번째 부인(암으로 사망)

헬링거 이분들이 들어오고 난 뒤 아들에게 어떤 변화가 있나요?

두 번째 자녀 들어오자마자 편안함이 느껴졌어요. 순식간에 안도감이 느껴지면서 이제 이 자리에 서 있는 게 아무렇지도 않아요.

헬링거 남편은 어떠세요?

남편 아버지가 등 뒤에 세워지자마자 아들이 저를 쳐다봤어요. 그때 우리 둘 사이에서 뭔가 연결된 느낌이 들었어요. 지금은 아들을 보는 느낌이 편하고 좋아요. 그 전에는 아들이 제 눈을 피하는 게 마음이 아팠거든요.

헬링거 (게오르그에게) 당신 아들이 아마도 당신 아버지를 대신하고 있는 것 같군요. 혹시 아버지가 자살을 시도한 적이 있나요? 아버지가 죽고 싶어 하셨나요?

게오르그 아니요, 하지만 아버지는 일찍 돌아가셨어요. 제가 열다섯 살 때 돌아가셨죠.

헬링거 그거예요. 당신 아버지는 첫 번째 부인을 따라간 겁니다. 이 말이 타당하다고 여겨지세요?

게오르그 그런 것 같아요.

헬링거 이 가족 안에 질서를 회복해 보도록 하지요.

헬링거가 남편과 부인의 자리를 바꾼다. 그런 다음 게오르그의 어머니를 게오르그 옆으로 옮긴다.

헬링거 (게오르그의 대리인에게) 어때요? 지금 이 상태가 더 나은가요? 아니면 더 불편한가요?

남편 아까와는 달라요. 아까는 아들을 보면서 기분이 아주 좋았어요.

헬링거 (게오르그에게) 당신은 아버지에게 꽁꽁 묶여 있는 상태로군요. 아버지에 대한 강한 집착 때문에 부인 쪽으로 자유롭게 돌아서지 못하는 거예요. 이 말이 맞다고 여겨지세요?

게오르그가 고개를 살짝 끄덕인다.

헬링거가 아버지의 첫 번째 부인을 한쪽 옆으로 비켜세운다. 그녀의 등 뒤에는 게오르그의 돌아가신 아버지가, 그리고 아버지 뒤에는 게오르그의 아들이 세워진다.

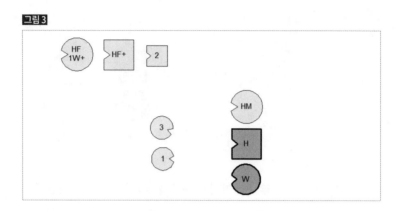

그림3

헬링거 이 가족체의 역동은 첫 번째 부인의 죽음과 그 뒤를 따른 게오르그 아버지의 죽음입니다. 게오르그는 아버지를 따라가고 싶어 하고, 이제 아들이 그 일을 대신하고 있습니다. (게오르그의 대리인에게) 아들이 저쪽에 서 있는 모습을 보는 게 어떠세요?

남편 끔찍해요.

헬링거 당연히 그렇죠. 하지만 이게 바로 이 가족체 내에 감추어진 역동입니다. (게오르그의 아버지에게) 그 자리에 선 느낌이 어떠세요?

남편의 아버지 좋아요. 아까보다 더 나아요.

헬링거 그겁니다. 아버지는 첫 번째 부인을 따라가고 싶어 합니다. 게오르그 역시 아버지를 대신해 가고 싶어 할 테고요. 그 역시 한 가지 역동으로 작용할 수 있어요. 어쨌거나 추측을 중단하고 해결책을 꺼내놓도록 하지요.

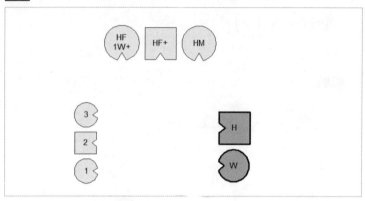
그림 4

헬링거 (게오르그의 대리인에게) 지금은 어떤 느낌이 드나요?

남편 더 나아요. 아들이 가운데에 서 있어서 좋아요. 아내에 대해서도 느낌이 조금씩 생기는 것 같아요.

헬링거 (게오르그에게) 당신의 대리인이 언급하지 않고 빠뜨린 사람이 누군가요?

게오르그 어머니요?

헬링거 아니요, 아버지예요. 당신 아들은 지금 부모화된 상태예요. 아들은 계속해서 아버지의 아버지를 대신하고 있는 상태예요. 아들이 할아버지를 대신하고 있기 때문에 아버지는 자기 아버지를 쳐다볼 필요가 없는 거예요. (게오르그와 카타리나에게) 자, 이제 일어나서 두 분 자리로 가서 서보세요.

게오르그와 카타리나가 장 안으로 들어와 자신들의 자리에 가 선다. 게오르그의 시선이 아들의 대리인에게 고정돼 아들을 뚫어져라 쳐다본다.

헬링거 (참여자들 전체에게) 게오르그 역시 대리인이 보여준 것과 정확히 똑같은 모습을 보여주고 있군요. 그는 저 너머를 보고 있지 않아요. 다시 말해서 아버지를 포함시키지 않고 있습니다.

헬링거가 게오르그를 아버지 앞으로 옮겨놓는다. 그에게 아버지를 볼 수 있는 시간을 준다.

헬링거 (게오르그에게) 아버지를 보면서 이렇게 말해봅니다. "너무 일찍 가버리셨어요"
게오르그 너무 일찍 가버리셨어요.
헬링거 사랑하는 마음을 담아 말해봅니다.
게오르그 너무 일찍 가버리셨어요.
헬링거 "아버지를 그리워했어요."
게오르그 아버지를 그리워했어요.
헬링거 (아들의 대리인에게) 아버지 옆으로 가서 서보세요. (게오르그에게) 아들의 손을 잡은 뒤 함께 아버지 앞으로 가서 절을 합니다.

게오르그가 아들의 손을 잡고 아버지 앞으로 가서 허리를 직각이 되도록 굽히며 절을 드린다.

헬링거 (게오르그에게) 아버지를 어떻게 불렀나요?

게오르그 아빠.

헬링거 "사랑하는 아빠."

게오르그 사랑하는 아빠.

헬링거 "이 아이가 제 아들이에요."

게오르그 (가슴이 먹먹해져서) 여기 제 옆에 서 있는 아이가 제 아들이에요.

헬링거 "저희에게 허락된 시간만큼."

게오르그 저희에게 허락된 시간만큼.

헬링거 "저희 두 사람이 좀 더 머물더라도."

게오르그 저희 두 사람이 좀 더 머물더라도.

헬링거 "저와 제 아들을 다정하게 바라봐 주세요."

게오르그 저와 제 아들을 다정하게 바라봐 주세요.

헬링거 (게오르그에게) 그 말을 하고 느낌이 어떠세요?

게오르그 마음이 따뜻하고 차분해졌어요.

헬링거 (아들에게) 아들은요?

두 번째 자녀 저도 아주 좋았어요.

헬링거 게오르그의 아버지는 어떠세요?

남편의 아버지 가슴이 뭉클합니다.

헬링거 (게오르그에게) 아버지에게 말합니다. "저는 엄마 곁에 서 있을 거예요."

게오르그 저는 엄마 곁에 서 있을 거예요.

헬링거 "이제 아버지를 떠나보냅니다."

게오르그 이제 아버지를 떠나보냅니다.

헬링거 "그리고 저는 엄마 곁에 서 있을 거예요."

게오르그 그리고 저는 엄마 곁에 서 있을 거예요.

게오르그가 어머니 옆에 선다. 아들은 누나와 여동생이 있는 곳으로 돌아간다.

헬링거 (게오르그에게) 어머니를 보면서 이렇게 말합니다. "저는 엄마와 함께 머무를 거예요."

게오르그 저는 엄마와 함께 머무를 거예요.

헬링거 "아버지가 떠나신다 해도 엄마와 함께 머무를 거예요."

게오르그 아버지가 떠나신다 해도 엄마와 함께 머무를 거예요.

헬링거 어떠세요?

게오르그 (머리를 좌우로 흔들면서) 이상해요.

헬링거 (어머니에게) 게오르그의 손을 잡은 다음 남편의 첫 번째 부인에게로 가보세요. 그분 앞에서 두 사람이 같이 고개를 숙여 절을 합니다.

어머니와 게오르그가 아버지의 첫 번째 부인 앞에서 고개를 깊게 숙여 절을 한다.

헬링거 (어머니에게) 고개를 들고서 첫 번째 부인을 보며 이렇게 말합니다. "저는 당신의 자리를 존중합니다."

어머니 저는 당신의 자리를 존중합니다.

헬링거 "당신이 첫 번째입니다."

어머니 당신이 첫 번째입니다.

헬링거 "저는 두 번째입니다."

어머니 저는 두 번째입니다.

헬링거 "제가 당신의 딸들을 잘 돌보겠습니다."

어머니 제가 당신의 딸들을 잘 돌보겠습니다.

헬링거 "당신을 추모하는 마음으로."

어머니 당신을 추모하는 마음으로.

헬링거 "그리고 이 아이가 제 사식입니다."

어머니 그리고 이 아이가 제 자식입니다.

헬링거 "이 아이가 머무르더라도."

어머니 이 아이가 머무르더라도.

헬링거 "이 아이를 다정하게 바라봐 주십시오."

어머니 이 아이를 다정하게 바라봐 주십시오.

헬링거 이 말을 듣고 난 첫 번째 부인의 느낌이 어떤가요?

아버지의 첫 번째 부인 아주 좋아요.

헬링거 어머니는요?

어머니 처음으로 제 아들이 이 자리에 있는 것 같아요. 그 전에는 손자가 항상 저 자리를 지키고 있었는데 이제는 제 아들이 이 자리를 지키고 있네요.

헬링거 (게오르그에게) 당신은 지금 어떤가요?

게오르그 한결 나아요. 어머니의 존재가 인식돼요.

헬링거 어머니에게 말합니다. "저는 엄마와 함께 머무를 거예요."

게오르그 (고개를 끄덕이며) 저는 엄마와 함께 머무를 거예요.

어머니 (고개를 끄덕이며) 그래.

헬링거 다시 자기 자리로 돌아가 보세요.

어머니가 다시 남편과 그의 첫 번째 부인 옆으로 돌아가서 선다.

헬링거 (게오르그에게) 이제 부인 옆으로 가서 서보세요. 그런 다음 부모님과 아버지의 첫 번째 부인을 보면서 이렇게 말합니다. "이 사람이 제 아내입니다. 그리고 이 아이들이 제 자식들입니다."

게오르그 이 사람이 제 아내입니다. 그리고 이 아이들이 제 자식들입니다.

헬링거 "부디 제 가족을 다정하게 바라봐 주세요."

게오르그 부디 제 가족을 다정하게 바라봐 주세요.

헬링거 그 말을 하고 난 뒤 느낌이 어떤가요?

게오르그 더 편해졌어요. 그렇다고 완전히 자유로워진 건 아니에요.

헬링거 당신은요, 카타리나?

카타리나 좋아요, 하지만 완전히 자유롭지는 못해요.

헬링거 큰딸은 어떠세요?

첫 번째 자녀 좋아요.

세 번째 자녀 저도 좋아요.

두 번째 자녀 저는 엄마에게서 시선을 뗄 수가 없어요.

헬링거가 아버지의 첫 번째 부인을 한쪽 옆으로 옮겨 세운 뒤 아버지를 그 뒤에 세운다. 그런 다음 게오르그의 어머니를 게오르그의 시야 안으로 옮겨놓는다.

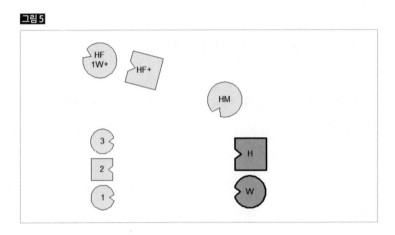

그림 5

헬링거 지금은 어떠세요?

게오르그 아까와 똑같아요.

카타리나 별로 바뀐 건 없어요.

헬링거 일단 여기서 멈추겠습니다.

게오르그와 카타리나가 고개를 끄덕인다.

헬링거 좋아요. 그럼 이걸로 마무리를 짓지요. (카타리나에게) 당신의
원래 가족 안에 어떤 일이 있었나요?

카타리나 저에게는 남동생이 둘 있는데 하나는 저보다 두 살 아래이
고 하나는 여섯 살 아래예요. 아버지는 3년 전 뇌졸중으로 돌아가셨는
데 그때 쉰여덟이었어요. 제가 아주 어렸을 때부터 아버지는 늘 술에 취

해 있었어요. 어머니는 아버지가 돌아가시기 1년 전에 아버지와 헤어졌어요. 마침내 헤어질 수 있게 된 거지요. 어머니는 저희 때문에 어쩔 수 없이 아버지와 사셨어요. 어머니가 늘 저희에게 그렇게 말씀하셨죠. 3년 전 아버지의 장례식이 끝난 뒤, 남동생들로부터 아버지한테 성적 학대를 받았었다는 얘기를 들었어요. 저한테도 그런 일이 있었는지는 잘 모르겠어요. 저는 3년 전부터 정신 분석을 받기 시작했어요. 올 1월에는 가족세우기 세션을 받았고요. 아버지에 관해서 좀 더 명확해지고 싶었거든요.

헬링거 세션에서 뭐가 드러났나요?

카타리나 제가 아버지와 함께 어머니의 자리를 빼앗아갔다는 것, 그리고 제가 딸이라기보다 오히려 아버지의 부인이었다는 것 등이에요.

헬링거 긴장 관계가 누구한테서 시작되고 있나요?

카타리나 저에게서 시작된다고 생각되는데요.

헬링거 아니에요.

카타리나 저희 아버지인가요?

헬링거 아니요. 당신 어머니에게서 시작됩니다.

카타리나 아, 한 가지 빠뜨린 게 있는데, 태어난 지 닷새 만에 죽은 남동생이 한 명 더 있어요. 그애는 탈리도마이드 기형아(임신 기간 중에 복용한 약물로 인해서 기형으로 태어난 아이)였어요.

헬링거 그건 아주 중요한 사건입니다.

카타리나 어머니는 아이를 보지 못했어요. 장례식에도 가지 않았고요.

헬링거 중요한 사건이에요. 다시 가족을 세워보도록 하죠. 똑같은 대리인들이 다시 한 번 나와주세요. 방금 전 세션이 끝날 무렵에 서 있던 자리로 가서 서주세요. 당신과 게오르그의 대리인은 필요치 않습니다. 두 분이 직접 자신의 자리로 가서 서보세요. 그 아기는 딸이었나요?

　카타리나　아니요, 아들이었어요.

모두가 제자리에 세워지자 헬링거가 카타리나의 죽은 남동생을 모든 사람들이 볼 수 있는 자리에 세운다.

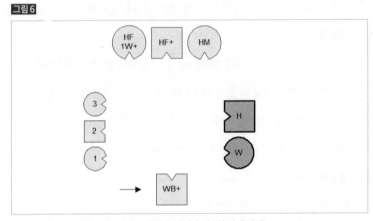

WB+_부인의 남동생(탈리도마이드 기형아, 태어난 지 5일 만에 사망)

헬링거 (카타리나의 죽은 남동생에게) 지금 당신의 느낌은 어떤가요?

남동생이 고개를 끄덕이더니 그 자리가 괜찮다는 몸짓을 한다.

헬링거　자녀들에게는 어떤 변화가 있나요?

세 번째 자녀　가슴이 뭉클해요.

두 번째 자녀　온몸이 얼어붙은 것처럼 추워요.

헬링거 부인은 어떤가요?

카타리나 저에겐 별다른 변화가 없어요. 춥지도 않고 덥지도 않아요.

헬링거 죽은 동생과 자리를 바꿔보세요.

카타리나와 죽은 남동생이 자리를 바꾼다. 남동생이 게오르그의 옆자리에 선다. 카타리나는 모두를 볼 수 있는 위치에 서 있다.

카타리나 지금은 몸이 떨리네요.

헬링거 당연하죠. 당신이 왜 그처럼 차갑고 딱딱한지 아세요?

카타리나가 고개를 좌우로 흔든다.

헬링거 당신은 감정적으로 경직되어 있어요. 그렇다는 걸 알고 있나요?

카타리나가 수긍한다는 듯 고개를 끄덕인다.

헬링거 왜냐하면 당신의 죽은 남동생 자리가 없기 때문이에요. 남동생이 당신을 누그러지게 할 수 있을 거예요.

헬링거가 카타리나를 다시 게오르그의 옆자리로 옮긴다. 그런 뒤 죽은 남동생을 카타리나 앞으로 옮겨놓은 뒤 등을 누나에게 기대고 서게 한다.

그림7

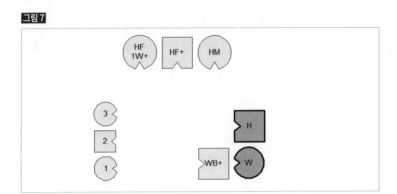

헬링거 (카타리나에게) 두 팔을 동생에게 둘러보세요.

카타리나가 두 팔로 동생을 껴안으면서 흐느끼기 시작한다. 헬링거가 게오르그에게 두 팔로 아내를 감싸 안아주라고 요청한다. 그러자 카타리나가 동생을 끌어안은 채 울음을 터뜨린다. 그녀가 흐느끼면서 깊이 호흡하기 시작한다.

헬링거 (죽은 남동생에게) 지금 당신의 느낌은 어떤가요?
부인의 죽은 남동생 짓눌려 있는 것처럼 답답해요.
헬링거 답답하다고요?
부인의 죽은 남동생 누나가 두 팔로 저를 감싸고 있는 건 좋아요. 그런데 기본적으로 누나의 팔이 무겁게 느껴져요.
헬링거 (죽은 남동생에게) 카타리나의 옆으로 와서 서보세요.

그림 8

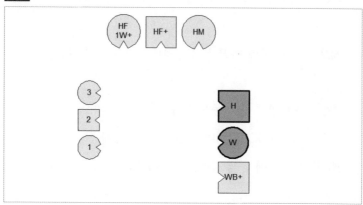

부인의 죽은 남동생 여기는 괜찮아요.

헬링거 (카타리나에게) 당신은 어떠세요?

카타리나 좋아요.

헬링거 동생이 옆으로 오고 나서 마음이 얼마나 더 편해졌는지 느껴
보세요.

카타리나가 고개를 끄덕인다.

헬링거 자녀들은 지금 어떤가요?

첫 번째 자녀 너무나 감동적이에요.

세 번째 자녀 가슴이 뭉클해요.

두 번째 자녀 저분들에게서 눈을 떼면 안 될 것 같아요.

헬링거 남편은 지금 어떤가요?

게오르그 따뜻하고 기분 좋아요.

헬링거 (게오르그에게) 이제 부인이 이해가 되나요?

게오르그가 눈시울이 뜨거워진 채로 고개를 끄덕인다.

헬링거 가족 안에 죽은 동생의 자리가 생긴 건가요?
카타리나 (고개를 끄덕이며 미소를 짓는다.) 예.
헬링거 가슴 안에 동생 자리를 마련하세요. 그러면 동생이 늘 당신과 함께할 거예요.

카타리나가 고개를 끄덕인다.

헬링거 좋습니다. 여기서 마무리를 짓겠습니다.

게오르그가 카타리나를 꽉 껴안는다. 카타리나는 감정적으로 큰 동요를 겪고 있음이 역력해 보인다.

승리와 패배가 부부 관계를 파괴시킨다

←⋯71쪽에서 시작된 엘사와 엘리아스의 치유 작업이 이어짐

헬링거 나눔을 계속해 보지요.
엘리아스 점심 식사 후 쉬는 동안 접혀 있던 것들을 쭉쭉 펴서 순서대로 배열해 보려고 했는데 패배하고 말았어요.
헬링거 패배했다고요?

엘리아스 예. 접혀 있던 것들을 아내와 함께 쭉쭉 펴보려고 했지만 지고 말았어요.

헬링거 패배했다거나 물리쳤다, 승리했다 같은 낱말들은……

엘리아스 혹은 굴욕감일 수도 있어요. 잘 모르겠어요, 그 느낌을 뭐라고 불러야 할지.

헬링거 굴욕감 같은 낱말도 그렇고요, 이런 낱말들은 부부 관계를 파괴시킵니다. 이 낱말들은 영혼에게는 독과 같아요.

엘리아스 맞아요, 그런 것 같아요.

헬링거 영혼은 기회를 기다립니다. 그리고 이건 그림 자체가 전혀 달라요.

엘리아스 영혼은 간혹 기회를 기다리다가 낚아채는 그 순간 높이 솟아오르지만 다시금 바다에 곤두박질치고 말지요.

헬링거 그것들은 모두 전쟁 이미지들이에요. 그런 전쟁 이미지들은 부부 관계를 파괴합니다. 지금 부인을 보세요. 그러곤 "여보, 나에게 의지해도 돼"라고 말해보세요.

엘리아스 (작은 목소리로 부인에게) 여보, 나에게 의지해도 돼.

헬링거 (부인에게) 남편 말이 부인에게 어떤 영향을 끼치나요?

엘사 기분이 좋아요.

헬링거 남편을 보면서 "고마워요"라고 말해보세요.

엘사 고마워요.

헬링거 "당신이 제게 주는 걸 기꺼이 받아들일게요."

엘사 당신이 제게 주는 걸 기꺼이 받아들일게요.

헬링거 "당신이 주는 선물로서 말이에요."

엘사 당신이 주는 선물로서 말이에요.

엘리아스 (고개를 끄덕이며 조용히 말한다.) 고마워요.

헬링거 (엘리아스에게) 이 모습은 아까와는 전혀 다른 이미지들입니다. 그 차이점을 아시겠어요?

엘리아스가 고개를 끄덕인다.

다음날.

"내 가치관은 옳고, 당신 가치관은 틀렸어요"

엘사 간밤에 잠을 잘 수가 없었어요. 어제 저녁 저희 두 사람은 장시간 논쟁을 벌이다 결국 싸움으로 끝나고 말았어요.

헬링거 논쟁이란 대개 그렇게 끝날 수밖에 없어요. 그렇기 때문에 논쟁은 최대한 짧게 하는 게 좋아요.

부부가 소리 내어 웃는다.

헬링거 배우자들 사이의 이른바 논쟁이라는 것에 대해 말씀드리죠. 논쟁으로 해결할 수 있는 게 있습니까? 대개 사람들은 자신도 믿지 않는 걸 상대방이 믿게 만들려고 논쟁을 합니다.

엘사 맞아요.

헬링거 그건 순전히 시간 낭비예요. 상대방이 자기 의견을 고수하도록 내버려두세요. 당신 의견이라고 해서 상대방 의견보다 결코 더 낮지 않아요. 단지 서로 다를 뿐이죠.

엘사 예, 그 말에 동의해요.

헬링거 당신이 이런 차이점을 인식한다면 논쟁은 짧아질 거예요. 또 하고 싶은 말이 있나요?

엘사 없어요.

엘리아스 아내와 논쟁한 것이 아주 큰 영향을 끼쳤는지 밤새 한숨도 못 잤어요. 너무 많은 생각들이 꼬리에 꼬리를 물고 이어졌는데, 덕분에 몇 가지 문제가 해결되기도 했지만 어떤 견지에서 그 문제들을 바라봐야 할지 잘 모르겠어요.

헬링거 이 부분과 관련해서 부부 관계의 한 측면을 이야기해 보죠. 남편과 부인은 각기 원래 가족에서 취득한 가치관과 행동 양식을 갖고 있어요. 두 사람은 다 자기의 원래 가족 안에서 익힌 가치관이 옳다고 믿고 있죠. 양심은, 이것은 개인의 내면에 살고 있는 경찰관과도 같은데요, 각자 속한 원래 가족 안에서 허용되는 것이냐 아니냐를 가지고 옳고 그름을 판단합니다. 하지만 실제로 이 가족체적 양심은 옳고 그름에 관해서는 전혀 관심이 없습니다. 단지 개인이 속한 가족체 안에서 유효한 것이냐 아니냐가 중요할 뿐이죠. 그게 바로 양심의 속성입니다. 남편처럼 부인 역시 원래 가족에서 기인한 가족체적 가치관과 행동 양식을 가지고 있고 그것만이 옳다고 믿고 있어요.

'내가 옳다'고 여기는 두 사람이 만나면 논쟁이 벌어질 수밖에 없겠지요. 흔히 결혼 초반에 두 사람 사이에서 보이지 않는 힘겨루기가 진행되기도 합니다. 어느 쪽 가치관이 이 새로운 가족체 안에서 우위를 차지할 것인가를 두고 갈등이 벌어지는 거지요. 대개는 여자가 우세하고 남자는 뒷걸음질 치게 마련이에요. 여자가 승자가 되고 남자는 패자가 되는 겁니다. 배우자의 가족체에서 기인한 가치관이 동등하게 인정받지 못할 때 부부 사이에서 흔히 벌어지는 상황이죠.

해결책은 두 사람이 자신의 가족체적 가치관을 존중하듯 상대방의 가족체적 가치관도 존중해 주는 것입니다. 엘사, 당신은 자신의 가족체적 가치관만이 아니라 엘리아스의 가족체적 가치관도 인정해야 합니다. 엘리아스도 마찬가지고요. 그러면 두 사람은 새로운 가치관을 만들어낼 수 있는 더 높은 단계에 도달하게 될 겁니다. 양쪽 모두가 새로운 가족체적 가치관을 마음에 들어 해야 합니다. 부부 관계에서는 한 사람이 다른 사람에게 자신의 가족체적 가치관을 강요하는 것보다 둘만의 새 가치관을 만들어낼 때 그 관계가 훨씬 더 튼튼하고 건강해집니다.

부부가 이 새로운 단계를 발견해 낼 때 둘이 함께 부모의 자리에 오를 수 있고, 이 새로운 가치관과 행동 양식을 자녀들에게도 물려줄 수 있습니다. 그쪽이 자녀들에게도 더 좋은 일입니다. 자녀들이 아버지와 함께 있을 때는 이런 방식으로, 어머니와 함께 있을 때는 저런 방식으로 행동할 필요가 없을 테니까요. 자녀들은 양쪽 부모 모두로부터 똑같이 자유로워지고, 부모도 마찬가지예요. 이해하시겠어요?

엘리아스가 고개를 끄덕이며 동의를 표시한다. 엘사는 주저하는 듯한 모습으로 엘리아스를 쳐다본다.

헬링거 (참여자들 전체에게) 여기서도 두 사람의 차이점을 볼 수 있습니다. 남성은 즉각 동의한 반면, 여성한테는 그게 좀 어려운 일이라는 걸 말예요.

엘리아스 전에는 서로의 차이점을 받아들이는 게 아주 쉬웠는데 최근에는……

헬링거 받아들이는 것만으로는 충분하지 않아요. 수용은 묶어주지 못하거든요. 그 이상이 필요해요. 그 이상이라는 게 바로 동의예요. 중요한 것은 상대방에게 있는 그대로 동의해 주는 겁니다. 그렇지 않으면 상대방의 존재를 참고 견뎌주는 것밖에는 안 돼요. 동의할 수 있어야 배우자를 사랑하는 겁니다. 이해하세요?

엘사 (고개를 끄덕인다.) 예.

헬링거 (참여자들 전체에게) 이제 부인도 동의를 하는군요.

같은 날, 몇 시간 뒤.

엘사 지금 기분이 너무 안 좋아요.

엘리아스 저 역시 속이 몹시 시끄럽네요. 도대체 이해할 수가 없어요. 저를 거부하는 부모님의 행위나 그분들의 부정적인 태도가 도대체 어디에서 기인한 걸까요? 제가 뭔가를 놓치고 있는 것 같은데 왜 그렇죠?

헬링거 ‘왜’라든지 ‘어디에서’로 시작하는 물음은 아무짝에도 쓸 데가 없는 질문입니다. 부모님이 자식인 당신을 붙잡고 사과를 한다고 상상해 보세요. 자기 가슴을 치면서 여태까지 자식인 당신에게 저지른 잘못된 행위를 나열하며, 그래서 지금 얼마나 미안해하고 있는지 말을 한다고 상상해 보세요. 그 시나리오가 전개되는 모습이 어떨 것 같아요?

엘리아스 실제로 더 나아지는 건 없을 것 같아요. 이미 손상된 것들이 몇 마디 말로 없었던 일이 되지는 않을 테니까요.

헬링거 바로 그겁니다. 이미 행해진 일을 원상태로 돌려놓을 수 있는 방법은 없습니다. 그럼 이제 누가 행동을 취해야 할 차례일까요?

엘리아스 양쪽 모두요.

헬링거 아니요, 행동을 취할 사람은 당신입니다. 당신이 변화되었으면 하고 바라는 걸 행동으로 구체화시켜야 할 사람은 당신이라고요. 이야기를 하나 해드리죠. 나에게 의사 친구가 한 명 있는데, 그녀는 어렸을 때 강제 수용소에 감금된 적이 있어요. 다행히 열여섯 살 때 다하우 강제 수용소를 살아서 빠져나왔죠. 그 당시 다하우에 있던 한 미국인 의사가 내 친구에게 그랬대요. 과거 경험일랑 뒤에 남겨두고 그냥 앞으로 나아가라고요. 어려움은 있었지만 그녀는 그렇게 할 수 있었어요.

내 친구와 함께 강제 수용소에 갇혀 있던 여자가 있었는데, 그녀는 지금 남아프리카에 살고 있어요. 그 여자는 지금도 수용소에서의 경험을 바탕으로 소송을 벌이고 있는 상태예요. 그녀는 그곳에서의 일로 아이를 낳을 수 없게 되었다며 보상을 요구하고 있죠. 그녀는 평생을 복수의 뒤를 바짝 쫓아다니느라 인생을 낭비해 왔던 거예요. 당신 역시 부모를 비난하느라 평생을 낭비해 왔고요.

엘리아스가 살짝 고개를 끄덕인다. 참여자들과 나눔의 시간이 이어진다.

자녀와 부모의 욕구가 만나는 지점

◂…35쪽에서 시작된 일카와 홀든의 치유 작업이 이어짐

일카 저희에게는 아들이 하나 있어요. 저는 아이와 남편 사이에서 제 시간과 관심을 나눠 쓰기가 어려워요. 부부 관계가 부모 자식 관계보다 우선되어야 한다는 말을 받아들이기가 힘들어요. 두 사람이 저를 필요로 할 때 저는 아들의 욕구를 우선 충족시켜 주고자 해요. 제가 엄마니까 당연한 일이라고 생각해요. 저희 두 사람의 부부 관계가 그 때문에 고통을 겪고 있다는 걸 저도 알아요. 그리고 지금처럼 아들이 없는 곳으로 둘만이 여행을 가면 전혀 다른 이야기가 펼쳐진다는 것도 알아요. 주어진 시간을 오직 저희 두 사람만을 위해서 쓰게 되니까요. 저희 아들은 요구 사항이 많은 아이예요. 그러다 보니 아들이 해달라는 대로 해주는 상황이 계속 반복되고 있어요.

헬링거 비결을 하나 알려드리죠. 아들을 대할 때, 그 아이 안에 있는 아이의 아버지에게 응대를 하는 겁니다.

일카 흐음.

헬링거 그러면서 동시에 아버지 안에 있는 아들에게 응대를 하는 겁니다.

일카 무슨 말인지 알 것도 같아요.

…▸ 일카와 홀든을 대상으로 한 치유 작업은 220쪽으로 이어짐

부탁하기

◂…69쪽에서 시작된 사브리나와 휴의 치유 작업이 이어짐

사브리나 문제의 해결책을 찾고 싶어요. 간혹 불만스러운 느낌이 들면 난감한 상황이 벌어지곤 해요. 스스로 만족할 만한 결과를 얻지 못했다고 여겨질 때면 저는 늘 휴한테 비난의 화살을 쏟아부어요. 그런 기분이 들 때면 늘 이 사람을 압박하고 그게 또 다른 요구 사항을 만들어낸다는 걸 잘 알고 있어요. 결국 이런 상황의 반복이 악순환으로 이어진다는 걸 알지만 어떻게 해야 할지 모르겠어요.

헬링거 어제 그런 점과 관련된 이야기를 드린 바 있습니다. 당신이 휴에게 원하는 게 있다면 그걸 구체적으로 요구할 수 있어야 합니다. 그냥 "나를 만족시켜 주세요"라고 말하는 걸로는 충분치 않아요. 그런 식으로 요구하면 배우자가 뭘 할 수 있겠어요? 상대방에게 좀 더 구체적인 걸 제시해야만 그 역시 당신이 원하는 게 뭔지 명확하게 이해하고 그 요구가 충족 가능한지 여부를 파악할 수 있게 돼요. 당신이 원하는 걸 휴가 해줄 때, 어떤 느낌이 들던가요?

사브리나 (잠깐 생각하는 듯하더니) 여전히 기분이 좋지 않아요. 그게 제가 요구했기 때문에 해준 거라는 생각 때문에 마음이 불편해요.

헬링거 당신이 요구를 해서 얻은 거라면 설사 상대방이 그걸 충족시켜 준다 해도 기분이 좋지 않을 거라는 게 맞는 말예요. 그런데 요구하기보다 부탁을 한다면 상황은 완전히 달라질 거예요. 그럴 때는 어떨 것 같나요?

사브리나가 이 질문에 한참 동안 생각을 한다.

헬링거 당신이 요구한 것을 휴가 들어줄 때 당신은 그에게 존경심을 느끼나요? 그에게 "고맙습니다"라고 말할 수 있나요?

사브리나 예.

헬링거 상대방도 당신에게 유사한 걸 요구하는 게 허용되나요?

사브리나 (웃으면서) 예.

헬링거 그렇군요. 그 외에 다른 문제가 더 있나요?

사브리나 사랑한다면 상대방이 원하는 게 뭔지 단박에 알아차릴 수 있어야 하다고 생각해요. 굳이 요구할 필요도 없이 알아서 해줄 수 있어야죠.

헬링거 그건 어린아이가 엄마에게나 가질 만한 기대예요. '엄마는 나에게 좋은 게 뭔지 알 테니까 굳이 내가 해야 할 건 아무것도 없어'라는 태도지요. 성인들 사이에서 그런 태도는 나쁜 영향만 끼칠 뿐이에요.

사브리나 제가 그런 패턴에서 벗어날 수 있을까요?

헬링거 제가 아까 비결을 하나 알려드렸잖아요.

사브리나가 고개를 끄덕인다.

휴 이 문제에 관한 이야기가 나올 때마다 저는 항상 사브리나에게 "나를 그냥 있는 그대로 받아줄 수 없겠어? 나와 당신은 단지 성향이 다른 것뿐이야"라는 뜻의 말을 하곤 해요. 어쩌면 이 역시도 해결책의 일종이 아닐까 싶기도 하네요.

헬링거 (참여자들 전체에게) 여러분과 같이 작은 실험을 하나 해보고자 합니다. 여러분이 이 두 사람을 볼 때, 둘 중 누가 이 관계에 기여하는 바가 더 크다고 생각하세요? 둘 중 누가 더 많이 주는 사람인가요?

참여자들 대부분이 남자가 더 많이 주고 있다고 대답한다.

헬링거 맞아요, 남자가 더 많이 주고 있어요. 여자는 요구하고 남자는 채워주고. 이런 식의 관계 패턴은 대개 부부 관계를 파경으로 이끌고 맙니다. 부부 관계란 동등함이라는 토대 위에 세워져야 합니다. 그러기 위해서는 주기와 받기가 균형적으로 이루어져야만 하고요. 그렇지 않을 경우 부부 관계는 '자녀 대 부모' 양상으로 전환되고 맙니다.

(사브리나에게) 무엇보다도 당신은 먼저 배우자 역시 당신과 똑같은 위치에 놓여 있는 사람임을 인정해야 합니다. "당신을 있는 그대로 받아들이며, 지금의 당신만이 저에게 가장 잘 맞는 사람입니다"라는 말에서 관계가 출발해야 합니다. 그게 바로 관계의 초석입니다. 성인인 파트너를 재교육하려 들거나 길들이려는 시도는 반드시 실패로 끝나고 맙니다. 당신의 배우자는 이미 자신의 부모님 손에서 성장한 사람이에요. 이랬으면 좋겠다는 당신의 기대와는 전혀 다른 방식으로 키워진 사람이라고요. 혹은 다른 사람들이 바라는 것과 다르게 길들여진 사람이에요. 이해하시겠어요?

사브리나가 고개를 끄덕인다.

휴와 사브리나 "이제 당신을 제 남편으로 받아들이고자 합니다."

헬링거 두 분의 세션을 진행해 볼 생각인데, 먼저 현재 가족을 세워 보도록 하지요. 두 분의 상황은 어떤가요? 과거에 결혼을 했던 사람이 있나요?

휴 제가 과거에 결혼한 적이 있어요.

헬링거 그 결혼에서 태어난 자녀들이 있나요?

휴 아니요. 하지만 전 부인이 과거에 동거하면서 낳은 아이가 한 명 있어요.

헬링거 그 당시에 아이는 누구와 살고 있었나요?

휴 처음에는 전 부인과 같이 살았고, 그 뒤로는 저까지 세 사람이 같이 살았어요.

헬링거 현재 당신 두 사람은 결혼을 한 상태인가요?

휴 아니요, 아직 결혼하지 않았어요.

헬링거 두 사람이 함께 산 지는 얼마나 되었나요?

휴 서로 알게 된 것은 3년 되었고, 같이 산 지는 1년 정도 되었어요.

헬링거 두 분 사이의 자녀는 몇 명인가요?

휴 한 명이에요.

헬링거 그 아이가 당신의 첫 아이인가요?

휴 예.

헬링거 (사브리나에게) 그 아이가 당신의 첫 번째 자녀인가요?

사브리나 아니요, 두 번째 아이예요. 첫째아이는 지금 열한 살이에요.

헬링거 과거에 결혼한 적이 있나요?

사브리나 아니요.

헬링거 사생아라는 건가요?

사브리나 예, 사생아예요.

헬링거 (참여자들 전체에게) 여기 아주 흥미로우면서 복잡한 가족체가 있군요. (휴에게) 현재 가족 안에 당신의 전 부인과 그녀의 첫 번째 남편을 포함시키려고 합니다. 다시 말해 전 부인의 첫 번째 아이의 친아버지가 되겠군요.

휴 저는 그 사람이 누군지도 모르는데요.

헬링거 처녀가 애를 낳은 게 아니라면 아이의 아버지가 어딘가엔 반드시 있겠지요. 이제 그 사람에다 당신의 대리인, 그리고 사브리나와 그녀의 첫 번째 파트너, 거기서 태어난 첫 번째 아이, 그리고 두 사람 사이에서 태어난 아이의 대리인을 세워보도록 하지요. 어떤 사람들을 세워야 하는지 아시겠어요?

휴 예, 대충은요.

헬링거 당신의 첫 번째 부인의 자녀는……

휴 딸이에요.

헬링거 사브리나의 첫 번째 아이는 아들인가요 딸인가요?

휴 아들입니다.

헬링거 그 아이는 지금 누구와 살고 있나요?

사브리나 저와 살고 있어요.

헬링거 좋습니다. 휴, 당신부터 시작해 보죠.

두 사람의 가족세우기 세션에서는 비록 두 사람이 결혼을 한 사이는 아니지만 사브리나와 휴를 남편과 부인으로 지칭한다.

그림 1a 남편에 의해서 세워진 가족의 모습

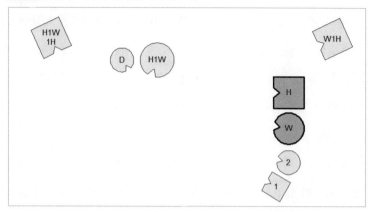

W_ 부인(사브리나), 첫 번째와 두 번째(휴와 법적으로 결혼하지 않은 상태에서 태어남) 자녀의
어머니   H_ 남편(휴), 두 번째 자녀의 아버지   1_ 첫 번째 자녀, 아들   2_ 두 번째 자녀, 딸
W1H_ 부인의 첫 번째 남편, 첫 번째 자녀(법적으로 결혼하지 않은 상태에서 태어남)의 아버지
H1W_ 남편의 첫 번째 부인   H1W1H_ 남편의 첫 번째 부인의 전 남편
D_ 남편의 첫 번째 부인과 그녀의 전 남편 사이에서 태어난 딸

헬링거 (사브리나에게) 당신이라면 어떻게 세우겠어요?

그림 1b 부인에 의해서 세워진 가족의 모습

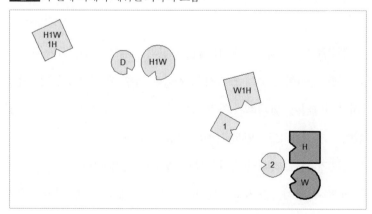

헬링거 (휴의 대리인과 사브리나의 대리인, 그녀의 첫 번째 배우자와 두 명의 자녀들로 구성된 집단을 가리키며) 내가 보기에는 이들이 실제 가족체로 보이는군요. (휴에게) 나머지 세 사람은 이들과는 분리된 가족체를 형성하고 있는 것처럼 보여요. 내 생각에 당신은 이들과는 별 연관성을 갖고 있지 않은 것 같은데 어떠세요? 내 말이 맞나요?

휴 예, 맞아요.

헬링거 저 세 사람은 서로에게 속해 있어요. 당신이 그 가족체와 동행하긴 했지만 사실상 당신은 그 가족체 내에서 아무런 권리도 갖고 있지 않아요. 저 여자아이의 부모에게 모든 권리가 있죠.

휴 맞는 말씀이에요.

헬링거 그러므로 나는 저 가족체 쪽으로 접근하지 않으려고 합니다. 그렇게 해도 괜찮겠어요?

휴 괜찮습니다.

헬링거 이들은 그냥 이 자리에 서 있게 둘 겁니다. 가족체적 긴장 관계는 여기 이 가족체 안에 존재하니까요.

휴 예.

헬링거 (휴의 대리인에게) 지금 남편의 느낌은 어떤가요?

남편 목에서 통증이 느껴져요. 저쪽에 아주 센 힘이 있는 것 같아요. (사브리나의 첫 번째 배우자와 그녀의 아들을 가리키며) 여기에서 압박감이 느껴져요. (그러면서 자신의 목을 가리킨다.)

헬링거 (사브리나의 대리인에게) 부인은 어떠세요?

부인 두 번째 구도가 더 나아요. 왜냐하면 의뢰인이 첫 번째 배우자와 아이를 제 앞쪽에다 세웠거든요. 하지만 둘째아이를 제 앞쪽으로 옮겨놓은 뒤로는 첫 번째 아이와 애 아빠를 볼 수 없게 되었어요. 이렇게 서 있는 것보다 두 아이가 제 곁에 서 있던 때가 더 나았어요.

헬링거 딸은 어떠세요?

두 번째 자녀 끔찍해요. 아까 오빠가 제 옆에 서 있을 때가 더 나았어요. 지금은 갑갑하고 기분도 좋지 않아요.

헬링거 (아들에게) 지금 어떤가요?

첫 번째 자녀 저의 힘은 아버지한테서 와요. 그렇기 때문에 이 구도가 아까 것보다 더 나아요. 제 앞에서 여동생이 걸림돌이 되고 있긴 하지만요.

헬링거가 휴와 사브리나의 대리인이 서 있는 자리를 서로 바꾼다. 그런 다음 아들을 부모 사이로 옮기고 아버지나 어머니 중 가까이 가고 싶은 쪽으로 가보라고 제안한다. 딸은 친부모를 마주볼 수 있는 자리로 옮겨놓는다.

그림 2

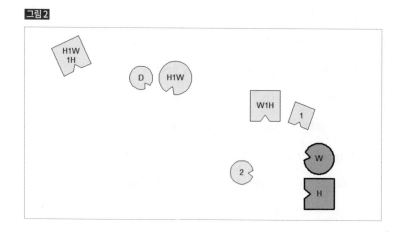

헬링거 (부인의 과거 배우자에게) 지금 이 자리가 어떤가요?

부인의 과거 배우자 좋아요.

헬링거 (사브리나에게) 아들이 아버지에게 가도 되나요?

사브리나 예.

헬링거 아들은 아버지에게 가야 합니다. 당연히 그래야 하지요

사브리나 제가 애 아버지에게 그렇게 제안했어요. 하지만 그 사람은 아이가 셋 딸린 여자와 결혼을 했고, 그 여자도 제 제안을 좋아하지 않아요.

헬링거 그의 부인이 당신 제안을 반대한다고요? 그건 다른 아이들에게도 좋지 않은 일입니다. 그녀가 남편 아들과 함께 사는 것에 찬성하는 게 그녀의 자식들에게도 훨씬 좋은 일이에요. 하지만 상황이 그렇다면 어쩔 수 없는 일이지요. (딸에게) 당신은 어떤가요?

두 번째 자녀 이게 더 나아요.

헬링거 (휴의 대리인에게) 당신은 느낌이 어떤가요?

남편 저도 이게 더 나아요. 아까는 딸이 아내보다 훨씬 더 중요한 존재로 인식되었거든요. 이게 맞는 것 같아요.

헬링거 (사브리나의 대리인에게) 부인은 지금 어떠세요?

부인 딸이 지금 제 앞에 서 있어서 그런지 아들을 향한 끌림이 아까처럼 강하지는 않아요.

헬링거 (사브리나와 휴에게) 이쪽으로 와서 두 분의 자리에 서보세요. (사브리나에게) 왜 첫 번째 남자와 결혼하지 않았나요?

사브리나 그냥 그 사람이 제 성에 차지 않았어요.

헬링거 당신은 확실히 요구가 많은 사람이군요.

헬링거가 사브리나를 첫 번째 배우자 앞으로 데리고 간다.

헬링거 이 사람을 보면서 이렇게 말합니다. "저는 당신의 탁월함을 존경합니다."

사브리나 저는 당신의 탁월함을 존경합니다.

헬링거 "우리 아들 안에 존재하는 당신도 존경합니다."

사브리나 우리 아들 안에 존재하는 당신도 존경합니다.

헬링거 "미안합니다."

사브리나 (감정적인 목소리로) 미안합니다.

헬링거 이 말을 들은 과거의 배우자는 어떻습니까?

부인의 과거 배우자 안도감이 느껴져요.

헬링거 아들은 어떤가요?

첫 번째 자녀 별다른 차이가 없어요.

헬링거 그건 모두 당신의 부모님에게 속한 것입니다. (사브리나에게) 당신은 지금 어떠세요?

사브리나 (감정이 복받친 듯) 예, 괜찮아요.

헬링거 돌아가서 휴의 옆에 서보세요. 그 자리에서 과거의 배우자를 보면서 이렇게 말합니다. "이 사람이 지금 제 남편이에요."

사브리나가 휴의 손을 잡는다.

사브리나 이 사람이 지금 제 남편이에요.

헬링거 "그리고 이 아이가 우리 두 사람의 딸이에요."

사브리나 그리고 이 아이가 우리 두 사람의 딸이에요.

헬링거 "부디 이 아이를 다정하게 바라봐 주세요."

사브리나 부디 이 아이를 다정하게 바라봐 주세요.

헬링거 "그리고 우리 두 사람도요."

사브리나 그리고 우리 두 사람도요.

헬링거 이 말을 들은 과거의 배우자는 어떤가요?

부인의 과거의 배우자 지금 제 두 눈이 그녀를 다정한 눈빛으로 바라보고 있는 게 느껴져요.

헬링거 (참여자들 전체에게) 한 가지 말씀드리고 싶은 게 있습니다. 이런 종류의 상황이 벌어지면, 그러니까 사브리나의 경우처럼 과거의 배우자가 전 부인인 사브리나의 나중 관계에서 태어난 자녀나 전 부인인 사브리나에게 적대적인 느낌을 가지면 나중 관계에서 태어난 자녀가 신경성 피부염 같은 질병에 걸리게 됩니다. 이 아이는 부모 중 한 사람의 과거 배우자의 축복을 필요로 합니다.

(사브리나에게) 당신이 그 사람을 다정하게 바라볼 수 있으면 세션에서 본 것처럼 그도 당신을 다정한 눈빛으로 바라볼 겁니다. 그리고 그는 분명히 내면에 자기만의 탁월함을 가진 사람입니다.

사브리나 (고개를 끄덕이며) 예.

헬링거 당신의 아들에게 말합니다. "엄마가 비록 네 아버지와 헤어졌지만 엄마는 여전히 그분을 네 아버지로서 존경한단다."

사브리나 엄마가 비록 네 아버지와 헤어졌지만 엄마는 여전히 그분을 네 아버지로서 존경한단다.

헬링거 "그리고 엄마의 첫 번째 남편으로서 존경한단다."

사브리나 그리고 엄마의 첫 번째 남편으로서 존경한단다.

헬링거 그 말을 듣고 난 아들의 느낌이 어떤가요?

첫 번째 자녀 마음이 진정되는 것 같아요.

헬링거 그러면 아들도 가까이 다가올 수 있겠군요. 아들은 당신과 아버지 사이에서 앞뒤로 자유롭게 옮겨 다닐 수 있겠군요. (휴에게) 당신은 지금 어떤가요?

휴 아내의 첫 번째 배우자에게 강한 연민sympathy을 느꼈어요.

헬링거 연민은 오만한 감정입니다.

휴 저도 그 느낌이 좋게 여겨지진 않았어요.

헬링거 그에게 말합니다. "당신이 첫 번째였습니다."

휴 당신이 첫 번째였습니다.

헬링거 "저는 두 번째입니다."

휴 당신이 첫 번째입니다. 저는 두 번째입니다.

헬링거 "저는 당신의 자리를 존중합니다."

휴 저는 당신의 자리를 존중합니다.

헬링거 "당신의 손실을 통해서 저는 이 사람을 제 아내로 맞아들일 수 있게 되었습니다."

휴 당신의 손실을 통해서 저는 이 사람을 제 아내로 맞아들일 수 있게 되었습니다.

헬링거 "제가 사브리나를 부인으로 맞아들이더라도."

휴 제가 사브리나를 부인으로 맞아들이더라도.

헬링거 "부디 저를 다정하게 바라봐 주세요."

휴 부디 저를 다정하게 바라봐 주세요.

헬링거 "그리고 저희 두 사람이 부부가 되더라도 말이에요."

휴 그리고 저희 두 사람이 부부가 되더라도 말이에요.

헬링거 전 남편은 이에 대해 뭐라고 말씀하시겠습니까?

부인의 과거 배우자 그래도 괜찮다, 상황이 이렇더라도 괜찮다고 말해 주고 싶어요.

헬링거 (휴에게) 당신은 지금 어떤가요?

휴 더 편해요.

헬링거 사브리나를 보면서 이렇게 말해봅니다. "이제 당신을 내 아내로 받아들입니다."

휴 (감동받은 목소리로) 이제 당신을 내 아내로 받아들입니다.

헬링거 "그리고 당신도 나를 남편으로 받아주세요."

휴 그리고 당신도 나를 남편으로 받아주세요.

헬링거 사브리나, 이 말을 들은 느낌이 어떠세요?

사브리나 (감정이 담긴 목소리로) 아주 좋아요.

헬링거 그에게 말합니다. "이제 당신을 내 남편으로 맞아들여요."

사브리나 이제 당신을 내 남편으로 맞아들여요.

헬링거 "그리고 당신도 나를 당신의 부인으로 받아주세요."

사브리나 그리고 당신도 나를 당신의 부인으로 받아주세요.

헬링거 동의하세요?

사브리나와 휴 예. 감사합니다.

나중에 진행된 나눔 시간에.

휴 우리 가족 세션에서 가족체 내에 있는 서열을 명확하게 정리해 준 뒤로 저는 일종의 안도감, 확고함을 갖게 되었어요. 이제 가족체 내의 질서와 서열이 얼마나 중요한 것인지 제대로 이해하게 되었어요.

사브리나 저는 지금 마음이 몹시 편해요.

배우자와의 관계가 부모 역할보다 우선이다

헬링거 복합 가족체에 관해 몇 마디 말씀드리죠. 가족을 세워보면 가족체 내에 존재하는 서열과 질서가 보입니다. 가족체 안에 먼저 들어선 사람들이 나중에 들어선 사람들보다 더 높은 자리를 차지하게 됩니다. 전통적으로 보자면 남녀는 부부로서 먼저 관계를 시작하고 그 후에 부모가 됩니다. 즉 처음에는 부부였다가 나중에 부모가 되는데, 부부 관계가 우선시되는 이유는 부모 역할보다 부부 관계가 먼저 형성되었기 때문입니다.

결혼 생활을 해나가면서 관계에 어려움이 발생하는 이유는 부모 역할이 부부 관계보다 우선시되기 때문입니다. 하지만 부모 역할이란 부부에서 비롯합니다. 먼저, 부모의 자리를 지키는 데 필요한 힘은 배우자와의 남녀 관계에서 비롯됩니다. 그 다음으로 부모가 자녀에게 넘겨줄 수 있는 힘은 부모가 자신의 부모에게서 힘을 얻을 수 있을 때만 가능하고요. 이 두 가지가 부모 역할을 위해 필요한 힘의 근원인 거죠. 다시 말해 하나는 부부 관계에서, 또 하나는 자신의 부모로부터 생명력을 기꺼이 받아들이는 데서 자녀들에게 넘겨줄 수 있는 힘이 생긴다는 말입니다.

부모를 거부하는 사람은 자녀들에게 줄 수 있는 게 별로 없다

헬링거 부모로부터 받으려 하지 않는 사람은 자녀들에게 건네줄 게 거의 없습니다. 그런 사람은 자기 안의 덫에 걸린 사람으로, 평생 어린아이 상태에서 벗어나지 못합니다. 우리는 결코 부모한테서 받은 것만큼 돌려드릴 수 없습니다.

부모는 주고 자녀는 받습니다. 부모 자식 관계에서 주기와 받기의 균형을 맞출 수 있는 유일한 방법은 부모에게서 받은 것을 고스란히 자녀들에게 넘겨주는 것뿐입니다. 자녀가 없는 사람은 받은 것을 돌려줄 수 있는 다른 방법을 꼭 찾아야 합니다.

이혼 후의 재혼과 자녀들

헬링거 결혼하는 두 사람 중 한 사람에게 이전의 결혼에서 태어난 자녀가 있을 때는 부모 자식 관계가 새로운 부부 관계보다 우선순위를 차지합니다.

(사브리나에게) 당신의 경우, 아들을 양육하는 것이 현재 배우자에 대한 당신의 애정보다 더 우위를 차지합니다. 당신과 아들 사이의 결속이 현재의 남녀 관계보다 먼저 형성되었기 때문이에요. 서열을 따지자면 휴와의 부부 관계가 두 번째 자리를 차지하고, 그 다음이 두 사람 사이에서 태어난 아이를 양육하는 것입니다. 그게 바로 가족체 내에 존재하는 서열입니다.

그러므로 남편은 부인이 이전 부부 관계에서 태어난 아이에게 애정을 더 많이 쏟는다고 질투해서는 안 됩니다. 부인의 첫 번째 아이가 태어난 부부 관계가 현재 두 사람이 맺고 있는 부부 관계보다 먼저 존재했기 때문입니다. 이 아이에 대한 사랑과 양육은 현재의 부부 관계가 아닌, 이 아이를 낳은 이전의 관계에서 비롯해야 합니다. 그리고 이 부분은 존중되어야 합니다. 새로운 가족체가 이러한 법칙과 서열을 존중할 때, 과거 사람에 대한 경쟁심 대신 평화로움이 새 가족체 안에 깃들게 됩니다.

서열은 한 가족체에 속한 모든 사람에게 적용되는 것으로, 먼저 온 사람이 나중에 온 사람보다 높은 자리를 차지합니다. 하지만 가족체적 차원에서 보면 새로운 가족체, 즉 현재 가족이 오래된 가족체, 즉 원래 가족보다 우선시됩니다.

(휴와 사브리나에게) 현재의 가족체가 이전의 남녀 관계보다 우선권을 갖고 있습니다. (휴에게) 사브리나의 과거 배우자가 첫 번째이지만 가족체의 차원에서는 당신의 새로운 가족체가 우선입니다.

새로운 부부 관계란 곧 자녀들을 포함한 관계를 말합니다. 부부 관계 하나만으로는 가족체를 형성하기에 충분하지 않습니다. 자녀들이 태어나면 새로운 가족체가 닻을 내리게 됩니다. 이 말은 결혼한 남자나 여자가 다른 사람과의 관계에서 자녀를 얻어 새로운 가족체를 구축할 경우, 이 새로운 가족체가 과거의 가족체보다 우선순위를 차지한다는 뜻이기도 합니다. 여자의 임신과 더불어 새로운 가족체가 구축되기 때문에 남자는 기존 가족체를 떠나서 새로운 배우자와 합류해야 합니다. 그게 바로 가족체적 질서입니다. 그와 반대되는 결정은 오랜 기간에 걸친 부정적인 영향을 끼칠 수 있습니다.

나눔이 계속되던 어느 시점에.

"우리 부부 관계에 대해 내 가슴 깊은 곳에서 희망하는 것은"

휴 의견의 불일치와 관련해 몇 말씀 해주시겠어요? 그리고 서로 다른 의견을 지니면서도 부부 관계가 위기를 맞지 않을 방법이 있을까요? 의견이 다르면 즉각 "당장 떠날 거야. 더는 못 참겠어"로 치닫지 않고 말이에요.

헬링거 새로운 시작점을 찾는 방법을 하나 알려드리죠. 두 사람이 각자 서로에게 바라는 가장 중요한 것을 적어보는 겁니다. 이 희망 사항에는 어떤 요구나 비난의 흔석도 없어야 합니다. 둘이 같이 쓰는 게 아니라 각자 따로 자신의 희망 사항을 적어보는 거예요. 예컨대 "내 가슴 깊은 곳에서 희망하는 것은……" 하는 식으로 말이에요. 그리고 하루나 이틀 뒤 부인에게 당신의 진심 어린 바람들을 읽어줍니다. 그때 부인은 가만히 듣기만 합니다. 어떠한 감정적 반응도 보여서는 안 돼요. 동의나 부정도 안 되고 지적을 해서도 안 됩니다. 며칠 뒤에는 부인이 당신 앞에서 희망 사항을 큰소리로 읽어줍니다. 이때도 마찬가지로 부인은 그저 그 내용을 읽어내려 가고 당신은 듣기만 합니다. 긍정적이든 부정적이든 어떤 반응도 보여서는 안 됩니다. 그 후에는 양쪽 누구도 그 문제에 대해서 일언반구 언급하지 않습니다.

과거의 배우자 앞에서 절을 하면 요통이 사라질 수 있다

←…147쪽에서 시작된 마거릿과 덱스터의 치유 작업이 이어짐

헬링거 나눔을 계속 진행하지요.

덱스터 조금 전부터 등 아래쪽으로 심한 요통이 오고 있는데요, 지금

몸이 몹시 불편해요. 한동안 통증이 없었는데……

헬링거 한 가지 비법을 알려드리죠. 당신의 첫 번째 부인 앞에서 절을 한다고 상상해 보세요.

덱스터가 고개를 살짝 앞으로 숙인다.

헬링거 효과가 느껴지나요?

덱스터 지금 두 다리가 따끔거려요.

헬링거 와, 그거 굉장한데요.

덱스터와 마거릿이 웃음을 터뜨린다.

덱스터 이대로도 괜찮아요.

헬링거 등에서 무언가 변화가 감지되세요?

덱스터 예.

헬링거 (참여자들 전체에게) 조금 고개를 숙이거나 깊게 절을 하는 것으로도 요통이 사라질 수 있습니다.

모순에 대처하는 법

칼 점심 시간 전까지만 해도 저는 상당히 모순적인 감정과 저항감을 느꼈어요. 지금은 모두 다 털어낸 상태지만요.

헬링거 모순적인 감정에 대해서 내가 좀 알아낸 게 있습니다. 그 감정은 '나는 원한다'와 '원하지 않는다'를 동시에 느끼고 있음을 의미합니다. 그게 바로 모순된 감정에 빠져 있는 사람과 아무것도 할 수 없는 이유이기도 하지요. 내가 무언가를 원할 때 그 사람은 원하지 않고, 내가 원하지 않을 때 그 사람은 원하니까 말이에요. 그러므로 모순된 감정에 대한 적절한 대처법은 없다고 봐야 하는데, 모순되는 얘기가 되겠지만 나는 그에 대한 해결책을 하나 찾아냈습니다. 간단합니다. 그냥 5분 동안만 그 일을 미루는 겁니다.

칼이 손목시계를 들여다보면서 웃음을 터뜨린다.

칼 됐어요!

시간이 좀 흐른 뒤.

승리자가 패배한 사람이다

칼 저는 지금 심한 죄책감에 시달리고 있어요. 저의 형식주의적이고 논리적인 사고가 자꾸만 정당성이 인정되는 환경이나 좋은 변명거리만 있다면 비난받을 일은 없지 않냐고 외치고 있어요. 저는 지금 그런 발상과 힘겨루기를 하고 있는데 사실상 이 부분이 저희 두 사람에게 문제로 작용하고 있어요. 저희 둘의 경우를 보면 누구든 자기 정당화를 할 수 있는 사람이 옳은 사람이 돼버리거든요.

헬링거 옳은 사람이 곧 진 사람입니다.

칼 이긴 사람은 누구나 패배의 과정 속에 있으니까요.

헬링거 이긴 사람이 누구든 그는 이미 진 사람입니다.

칼 머리로는 이해가 되는데 가슴으로는 받아들여지지 않아요.

헬링거 남아프리카에 살던 당시에 어떤 사람이 나에게 아프리카에서 가장 긴 길의 이름을 말해준 적이 있어요. 카이로에서 케이프타운으로 이어진 길이 가장 긴 길이 아니에요. 머리에서 가슴까지의 길이 가장 먼 길입니다. '거기'에서 '지금 여기'로 가는 길이 가장 멀어요.

칼이 미소를 짓는다.

칼 만약 제가 가톨릭 신자였다면, 고해성사를 하고 몇 차례 '아베 마리아'로 속죄하는 걸로 마무리가 되었을 거예요.

헬링거 여기서는 그렇게 쉽게 떨쳐낼 수 없어요.

칼 저도 그럴 거라 생각했어요.

라틴 "벽에 부딪친 것 같아요."
···▶79쪽에서 시작된 시빌과 라틴의 치유 작업이 이어짐

헬링거 (라틴에게) 당신의 현재 가족을 세워보도록 하지요. 부인과 자녀들 그리고 당신의 대리인을 세워봅시다. 자녀들의 나이가 어떻게 되나요?

라틴 딸은 15세, 아들은 12세예요. 그 밖에 더 포함시킬 게 있는지는 잘 모르겠어요.

시빌 첫애가 태어나기 전에 낙태를 한 적이 있어요.

헬링거 두 분 사이에서요?

시빌 예.

라틴 처음에는 저도 낙태를 하자는 제안을 받아들였지만 나중에
는……

헬링거 (중단시키며) 더 이상 말하지 마세요. 그냥 가족을 세워보세요.

그림1

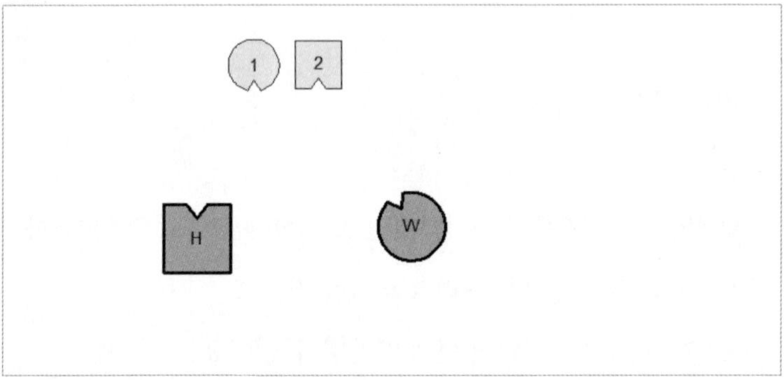

H_ 남편(라틴) W_ 부인(시빌) 1_ 첫 번째 자녀, 딸 2_ 두 번째 자녀, 아들

헬링거 (라틴의 대리인에게) 지금 남편의 느낌은 어떤가요?

남편 오른팔이 무거워요. 양손도 아주 무겁고요.

헬링거 (시빌의 대리인에게) 부인은 어떠세요?

부인 저는 완벽하게 중립 상태예요.

헬링거 첫 번째 자녀인 딸은 어떤가요?

첫 번째 자녀 왼쪽은 따뜻하고 오른쪽은 추워요. 머리가 어질어질해요.

헬링거 아들의 느낌은 어떤가요?

두 번째 자녀 누나와 너무 가깝게 서 있는 것 같아요. 부모님 두 분 사

이로 벌어진 틈이 보였을 때 제가 그 사이로 들어가 서야겠다는 생각이 들었어요. 제가 두 분의 손을 잡아서 저 간격을 좁혀야 한다는 의무감 같은 거요. 두 분이 서 있는 모습을 보는 것만으로도 슬퍼요.

헬링거 이 아이는 부모에 대한 책임감을 느끼고 있군요. (라틴과 시빌에게) 두 분 중 결혼 전에 심각한 남녀 관계를 가졌던 분이 있나요?

라틴 전 없어요.

시빌 전 성적인 관계를 가진 적이 있어요.

헬링거 (시빌에게) 과거 배우자의 대리인을 추가해 봅시다.

그림 2

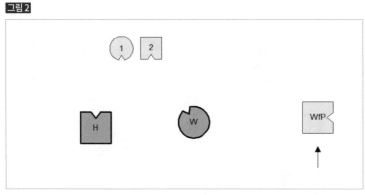

WfP _ 부인의 과거 배우자

헬링거 (시빌에게) 왜 두 사람의 관계가 깨진 건가요?

시빌 그 관계 안에 계속해서 되풀이되는 일종의 패턴이 있었어요. 저는 그 남자에게 꽤 큰 책임감을 갖고 있었는데 어느 시점에 이르자 더 이상은 지고 갈 수 없다는 느낌이 들었어요.

헬링거 (시빌의 대리인에게) 지금 느낌의 변화가 있나요?

부인 등 뒤쪽에서 강한 끌림이 느껴져요.

헬링거 그 충동을 따라가 보세요.

여자가 뒤로 돌아서 사선 방향으로 몇 걸음을 떼놓는다. 남편과 과거의 배우자 사이에서 걸음을 멈추더니 이내 과거의 배우자 쪽으로 걸어가 그 옆에 자리를 잡는다.

그림 3

헬링거 그 자리가 어떤가요?

부인 더 나아요.

헬링거 (부인의 과거 배우자에게) 당신은 어떤가요?

부인의 과거 배우자 아까보다 더 편안해요. 조금 전 반대쪽을 바라보고 서 있을 때는 여자에게 돌아가고 싶었어요. 지금은 이 사람이 제 옆에 서 있어서 이 자리가 편하게 느껴져요.

헬링거 그게 바로 첫 번째 결속의 힘입니다. (아들에게) 아들은 지금 어때요?

두 번째 자녀 좋아요. 안도감이 느껴져요.

헬링거 (딸에게) 딸은 어떤가요?

첫 번째 자녀 더 편안해요.

헬링거 (라틴의 대리인에게) 당신은 어떤가요?

남편 양쪽 어깨에서 통증이 느껴져요.

헬링거 당신이 원하는 게 있나요?

남편 모르겠어요.

헬링거 돌아서 보세요.

남자가 부인과 부인의 과거 배우자가 있는 쪽으로 돌아선다.

헬링거 아니, 이쪽이 아니라 다른 방향으로 돌아서 보세요. (남편이 돌아선다.) 어때요?

남편 이게 더 쉽네요.

헬링거 (참여자들 전체에게) 이 아이들에게는 부모도 없고 보호자도 없는 상태입니다. (딸에게) 딸은 지금 어떠세요?

첫 번째 자녀 아버지와 함께 가야 한다는 느낌이 들어요.

헬링거 (두 자녀에게) 돌아서 보세요.

두 명의 자녀가 양쪽 부모로부터 돌아서 있는 상태이다.

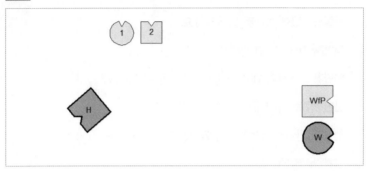

그림 4

헬링거 (딸에게) 지금은 어때요?

첫 번째 자녀 별로 좋지 않아요.

두 번째 자녀 큰 차이가 없어요. 좀 전에 안도감을 느낀 뒤로는 어떤 상황의 변화도 저에게 영향을 끼치지 못해요.

첫 번째 자녀 등 뒤에서 무언가 저를 끌어당기는 것 같아요.

라틴 제가 한마디 해도 될까요?

헬링거 아니요. 나는 세션에서 보여주는 이미지를 토대로 치유 작업을 해나갈 겁니다. 그리고 바로 이 시점에서 세션을 중단하려고 합니다. (라틴과 시빌에게) 두 분이 보아야 할 것을 방금 전 보여드렸습니다. 이제 그와 관련해 무엇을 할지는 두 분의 몫입니다. (참여자들 전체에게) 남편이 가족체 안에 머물 수 있도록 힘을 줄 수 있는 누군가가 그의 등 뒤에 서 있어야 합니다. 아마 그의 원래 가족에 속한 사람이겠지요. 혹은 남편이 원래 가족체로부터 빼앗아온 무언가를 돌려주어야 합니다. 즉 자신의 부모님에게 뭔가를 돌려드려야 할 필요가 있다는 말입니다. (라틴에게) 그러면 당신은 아이들을 향해 돌아설 수 있게 됩니다. 그와 관련해서 떠오르는 이미지가 있나요?

라틴 부모님 이미지가 떠오르네요. 저는 언제나 머릿속에 그분들 사진을 가지고 있어요.

헬링거 당신 부모님은 당신의 두 아이들에게 호감을 갖고 계시나요?

라틴 예.

헬링거 그렇다면 당신은 두 분에게 등을 기대고 설 수도 있겠군요. 아니면 부모님이 등 뒤에 서 계신 상태에서 당신 혼자 두 아이를 바라볼 수도 있고요. 그 이미지가 당신에게 힘을 줄 겁니다. 당신에게 특히 더 이 힘이 필요한 이유는 당신이 타국에서 살고 있기 때문이에요. 당신이 모국에 살고 있으면 받을 만한 지지를 여기서는 받을 수 없으니까요.

라틴은 인도 출신이다.

라틴 (고개를 끄덕인다.) 맞아요. 저는 사실 오랫동안 벽에 부딪힌 듯한 느낌 속에서 살아왔어요. 속이 텅 비고 차가운 벽 말이에요. 속에 아무것도 없이 텅 비어 있는 벽이라 저를 지지해 주지 못해요.

헬링거 그래요. 여기서 마무리를 짓겠습니다. 당신이 충분히 보았다고 여겨집니다. (시빌에게) 당신도 마찬가지고요.

결속과 사랑

헬링거 방금 전 우리가 본 세션과 관련해서 결속bonding이 갖는 의미를 말씀드려 볼까 합니다. 결속은 남녀가 성적인 관계를 가지면서 형성됩니다. 이 결속은 끊으려야 끊을 수 없는 쇠줄과도 같습니다. 방금 전 세션에서도 첫 번째 결속이 여전히 부인을 붙잡고 있다는 걸 볼 수 있었습니다. 두 사람이 헤어졌지만 결속은 해체되지 않았다는 말입니다.

첫 번째 결속을 인정할 수 있을 때 두 번째 관계가 성공할 수 있습니다. 두 번째 관계에서 형성된 결속은 언제나 첫 번째 관계에서 형성된 결속보다 약합니다. 세 번째 관계의 결속은 그보다 더 약하고요. 매번 새로운 관계가 거듭될수록 그 안에서 형성되는 결속은 이전 것보다 약할 수밖에 없습니다. 그러다 최종석으로는 더 이상의 결속이 형성되지 않는 단계에 도달하게 됩니다.

결속은 사랑과는 다릅니다. 이 두 가지의 차이점을 이해하는 것이 아주 중요합니다. 당연히 앞선 관계보다 나중 관계에서 더 많은 사랑을 주고받을 수 있습니다. 하지만 두 번째 관계가 성공하기 위해서는 첫 번째 관계에서 형성된 결속을 인정할 수 있어야만 그것이 긍정적인 방식으로 해결될 수 있습니다.

(시빌에게) 예를 들자면 이런 거지요. 순전히 공상에 지나지 않을 수도 있는데, 내 느낌에 당신은 아직까지 첫 번째 배우자에게 무언가 빚을 지고 있는 것 같군요. 뭔가가 빠져 있다는 말입니다. 상대방의 존재에 대한 인정이건 감사함의 표현이건. 아니면 당신이 남자에게 상처를 주었고 그에 대해 사과를 해야 한다거나 말예요. 어떤 경우인지 나는 모르지만 당신은 잘 알고 있을 거예요. 그 부분을 인정하면 당신은 마침내 그를 떠나서 다른 사람에게 온전히 돌아설 수 있을 겁니다. 두 번째 배우자 역시 부인의 첫 번째 배우자를 인정해야 합니다. 그리고 "제가 두 번째입니다. 저보다 당신이 먼저 있었습니다"라고 말할 수 있어야 합니다.

이별로 인해 생겨난 고통과 죄책감의 크기를 보면 결속의 힘을 가늠할 수 있습니다. 첫 번째 배우자와의 이별은 나중 관계에서의 헤어짐보다 더 많은 고통과 죄책감을 만들어냅니다.

뒤에 이어진 나눔의 자리에서.

"당신에게 기회를 줄게요"

헬링거 (라틴에게) 부인에게 기회를 한 번 더 주실 겁니까?

라틴 저는 지금 제 혼자 생각과 감정에 사로잡혀 있어요.

헬링거 내 질문은 당신이 부인에게 한 번의 기회를 더 줄 수 있느냐는 겁니다.

라틴 아내에게 가능한 모든 기회를 줄 수 있어요.

헬링거 모든 기회는 너무 많고요.

라틴 아내가 필요로 하는 만큼 기회를 주렵니다.

헬링거 그건 너무 오만한 태도입니다. 부인을 보면서 "당신에게 기회를 줄게요"라고 말해봅니다.

라틴이 부인 쪽으로 고개를 돌리고 부인의 두 눈을 바라본다.

라틴 당신에게 기회를 줄게요.

헬링거 "사랑하는 마음으로"라고 덧붙입니다.

라틴 사랑하는 마음으로.

헬링거 (시빌에게) 당신도 남편에게 "당신에게 기회를 줄게요, 사랑하는 마음으로"라고 말해봅니다.

시빌 당신에게 기회를 줄게요, 사랑하는 마음으로.

말을 하는 동안 시빌은 라틴을 바라보고는 있지만 두 팔은 팔짱을 낀 상태이다.

헬링거 그렇게 해서는 아무 소용이 없어요. 뭐 상관은 없습니다만.

시빌이 시선을 다른 곳으로 돌려버린다.

헬링거 (큰소리로 혼잣말을 하듯이) 아직도 결정이 된 게 아니로군.

남녀가 자기 자리에 대해 감정적 투자를 할 때

헬링거 부부들 중에는 자기가 설 자리를 아주 확실하게 정해놓은 사람들이 있습니다. 배우자 한 사람은 강의 이쪽에 서 있고 다른 사람은 반대편 강둑에 서 있는 거지요. 두 사람 각자 자기 자리에 쏟아부은 감정적 투자로 인해서 한 걸음도 움직이려 들지 않습니다. 그러다 보면 결국 둘 다 삶의 주된 흐름 바깥에서 배회할 수밖에 없지요. 해결책은 두 사람이 강 쪽을 향해 한 걸음씩 떼어놓는 것뿐입니다. 삶의 물줄기가 그들을 이끌어갈 수 있도록 말예요. 그때 두 사람의 만남이 가능합니다.

문제를 묘사하고 설명함으로써 문제를 지속시킨다

◂⋯77쪽에서 시작된 브리짓과 크리스토퍼의 치유 작업이 계속 이어짐

크리스토퍼 점심 시간 뒤로 지금까지 강에서 수영을 하는 상상을 하고 있어요. 강물의 흐름에 몸을 맡기는 느낌, 아주 멋진 느낌이에요. 제 아이들과의 관계에서도 이런 흐름이 느껴져요. 하지만 결혼 생활에서는 이런 흐름이 늘 장애에 부딪쳐요. 지속적인 흐름이라는 부분이 제 역할을 하지 못하고 문제를 일으키고 있는 거지요. 간혹 일들이 잘 풀려가다가도 갑자기 턱 막히곤 해요.

헬링거 (참여자들 전체에게) 이분이 방금 아주 중요한 걸 직접 보여주었는데요, 이 상황을 예로 들어 관련된 이야기를 좀 하고 싶군요. (크리스토퍼에게) 그래도 될까요?

크리스토퍼가 동의의 의미로 고개를 끄덕인다.

헬링거 문제가 계속 남아 있게 하는 방법을 아세요?

크리스토퍼 예, 문제를 자꾸 꺼내놓으면 되겠죠.

헬링거 맞아요, 문제를 설명하는 게 바로 그런 겁니다. 그러면 문제가 계속 문제로 남아 있게 돼요. 당신이 방금 전에 한 게 바로 그거예요.

크리스토퍼의 부인이 고개를 끄덕이며 미소를 짓는다.

헬링거 문제를 묘사하고 설명함으로써 문제가 지속되도록 하는 겁니다. 어떻게 해야 문제의 뇌관을 제거할 수 있을까요? 설명하기를 거부할

때 제거할 수 있습니다.

크리스토퍼가 한참 동안 미동도 없이 앉아 있다.

헬링거 부인에게 당신 새끼손가락을 내주세요. (크리스토퍼가 미소를 짓는다.) 그저 부인에게 새끼손가락을 내주기만 하면 됩니다.

브리짓이 크리스토퍼 쪽으로 고개를 돌리더니 미소를 짓는다. 헬링거가 포개져 있는 크리스토퍼의 팔짱을 가리킨다.

헬링거 부인에게 당신 새끼손가락을 건네주세요.
크리스토퍼 알겠어요.

크리스토퍼가 새끼손가락을 부인 쪽으로 내밀자 브리짓이 부드럽게 잡는다. 그러면서 남편을 따뜻하고 친밀한 눈빛으로 바라본다.

브리짓 제가 당신의 이 손가락과 손을 잡고 있을게요.
헬링거 문제를 설명하려 들기보다 이런 작은 실험을 시도해 보는 게 더 낫습니다. 이해되세요?
브리짓 참 중요한 일이라 생각되네요.
헬링거 (브리짓에게) 부인은 지금 어떠세요?
브리짓 방금 해주신 말이 가슴에 깊게 와 닿았어요. 그게 바로 정확히 저희 두 사람의 문제거든요. 이 지속성이라는 게……

헬링거 (브리짓을 중단시키며) 당신도 남편이 한 것과 똑같은 걸 하고 있군요. 두 사람은 이미 문제 설명의 전문가가 되어버렸나 봅니다.

브리짓 어쩌면 이게 그 끝이 되지 않을까 싶네요.

헬링거 (브리짓에게) 남편에게 당신 새끼손가락을 건네주세요.

브리짓이 새끼손가락을 건넨 뒤 두 사람이 서로 눈을 바라본다.

헬링거 그겁니다. 문제를 설명하는 습관을 포기하는 것, 아주 중요한 한 걸음이에요. 그때 비로소 둘이 함께 앞을 바라볼 수 있게 됩니다. 나는 사람들이 문제를 설명하는 걸 별로 귀담아 듣지 않습니다. 이 자리에서 예외를 둔 건 그런 걸 얘기하기에 좋은 예가 되었기 때문이에요. 뭐, 보는 관점에 따라서는 나쁜 예일 수도 있겠죠.

브리짓과 크리스토퍼가 미소를 지으면서 고개를 끄덕인다.

브리짓과 크리스토퍼 "우리의 첫아이가 죽었어요."

헬링거 (크리스토퍼와 브리짓에게) 이제 두 분의 현재 가족을 세워보도록 하지요. (브리짓에게) 부인부터 시작할까요?

브리짓 저보고 가족의 대리인들을 세우라는 건가요?

헬링거 맞아요. 당신이 먼저 대리인들 자리를 찾아 세운 다음 크리스토퍼에게도 자신의 이미지에 따라서 세울 기회를 줄 거예요.

브리짓 제 생각에는 남편이 먼저 하는 게 나을 것 같은데요. 저희는 아이가 다섯 명이에요.

헬링거 첫째아이는 죽었나요?

브리짓 예.

헬링거 그때 아이는 몇 살이었나요?

브리짓 생후 17일밖에 안 되었어요.

헬링거 무슨 일이 있었나요?

브리짓 그 아이는 선천성 심장병을 가지고 태어났어요. 하지만 아이 의 직접적 사인은 수술 후의 감염 때문이었어요.

헬링거 두 분 중 결혼 전에 심각한 남녀 관계를 가진 사람이 있나요?

크리스토퍼 아니요.

브리짓 아니요.

헬링거 좋습니다. 세션을 시작해 보죠.

그림 1a 부인에 의해서 세워진 가족의 모습

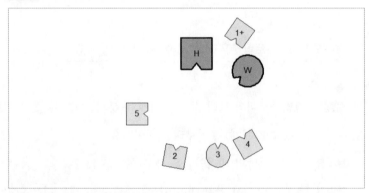

H_ 남편(크리스토퍼) W_ 부인(브리짓) 1+ 첫 번째 자녀, 아들(태어난 지 17일 만에 사망)
2_ 두 번째 자녀, 아들 3_ 세 번째 자녀, 딸 4_ 네 번째 자녀, 아들 5_ 다섯 번째 자녀, 아들

헬링거 누가 누구인가요?

브리짓 첫 번째 아이, 제일 큰 애인데, 그러니까 살아있는 애들 중 제일 큰 애가 저 애이고 둘째가 저쪽에……

헬링거 죽은 아이도 포함시킨 건가요?

브리짓 물론이죠.

헬링거 왜 두 번째 아이를 제일 큰 애라고 말한 겁니까?

브리짓 살아있는 애들 중 제일 큰 애라고 했어요.

헬링거 당신은 죽은 아이를 포함시키지 않았어요. 진심으로 죽은 아이를 포함시키지는 않았어요. (크리스토퍼에게) 당신은 대리인들을 어떤 식으로 세우고 싶으세요?

그림 1b 남편에 의해서 세워진 가족의 모습

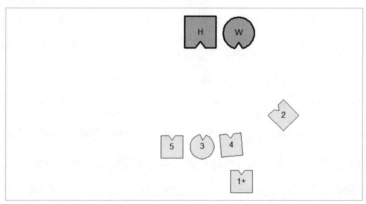

헬링거 본질적인 긴장 관계는 똑같군요. 두 경우 다 죽은 아이가 역동의 중심에 있어요. 부인과 남편이 세운 모습에 똑같은 긴장 관계가 담겨 있어요.

브리짓 뭐라고요?

헬링거 죽은 아이와 관련된 문제가 해결되지 않았다는 말입니다. (죽은 자녀의 대리인에게) 느낌이 어떠세요?

첫 번째 자녀 끔찍해요. 처음에 엄마가 세웠을 때는 괜찮았어요. 팔을 엄마에게 두르고 싶다는 강한 욕구를 느꼈어요. 당신이 엄마가 저를 포함시키지 않았다고 했을 때 엄마를 옹호해 주고 싶었어요. 제 귀에는 엄마가 저를 포함시켜서 세는 소리가 들렸어요.

헬링거 가족이 세워져 있는 모습을 보면 죽은 아이가 제외되었다는 사실을 분명히 알 수 있습니다. 만약 그렇지 않다면 가족이 세워진 모습이 지금하고는 달랐을 겁니다. (크리스토퍼의 대리인에게) 당신은 지금 어떠세요?

남편 첫 번째보다 두 번째 세워진 상태가 더 편해요. 그럼에도 굉장히 무거운 느낌이 들어요. 어깨 쪽의 무게감이 제일 심해요. 그리고 심장이 조여드는 듯한 느낌도 들어요. 아내는 존재감이 별로 없어요. 처음에도 그렇고 지금도 그렇고 둘째아들과 저 사이에 뭔가가 진행되고 있는 것 같아요. 따끔거리는 듯한 이상한 느낌이 둘 사이에 있어요. 둘째아들은 저를 쳐다보지도 못해요. 두 번째로 세워진 자리에서는 딸을 좀 더 잘 볼 수 있네요. 막내아들과는 별다른 교류감이 느껴지지 않아요. 아들이 저에게 뭔가 불만이 있는 것 같아 보이는데 저는 저 아이에게 별다른 관심이 없어요.

헬링거 (브리짓의 대리인에게) 부인의 느낌은 어떠세요?

부인 이 두 번째 구도에서는 한기가 심하게 느껴져요. 그리고 심장이 요동치고 있고요. 아까 그 자리가 더 나아요. 죽은 아이가 제 가까이 있을 때 온기를 느꼈어요. 그때는 죽은 아이에게 기대고 싶고 아이를 두 팔로 안아주고 싶었어요. 아이와 저 사이에 강한 교류감이 있었어요. 남편한테는 별다른 교감이 느껴지지 않아요. 그래도 뭐 크게 상관은 없지만 남편이 함께 있다는 느낌은 들지 않아요.

헬링거 (브리짓에게) 당신의 원래 가족 안에 어떤 사건이 있었나요?

브리짓 어머니에게는 태어난 지 얼마 안 돼 죽은 자식이 있었어요. 그 아기는 닷새밖에 못 살고 죽었다고 해요. 그리고 그 일은 가족들 사이에서 한 번도 거론된 적이 없어요. 저도 우연히 서류를 뒤적이다가 알게 되었죠. 전 그 아기를 위해 혼자 울면서 쓰디쓴 눈물을 흘렸어요. 제 첫아이의 죽음에 대해서는 엄마에게만 털어놓을 수 있었어요. 엄마의 어머니도 2주 된 아기를 잃었는데 그 아이도 가족 안에서 언급된 적이 없다고 해요. 제 아기가 죽었을 때 할머니의 아기 이야기를 듣게 되었죠. 그 사실을 알고 얼마나 끔찍하던지 이 아기들에 대한 슬픔을 가눌 수가 없었어요. 저는 평생 우리 가족 안에서 누군가 빠져 있다는 느낌을 갖고 살아왔어요. 어렸을 때부터요.

헬링거 (브리짓에게) 당신 어머니는 누구에게 기대고 싶었을까요?

브리짓 죽은 아이겠지요.

헬링거 아니요. 어머니는 아기에게 기댈 수 없습니다.

브리짓 이 세션 안에서 누구에게 기대고 싶어 하느냐는 질문인 줄 알았어요.

헬링거 당신이 대답은 그렇게 하고 있는데, 이 아이는 도대체 누구를 대신하고 있는 걸까요?

브리짓 제 죽은 언니인가요?

헬링거 아마도 죽은 언니일 거예요. 그 말이 타당하다고 여겨지세요?

브리짓 (고개를 *끄덕이며*) 단연코 그렇다고 생각해요.

헬링거 (크리스토퍼에게) 당신의 원래 가족 안에는 어떤 특별한 사건이 있었나요?

크리스토퍼 어머니가 여섯 살 때 할머니가 돌아가셨어요. 제가 들은 바로는 어머니가 태어난 뒤로 할머니가 시름시름 앓기 시작하셨대요. 그러니까 할머니는 어머니가 태어난 뒤부터 앓아누워 어머니가 여섯 살이 되던 해에 돌아가신 거예요. 사인은 심장마비였어요. 어머니의 두 오빠는 2주 간격으로 전쟁터에서 죽었어요. 그 뒤에 남은 건 세 자매뿐이었지요. 할머니가 돌아가시고 오랜 시간 뒤에 할아버지는 어머니의 사촌과 결혼하셨어요.

헬링거 그 일은 이 상황과 관련해서는 그다지 중요한 사건이 아닙니다. 우리가 찾아내야 할 것은 당신과 둘째아들 사이의 기이한 연결입니다. 둘째아들이 누구를 대신하고 있는 걸까요? 지금 당장은 아무 말 하지 않아도 됩니다. 상황이 명료해지도록 몇 사람을 더 세워보겠습니다.

크리스토퍼 어머니의 가족 쪽으로 한 가지 사건이 더 있었어요. 그걸 말씀드릴까요?

헬링거 아주 중요한 사건에 대한 정보는 이미 다 얻은 것 같군요.

헬링거가 크리스토퍼의 어머니와 어머니의 부모님의 대리인을 선택한 뒤 장 안에 세운다.

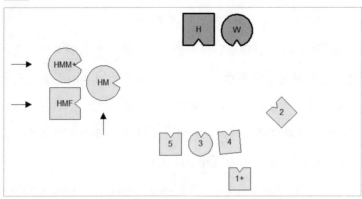

그림 2

HM_ 남편의 어머니 HMM+_ 남편의 어머니의 어머니(모계 쪽 할머니, 출산으로 사망)
HMF_ 남편의 어머니의 아버지(모계 쪽 할아버지)

헬링거 (크리스토퍼의 대리인에게) 저 세 분이 들어오고 나서 느낌에 변화가 있나요?

남편 다급한 마음이 들어요. 몸의 왼쪽이 좀 헐거워진 것 같아요.

헬링거 아들과의 관계에서는 어떤 변화가 있나요? 느낌의 변화가 있나요?

남편 글쎄요, 뭐라고 해야 할지 모르겠네요. 조금 더 가벼워진 것 같기는 해요.

헬링거 (두 번째 자녀에게) 둘째아들에게는 어떤 변화가 있나요?

두 번째 자녀 갑자기 제가 무엇을 보고 있는지 알게 되었어요. 처음부터 지금까지 저는 계속해서 여기 빈 공간을 응시하고 있었어요. 이제야 제가 시종일관 뭘 보고 있었는지 알았어요.

헬링거 (크리스토퍼에게) 이 아이가 대신하고 있는 사람은 당신의 어머니의 아버지입니다. 어머니가 출산의 여파로 죽은 가족체 안에 어떤

213

망상이 존재하는지 알고 있나요?

크리스토퍼 아이가 죄책감을 느끼겠지요.

헬링거 내가 당신에게 던진 질문은 출산의 결과로 여자가 죽은 가족체 내에 어떤 망상이 존재하는지 아느냐는 거였습니다. (한참 생각에 잠겨 있다가) 그 망상은 바로 남자가 여자를 죽였다는 겁니다. 남자를 대상으로 가족체 내에서 이러한 무언의 고발이 진행됩니다. 그게 바로 이 세션에서 볼 수 있는 상황이기도 하고요.

크리스토퍼 저희 할아버지는 우울증에 시달리셨고 어머니도 마찬가지였어요. 저 역시 최근 들어 우울증에 시달리고 있고요.

헬링거 별로 도움이 되지 않는 얘기입니다. 그런 류의 정신분석학적 딱지는 내겐 별 흥미가 없어요.

헬링거가 크리스토퍼의 어머니를 그녀의 부모님 옆에 옮겨 세운다.

그림 3

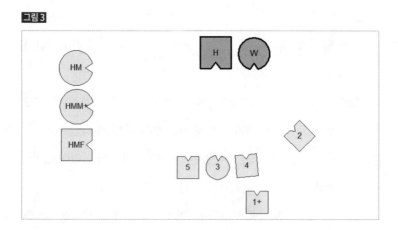

헬링거 지금 할머니는 어떠세요?

어머니의 어머니 온기가 느껴지고 마음이 편안해요.

헬링거 (참여자들 전체에게) 세션의 장 안에서는 어머니의 어머니에 대해서 정반대되는 이미지가 투사될 수도 있는데요, 죽은 부인은 남편과 연결되어 있고 두 사람이 함께 운명의 짐을 나누어 지고 있는 상태입니다. 여기서 그 모습을 볼 수 있습니다. 사람들이 기대하는 것과 완전히 반대되는 상황인 셈이지요.

헬링거가 크리스토퍼를 세션의 장 안으로 데려온 뒤 할아버지가 있는 곳으로 데리고 간다.

헬링거 (크리스토퍼에게) 이제 두 분에 대한 사랑과 존경하는 마음으로 조부모님 앞에서 절을 합니다.

크리스토퍼가 고개를 깊게 숙인다.

헬링거 두 손을 가슴에 올리고 하는 게 더 쉬울 겁니다. 목에 힘을 빼고 머리를 낮춥니다. (잠시 후) 천천히 상체를 들어올리고 다시 한 번 두 분을 보면서 이렇게 말합니다. "할아버지, 저는 당신의 자리를 존중합니다."

크리스토퍼 할아버지, 저는 당신의 자리를 존중합니다.

헬링거 "이제 저는 할아버지와 할머니의 자리를 존중합니다."

크리스토퍼 이제 저는 할아버지와 할머니의 자리를 존중합니다.

헬링거 어머니를 보세요. 어머니를 불러봅니다.

크리스토퍼 엄마.

헬링거 "저는 엄마의 부모님을 존경합니다."

크리스토퍼 저는 엄마의 부모님을 존경합니다.

헬링거 조부모님에게 가봅니다. 두 팔을 두 분에게 두르도록 합니다.

조부모님과 어머니가 크리스토퍼를 안아준다.

헬링거 (잠시 후에 크리스토퍼에게) 이제 자기 자리로 돌아갑니다. 지금 어떠세요?

크리스토퍼 아주 깊은 안도감이 느껴져요.

헬링거 바로 그겁니다. 이제 돌아가서 부인 옆에 서보세요.

헬링거가 이제 브리짓을 세션의 장 안으로 데리고 들어온다. 그런 다음 자녀 다섯 명을 부모님을 마주볼 수 있는 위치에 서열에 따라 세운다.

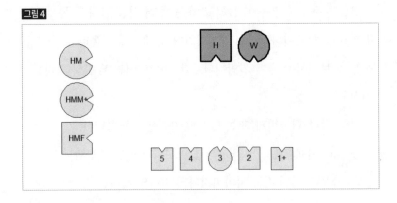
그림 4

헬링거 (크리스토퍼에게) 저쪽에 서 계신 조부모님을 보면서 그분들에게 이렇게 말합니다. "이 사람이 제 아내이고, 이 아이들이 제 자식들입니다."

크리스토퍼 이 사람이 제 아내이고, 이 아이들이 제 자식들인 세바스티안, 파비안, 토마스, 니나 그리고 팀입니다.

헬링거 "저희들을 다정하게 바라봐 주세요."

크리스토퍼 저희들을 다정하게 바라봐 주세요.

헬링거 "모든 게 잘 이어져 내려오고 있어요."

크리스토퍼 모든 게 잘 이어져 내려오고 있어요.

헬링거 이 말을 들은 조부모님의 느낌이 어떤가요?

어머니의 아버지 아주 좋아요. 정말 감동스러워요.

어머니의 어머니 사랑스러워요, 그저 사랑스러워요.

어머니 (고개를 끄덕이며) 좋아요.

크리스토퍼가 감동에 찬 모습으로 눈물을 흘린다.

헬링거 (크리스토퍼와 브리짓에게) 이제 여기에 있는 자녀들 사이에도 질서를 세워야 되겠군요 (죽은 자녀에게) 부모님에게 등을 기대고 서 보세요. (브리짓과 크리스토퍼에게) 두 팔로 이 아이를 꼭 안아주세요.

죽은 자녀가 부모에게 등을 기대고 서자 브리짓이 두 눈을 감은 채 아이의 등을 쓰다듬기 시작한다.

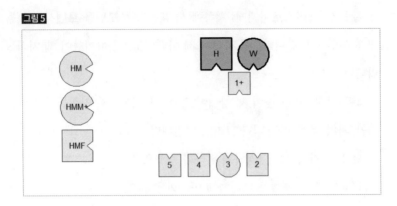

그림 5

헬링거 (잠시 있다가 죽은 자녀에게) 이제 돌아서서 부모님께 두 팔을 둘러보세요. 그리고 부모님이 당신을 안아줄 수 있도록 맡깁니다.

크리스토퍼와 브리짓이 죽은 자녀를 따뜻하게 안아준다.

헬링거 (잠깐 있다가) 부모님이 이 아이에게 말합니다. "사랑하는 내 아들아."

브리짓과 크리스토퍼 사랑하는 내 아들아.

헬링거 "이제 너를 떠나보내마. 사랑하는 마음으로."

브리짓과 크리스토퍼 이제 너를 떠나보내마. 사랑하는 마음으로.

헬링거 "하지만 우리 두 사람 가슴 안에는 언제나 너를 위한 자리가 마련되어 있단다."

브리짓과 크리스토퍼 하지만 우리 두 사람 가슴 안에는 언제나 너를 위한 자리가 마련되어 있단다.

헬링거 "그리고 네 동생들 가슴속에도 너의 자리가 있단다."

브리짓과 크리스토퍼 그리고 네 동생들 가슴속에도 너의 자리가 있단다.

헬링거 (죽은 자녀에게) 지금 어떤 느낌이세요?

첫 번째 자녀 기분이 좋아요. 처음부터 쭉 마음이 편안했어요. 그냥 기분이 좋아요.

헬링거 이제 동생들이 있는 곳으로 가서 서보세요. (자녀들에게) 부모님 맞은편에 서되 태어난 순서에 따라서 자리를 찾아 서보세요. (두 번째 자녀에게) 죽은 형을 보면서 이렇게 말해봅니다. "형이 제일 커요."

두 번째 자녀 (기쁜 표정으로) 형이 제일 커요.

헬링거 "저는 두 번째예요."

두 번째 자녀 저는 두 번째예요.

헬링거 그 말을 하고 나서 느낌이 어때요?

두 번째 자녀 아, 맞아, 바로 이게 빠져 있었던 거야 하는 느낌이 들어요.

헬링거 당연한 일이죠.

첫 번째 자녀 처음에는 아주 슬펐어요.

헬링거 이제 죽은 사람이 얼마나 다정하게 자신들을 바라보고 있는지 가족 모두 알았을 거예요. (브리짓에게) 이제 남편을 바라봅니다. 남편 팔에 팔짱을 끼고서 이렇게 말해봅니다. "당신과 내가 함께 지고 가야 해요."

브리짓 당신과 내가 함께 지고 가야 해요.

헬링거 (크리스토퍼에게) 당신도 부인에게 같은 말을 합니다.

크리스토퍼 당신과 내가 함께 지고 가야 해요.

헬링거 "이제 모든 게 제자리를 찾았어요."

브리짓 이제 모든 게 제자리를 찾았어요.

크리스토퍼 이제 모든 게 제자리를 찾았어요.

헬링거 자, 어떠세요? 마음이 편해졌나요?

브리짓과 크리스토퍼 (긍정의 의미로 고개를 끄덕이며) 예.

헬링거 좋습니다. 여기서 마무리를 짓도록 하지요.

크리스토퍼 예.

브리짓 고맙습니다.

┅▶ 브리짓과 크리스토퍼를 대상으로 한 치유 작업은 224쪽에서 이어짐

사산아를 당신의 가슴 안으로 받아들입니다

◀┅ 175쪽에서 진행된 일카와 홀든의 치유 작업이 계속 이어짐

홀든 방금 전 진행된 세션을 보면서 가슴이 너무나 뭉클했어요. 저희도 사산아를 낳은 경험이 있거든요. 저는 그 일에 늘 냉정을 유지했고, 그러면서 그게 저한테 아무런 영향도 끼치지 않는다고 생각했어요. 이제야 제 생각이 얼마나 잘못된 것인지 알게 되었어요.

헬링거 그렇군요. 이제 어떻게 할 생각인가요?

홀든 뭘 해야 할지 저도 잘 모르겠어요.

헬링거 지금부터 죽은 아이를 바라봐 주세요. 그 당시에 아이를 봤나요?

홀든 예.

헬링거 아이에게 "너를 내 자식으로 받아들인다"라고 말해보세요.

홀든 너를 내 자식으로 받아들인다.

헬링거 "그리고 너를 내 가슴으로 받아들인다."

홀든 그리고 너를 내 가슴으로 받아들인다.

헬링거 "네 아버지로서 말이야."

홀든 네 아버지로서 말이야.

홀든과 그의 아내의 눈시울이 젖어 있다.

헬링거 지금 그 아이의 느낌이 어떨 거라 상상이 되세요?

홀든 (미소를 지으며) 제 딸은 꼬맹이 여자애예요.

헬링거 (참여자들 전체에게) 이제 이분은 죽은 딸에게 부성애를 느끼고 있군요. 참으로 아름다운 일이에요.

홀든의 부인도 미소를 지은 채 흐느껴 울기 시작한다.

홀든 제가 또 한 가지 알아챈 게 있는데······

헬링거 아니, 지금은 더 이상 아무 말도 하지 마세요. 그냥 이대로 두세요. (홀든의 부인에게) 당신이 그 상태에 머물 수 있도록 두겠습니다. 당신 가슴속에서 변화가 일어나고 있다는 게 명백하게 보이는군요. (홀든에게) 부인의 어깨에 팔을 둘러보세요.

일카가 홀든의 어깨에 기대어 울기 시작한다.

헬링거 그 아이가 두 분 사이에서 휴식을 취하고 있다고 상상해 보세요. 부모의 무릎에 앉은 아이가 부모의 가슴 안으로 받아들여지고 있다고 말이에요.

홀든이 그 아이라도 되는 것처럼 일카가 남편의 손을 쓰다듬는다.

죽음에 대한 동의

헬링거 영혼은 깊은 차원에서 죽음에 동의합니다. 그뿐 아니라 생명이 근원에서 나왔고 또 언젠가는 그곳으로 돌아가게 되어 있다는 것에도 동의합니다. 우주에는 이 근원을 향해서 사람들을 이끌어가는 내적 움직임이 있습니다. 이 움직임은 지극히 민감하며, 우리는 누구나 이 움직임을 존중해야 합니다. 그러나 이러한 움직임을 적대시하는 사람들이 있습니다. 그들은 120살까지 살고 싶어 합니다. 예컨대 그들은 나이 80살에 좀 더 오래 살겠다는 생각으로 조깅을 시작합니다. 영혼의 눈으로 보면 우습기 짝이 없는 모습을 연출하는 것이죠.

영혼은 그러한 것을 요구하지 않습니다. 영혼은 때가 되면 근원으로 돌아가기를 원합니다. 자존감을 가지고 노화를 받아들이는 사람, 그리고 이 움직임에 순응하는 사람은 때가 되면 평화롭게 근원 안으로 스며들게 됩니다. 그때 생명은 마침내 제 일을 완료하게 되고요. 물론 너무 일찍 생명의 근원으로 돌아가고 싶어 하는 사람들도 있습니다. 그건 영혼에 대한 배반 행위입니다. 영혼은 각자에게 허락된 시간을 모두가 온전히 살아내기를 원합니다.

(홀든과 일카에게) 어떤 사람들에게는 허락된 삶의 길이가 아주 짧은 경우도 있습니다. 두 분의 사산아처럼 말이에요. 때로 사람들은 단명

하는 것보다 장수하는 것이 낫다고 주장하기도 합니다. 예컨대 숨 한 번 내쉬는 걸로 생을 마감한다거나 그조차도 살아보지 못하고 죽는 것보다 오래 사는 게 훨씬 낫다고 말이지요. 하지만 존재의 근원에서 보면 100년을 산 사람과 1초를 산 사람 사이에 아무런 차이도 없습니다. 그게 무슨 차이점을 만들어낼 수 있겠습니까? 근원에서 보면 모든 사람이 다 그 품 안에 들어 있으니까요. 그러므로 오래 사는 것이 짧게 사는 것보다 낫다는 우리의 오만한 태도를 버려야 할 필요가 있습니다.

사산된 아이 혹은 일찍 죽은 아이가 가족 구성원의 한 사람으로 포함되지 못하면 가족체 전체에 끔찍한 영향이 미칠 수 있습니다. 최근 독일에서는 사산아의 이름을 가족 문서에 올리면 서류 작업이 너무 많아진다는 내용으로 가이드라인을 발표한 바 있습니다. 그러한 태도는 두말할 것 없이 그릇된 행위입니다. 일찍 죽은 자녀가 있는 가족체를 대상으로 한 세션에서 볼 수 있듯이 이 아이들은 가족체 전체에 큰 영향을 끼치는 중요한 사람들임을 알 수 있습니다.

어린 나이에 죽은 아이들이 가족체 안에서 적합한 자리를 찾을 때, 살아있는 사람들 혹은 살아남은 사람들이 오만하지 않은 태도로 삶을 살아갈 수 있습니다. 그들은 죽은 사람들에게 큰 존경심을 느끼게 됩니다. 그러지 않으면 그들은 살아가는 동안 자신이 생명을 누릴 자격이 없다는 느낌을 갖게 될 겁니다. 하지만 죽은 사람들이 존중받으면 살아있는 사람들을 다정한 눈빛으로 바라보게 되지요.

····﹢일카와 홀든을 대상으로 한 치유 작업은 276쪽에서 이어짐

또 한 차례의 나눔이 끝나고.

죽은 아이가 그저 평범하게 가족 안에 머물 수 있도록 해주면 된다

←⋯205쪽에서 진행된 브리짓과 크리스토퍼의 치유 작업이 이어짐

크리스토퍼 전 지금 굉장히 긍정적인 느낌이 들어요. 세션을 통해서 조부모님, 특히 할머니와 죽은 아이가 제 안에 자리를 잡게 되었어요. 그 두 사람의 현존이 느껴지고 그들에 대한 이미지가 제 안에 새로 생겼어요. 하지만 브리짓과 제 가족 문제를 살펴보려고 하면 아직 뭔가 빠진 게 있다는 느낌이 들어요.

헬링거 당신은 부인을 위해 해줄 수 있는 아주 특별한 걸 생각해 내야 합니다.

크리스토퍼가 미소를 지으며 고개를 끄덕인다. 그러자 브리짓도 미소를 지으며 고개를 끄덕인다.

브리짓 기분이 좋아요. 저는 항상 죽은 우리 아이를 가족 안에 포함시키려고 안간힘을 썼어요. 그 아이는 우리 집안에서 불멸의 존재가 되었어요. 저희 집에는 다섯 아이를 그린 커다란 초상화가 있어요. 저희 애들은 친구들에게 큰형 이야기를 해요. 큰아이는 말 그대로 우리와 함께 살고 있어요.

헬링거 그처럼 많은 표지標識가 난무하다니, 좀 의구심이 드는군요.

브리짓 저는 그 아이가 잊히는 걸 원치 않아요.

헬링거 그 아이가 그저 평범하게 가족 안에 머물 수 있도록 해준다면 돼요. 의도적으로 뭘 할 필요가 없습니다.

브리짓 그런 건 할 수 있어요.

헬링거 처음으로 돌아가서 다시 시작하세요.

브리짓 (소리 내어 웃으면서 고개를 끄덕인다.) 예, 좋아요.

다음날 아침 나눔의 시간 도중에.

그가 당신에게 무언가 빚을 지고 있군요

브리짓 어젯밤에 단잠을 잤어요. 지금 머릿속에서 너무나 많은 일이
벌어지고 있는데 그중 몇 가지만…… 사실 묻고 싶은 게 아주 많지만 몇
가지만 묻고 싶어요. 저희가 세션을 통해서 정말로 뭘 배우긴 한 걸까 의
구심이 생겨요. 이처럼 의심이 드는 건 그게 수용적인 태도와 연관성이
있기 때문인데……

헬링거 (말을 중단시키며) 아직 해결되지 않았군요. 남편이 당신에게
무언가 빚을 지고 있어요. 그리고 남편은 그걸 당신에게 줄 준비가 되
어 있지 않고요.

브리짓 어제 남편이 저에게 선물을 주고 싶어 했어요.

헬링거 (말을 중단시키며) 그 이야기는 하고 싶지 않습니다. (크리스
토퍼에게) 당신이 부인에게 무언가 빚을 지고 있는 게 분명합니다. 그게
뭔지는 나도 몰라요. 알고 싶지도 않고요. 하지만 그 일은 질서를 회복해
야 합니다. 사람들 사이의 관계란 주기와 받기의 균형에 따라 아주 민감
하게 반응합니다. 상호 존중의 문제에도 민감하게 반응하고요.

브리짓이 고개를 끄덕인다. 크리스토퍼는 팔짱을 긴 채 앉아 있다.

크리스토퍼 저는 잠을 제대로 못 잤어요. 설명하기가 어려워요. 마치 초점이 안 맞는 사진 같다고나 할까요? 뭔가 초점에서 벗어나 있긴 한데 그게 뭔지 명확하진 않아요.

헬링거 큰 상관은 없습니다. 변화가 모습을 드러내는 데 어느 정도 시간이 걸리니까요.

새로운 이미지가 당신 안에서 작용할 수 있도록 허락하세요

헬링거 당신의 관심을 다른 곳으로 옮겨놓고 싶군요. 새로운 문제가 드러날 때나 새로운 이미지가 계발되는 와중일 때, 우리는 그것을 즉시 행동으로 옮길 수 없습니다. 이건 아주 중요한 내용이에요. 성급하게 결정을 내려서는 안 됩니다. 새로운 이미지가 스스로 제 일을 끝내고 나면 그 다음에 무엇을 해야 할지 명확해질 겁니다. 너무 빨리 행동으로 옮기려 들었다간 당신 영혼보다 앞서가게 되고 새로운 이미지는 당신에게서 멀어질 겁니다. 그러니 경솔한 결정이나 성급한 행동을 하지 않는 게 중요합니다. 그냥 과거와 똑같이 해나가면 됩니다. 상황이 유리알처럼 명료해질 때까지 어떤 변화도 의도적으로 만들지 않도록 하세요. 때로 당신이 알아채지 못하는 가운데 상황이 변화될 수도 있습니다. 다시 말해 에고의 강요가 없을 때 저절로 변화가 일어나게 됩니다.

크리스토퍼와 브리짓이 동의의 의미로 고개를 끄덕인다.

당신은 나에게 누군가를 떠올리게 해요

할 세션을 지켜보고 있자니 잠시지만 저 여자분이 제 누이를 떠올리게 하더군요. 저분이 눈물을 쏟아낼 때도 그 두 눈이 꼭 제 누이의 눈처럼 보였어요.

헬링거 아니요, 그렇지 않아요. 저 여자분의 눈은 당신 누이와는 완전히 달라요.

할 비슷한 구석이 있다니까요.

헬링거 그건 완벽한 망상이에요!

할 하지만 저분의 두 눈이 제 누이를 상기시켰어요.

헬링거 "당신은 저에게 누군가를 떠올리게 해요" 식의 문구는 그 사람과 아무 상관도 없는 일에 그 사람을 끌어넣기 위한 사악한 속임수에 불과합니다. 예를 들어 "당신을 보면 제 아버지가 떠올라요"와 같은 표현이 그런 경우죠. 만일 내가 아버지와 문제를 겪고 있을 경우, "당신이 내 아버지를 떠올리게 하니까 나는 당신에게 모든 걸 다 쏟아내고 말 거예요"라고 말하는 것과 같습니다. 그건 아주 고약한 짓입니다.

할 그냥 잠깐 그런 생각을 한 것뿐이에요.

헬링거 1분이었다 해도 과합니다. 특히 배우자를 향해서 "당신은 나에게 누군가를 떠올리게 해"라고 말한다면 부부 관계는 실제로 타격을 받습니다. 그러니까 "당신은 나에게 누군가를 떠올리게 한다"는 식의 말은 땅속에 묻어버리는 게 좋습니다. 그 외에 또 할 말이 있나요?

할 지금은 없어요.

헬링거 방금 전에 작은 교훈 하나를 얻으셨나요?

할이 미소를 짓는다.

다음날.

사랑으로부터 잠시 휴식

할 버트, 저는 당신이 어제 교훈을 얻었느냐면서 저에게 이야기한 것들을 받아들이기가 좀 어려워요. 당신이 뭘 말하고자 하는지 충분히 이해해요. 하지만 그 말을 받아들이기는 쉽지가 않네요. 이런 제 태도가 무엇과 연관되어 있는지 잘 모르겠어요.

헬링거 그게 좋은 교훈이었나요?

할 그 자체는 맞다고 여겨져요.

할과 마리온이 소리 내어 웃는다. 그러다 할이 감정적인 목소리로 말을 이어간다.

할 오늘 아침 저희 두 사람이 말다툼을 했어요. 정말 전형적인 부부싸움이었죠. 저희 둘은 평소 잘 지내다가도 어느 날 갑자기 무슨 문제로 논쟁을 벌이기 시작해요. 그러다 보면 완전히 통제력을 잃고 지금 무슨 일이 벌어지고 있는지 상황 파악이 전혀 안 되는 지경이 되고 말죠. 어째서 이런 일이 계속해서 일어나는지 이해할 수가 없어요.

헬링거 부부간의 말다툼에 대처하는 방법이 그림 형제의 동화책에 나와 있어요.

할 하지만 저는 이런 상황이 일어나는 원인을 알고 싶어요.

헬링거 나는 당신이 그 상황을 어떻게 대처할 수 있는지 말해줄 수는 있지만 그 원인에 대해서는 말할 생각이 없어요. '용감한 어린 재단사' 이야기를 아세요?

할 대강은 알아요.

헬링거 용감한 어린 재단사가 유니콘의 공격을 받게 되죠. 그때 어린 재단사가 어떻게 했는지 기억하세요?

할 아뇨.

헬링거 한 걸음 옆으로 비켜섰어요.

할이 마리온을 쳐다보더니 두 사람이 호쾌하게 웃음을 터뜨린다.

헬링거 동의하세요? 더 할 말이 있나요?

할 없어요.

마리온 전 지난밤에 아주 잘 잤어요. 그런데 새벽에 끔찍한 꿈을 꾸고 나서는 기분이 썩 좋지 않았죠. 그러다 아침에 말다툼을 하게 되었고, 지금은 짜증이 올라오면서 기분이 언짢은 상태예요.

헬링거 당신은 그 상태를 즐기지 않나요?

마리온 가끔은요. (소리 내어 웃는다.)

헬링거 그럴 줄 알았어요.

마리온 하지만 이번에는 아니에요. (미소를 짓는다.)

헬링거 기분 나쁜 상태에 머무르는 게 당신에게 기쁨을 준다면, 당신 배우자는 이따금씩 "당신을 위해서 기꺼이 이 상태를 견뎌볼게요"라고 말해주면 되겠군요. 그 역시도 어려운 상황에 대처하는 한 가지 방법이 긴 해요. (참여자들 전체에게) 어떤 사람들은 잠시 사랑하길 멈추고 쉬는 시간을 필요로 하기도 해요. 부부 사이의 싸움이란 대개 거리두기와 관련되어 있습니다. 싸움에 말려들게 됨으로써 두 사람은 서로에게서 약간의 거리를 확보할 기회를 얻게 되거든요.

마리온 맞아요, 그런 것 같아요.

헬링거 그 외에 더 할 말이 있나요?

마리온 없어요.

몇 시간 뒤.

말다툼은 부부 사이에 자기 공간을 만들기 위한 방법이다

마리온 아침에 당신이 한 말 때문에 좀 힘드네요.

헬링거 내가 뭐라고 했는데요?

마리온 둘 사이의 사랑이 너무 커지면 거리를 만들기 위해 싸움을 한다고 했죠. 저는 그런 건 원치 않아요. 저희 두 사람은 아침 내내 싸움을 벌였고 지금은 서로에게 좀 가까워지고 싶어 해요. 하지만 잘 안 되네요.

헬링거 친밀감과 거리감은 한 몸입니다. 인간 관계에서 두 사람이 너무 가까워지면 적절한 거리를 다시 확보하기 위해서 말다툼이 시작되죠. 그렇게 하고 나면 두 사람은 다시 서로를 향해 가까이 다가갈 수 있게 되고요. 이 두 상황이 번갈아 발생하는데요, 대개 부부들을 보면 싸움이 있고 난 뒤 모든 게 더 나아지더군요.

마리온과 할이 소리 내어 웃는다.

마리온 어쩌면 그 세 번째 부분이 아직 도착하지 않았나 봐요.

헬링거 그런 것 같군요.

할 저 역시 저희 둘의 싸움에 대해 생각해 봤는데요, 아무래도 그게 뭔가를 시작하는 동기가 서로 근본적으로 다르기 때문인 것 같아요. 그러니까 제 말은 서로에 대한 존중이 너무 약하다는 겁니다.

헬링거 그런 게 문제라면 해결책은 간단합니다.

할 정말요?

헬링거 어떻게 하면 되는지 아세요?

할 아뇨.

헬링거 부인의 기분이 좋아질 만한 것 세 가지를 매일 말해주는 겁니다. 당신이 다 알고 있는 걸로요. 굉장히 쉽죠.

할 시도해 봐야겠네요.

좋은 것은 물론 나쁜 것의 경우에도 균형을 맞추어야 한다

헬링거 말다툼의 가장 큰 원인은 주기와 받기 사이의 불균형 때문이에요. 부부 관계는 사랑을 기반으로 세워졌습니다. 이쪽이 저쪽에게 무언가를 주면 저쪽은 일종의 압박감을 느끼게 됩니다. 그러니까 선물이 우리에게 압력을 행사하는 셈이죠. 받은 사람은 이제 무언가를 상대에게 돌려줌으로써 이 느낌에서 벗어나기를 원하게 됩니다. 사랑하기 때문에 받은 사람은 조금 더 얹어서 상대에게 돌려주게 되지요. 이제 선물을 받은 상대방 역시 균형을 맞추고자 하는 압박감을 느끼면서 상대에게 돌려주고자 하고, 여기서도 사랑하기 때문에 받은 것보다 조금 더 얹어서 주어야 합니다. 이런 식으로 매번 교환이 반복될 때마다 사랑은 점점 더 커집니다. 그게 바로 행복의 경제학 혹은 긍정적인 교환입니다. 그러한 교환을 통해 두 사람은 서로에게 더욱 강한 결속감을 느끼게 되지요. 단점이 있다면 결속감이 커갈수록 개인의 자유 폭은 줄어든다는 겁니다. 하지만 우리가 얻는 이득에 비한다면 아주 작은 값에 불과합니다.

마리온이 고개를 돌려 할을 쳐다본다.

헬링거 맞아요, 남편을 바라보세요. 그건 누구에게도 피해를 주지 않거든요.

마리온과 할이 미소를 짓는다.

헬링거 방금 전 말씀드린 것은 쉬운 교환법이고, 이제 어려운 교환법입니다. 종종 한쪽이 상대방에게 상처가 되는 행위를 할 때가 있습니다. 이때 역시 상처를 받은 사람은 균형을 맞추고자 하는 압박감에 시달리고, 그래서 상처를 돌려주는 행위를 하게 됩니다. 자신의 복수가 정당하다는 느낌 때문에 그는 처음 받은 것보다 조금 더 얹어서 상대에게 주게 되지요. 균형이 완전히 딴 방향으로 흘러가기 시작하는 거죠. 이제 돌려받은 사람은 자기가 받은 것보다 상처를 조금 더 얹어서 돌려줘야 한다는 압박감을 느끼게 돼요. 그렇게 균형을 맞추기 위한 상처 주고받기가 점점 더 커져갑니다. (마리온과 할에게) 익숙한 이야기인가요?

　할 예, 익숙합니다.

마리온이 동의의 의미로 고개를 끄덕인다.

　헬링거 이 경우에도 교환이 이루어졌지만 이건 부정적인 교환이죠. 이처럼 상처를 주고받는 교환은 부부 관계를 파괴시킬 수 있습니다. 이러한 교환 역시 긍정적인 교환처럼 부부를 묶어주긴 하지만, 둘 사이의 차이점은 행복이 쌓여가는 결속이 아니라 불행이 커져가는 결속이라는 겁니다. 이러한 부정적인 교환 행위를 해결하는 방법은 돌려줄 때마다 조금씩 얹는 게 아니라 줄이는 겁니다. 즉 균형의 회복을 위해서 돌려주되 받은 것보다 조금만 줄여서 돌려주는 거지요.

　균형은 용서하는 것으로 회복되지 않습니다. 용서는 교환은 물론 부부 관계까지 파괴시킵니다. 예컨대 내 배우자가 나에게 상처 주는 행위를 했을 때, 내가 그 사람에게 "우리의 사랑을 위해서 나도 똑같이 당신에게 상처 되는 행위를 할 거예요. 그리하여 우리 관계가 파괴되지 않도록 말이에요. 하지만 사랑하는 마음에서 당신에게 조금 덜 줄 거예요"라고 말을 합니다. 이 조금 덜 주는 행위가 긍정적인 교환이 시작되는 길을 열어줍니다.

　조금만 주의 깊게 들여다보면 여러분도 단박에 알 수 있을 거예요. 누가 긍정적인 교환을 하는 부부이고 누가 부정적인 교환에 집착하는 부부인지 말입니다. 그 해결은 상처가 되는 교환을 긍정적 교환의 길로 돌아서도록 방향을 틀 수 있느냐 여부에 달려 있습니다. 긍정적 교환 쪽으로 가기 위해서 핸들을 크게 돌릴 필요도 없습니다. 아주 조금만 긍정적 교환 쪽으로 방향을 틀어주면 됩니다. 부부가 이렇게 할 수 있다면 금방 두 사람 사이에 고요한 평온이 자리 잡게 될 겁니다.

한쪽이 다른 한쪽에게 줄 수 있는 최고의 선물은 존중과 존경심입니다. 이 말은 상대방을 있는 그대로 바라보고 인정한다는 뜻입니다. 그것이 관계가 성공하는 데 가장 중요한 요소입니다. 흔히 사람들은 상대방이 내 요구에 응해 변화를 약속할 때 존경심을 표현합니다. 이처럼 조건화된 존경심 따위는 머릿속에서 당장 지워버리는 게 좋습니다.

(마리온과 할에게) 배우자가 어떤 모습이든 그게 그 사람에게는 올바른 존재 방식입니다. 그가 그런 사람이 아니었다면 당신은 그를 배우자로 선택하지 않았을 거예요. 마찬가지로 상대방 역시 당신을 선택하지 않았을 테고요. 우리는 각자 자신에게 적합한 방식으로 삶의 길을 열어가야 합니다. 내가 지금과 다른 모습이기를 기대하는 누군가의 압박이 없다면 우리는 아주 자유롭게 자신의 개체성을 꽃피워낼 수 있을 겁니다. 배우자가 나에게 변화를 요구하는 그 순간, 있는 그대로의 내 모습을 유지할 수 있는 권리, 즉 자존감을 저당 잡히게 됩니다. 이해하시겠어요?

할과 마리온이 고개를 끄덕인다.

헬링거 (장난스럽게) 내가 당신에게 교훈을 하나 더 가르쳐드린 건가요?
할 예.

나중에.

할과 마리온 "나는 알고 있었어요."

헬링거 오늘 두 분과 치유 작업을 좀 더 해야 할 것 같은 느낌이 드는
군요. (할에게) 당신이 다루고 싶어 하던 문제가 뭐였죠?

할 지금 정확히 어떤 문제인지 잘 모르겠어요.

헬링거 두 분은 결혼한 상태인가요?

할과 마리온 예.

헬링거 자녀들이 있나요?

할과 마리온 없어요.

마리온 그게 저희의 가장 큰 문제예요.

헬링거 할, 당신의 현재 가족을 세워보세요. 당신과 당신의 부인을요.

그림 1a 남편에 의해서 세워진 가족의 모습

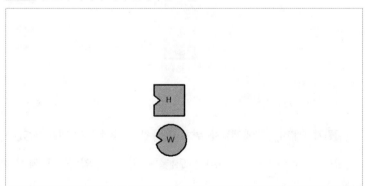

H_ 남편(할) W_ 부인(마리온)

헬링거 (할의 대리인에게) 남자의 느낌은 어떤가요?

남편 조금 외로워요. (옆에 서 있는 부인을 가리키며) 존재감이 거의 없어요.

헬링거 (마리온의 대리인에게) 부인은 어떠세요?

부인 남편을 쳐다볼 수가 없어요. (자신의 왼쪽 어깨를 가리키며) 이쪽으로 한기가 느껴져요.

헬링거 마리온, 당신이라면 이 두 대리인을 어떤 식으로 세우겠어요?

마리온 저라면 다르게 세웠을 거예요.

헬링거 의식을 모은 뒤 순전히 당신의 내적 감각에 따라서 둘의 자리를 찾아봅니다.

그림 1b 부인에 의해서 세워진 가족의 모습

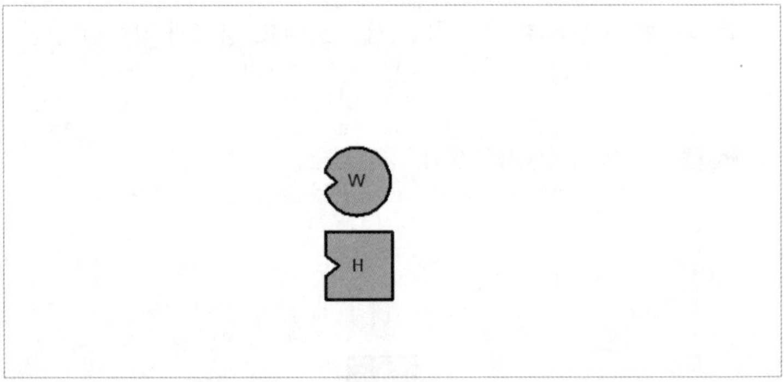

헬링거 (대리인들에게) 자, 위치가 바뀌고 나서 어떤 변화가 있나요?

남편 이게 더 나아요. 아까는 오른쪽이 텅 비어 있다는 느낌이 컸는데, 지금은 아내의 존재가 인식됩니다. 왼쪽으로 누군가의 자리가 비어 있다는 느낌은 들지 않아요.

부인 저도 이 자리가 더 나아요. 몸이 좀 더 펴졌어요. 뭐 그냥 느낌에 불과할 수도 있지만요. 그래도 여전히 남편 쪽은 쳐다볼 수가 없어요.

헬링거 (마리온에게) 당신의 원래 가족 안에 어떤 사건이 있었나요?

마리온 저에게는 네 살 어린 여동생이 있어요. 부모님은 제가 여덟 살 때 헤어졌어요. 이후 아버지는 재혼을 해서 새 부인과 함께 두 명의 아이를 입양했어요. 아버지는 2년 반 전에 암으로 돌아가셨어요. 어머니는 유방암으로 두 번이나 수술을 받았고요. 어머니의 가족 쪽으로 일찍 돌아가신 분이 있었는데 삼촌이 스물한 살 때 가스를 틀어놓고 자살을 했어요. 지금 떠오르는 것은 그 정도예요.

헬링거 부모님 중에 결혼 전 심각한 남녀 관계를 가졌던 분이 있나요?

마리온 아니요, 제가 아는 바로는 없어요.

헬링거 자살을 한 삼촌은 어머니보다 밑인가요?

마리온 예.

헬링거 그게 원인 같지는 않군요. 당신 두 분한테는 어떤 사건이 있었나요? 결혼하기 전 심각한 남녀 관계를 가졌던 사람이 있나요?

할과 마리온 있어요.

헬링거 두 사람 다요? 그런 관계가 몇 차례나 있었나요?

마리온 제 경우는 의미 있는 관계가 세 번 있었는데요, 어느 경우도 아이를 출산한 적은 없어요. 좋지 않은 사건이 한 번 있긴 했지만요.

헬링거 어떤 일인가요?

마리온 세 남자 중 한 명이 술에 취해서 저를 죽이려고 했어요.

헬링거 그 남자의 대리인을 세워보도록 하지요.

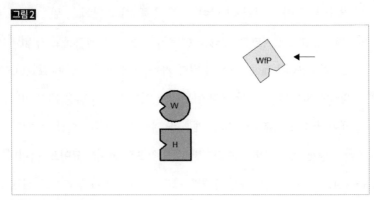

그림 2

WfP_ 부인의 과거 배우자

헬링거 (마리온의 대리인에게) 지금 어떠세요?

부인 온몸에 소름이 끼쳐요. 너무나 무섭고 불안해요. 곧 울음이 터져 나올 것 같고, 마치 덫에 걸린 것만 같아요.

헬링거 (마리온에게) 그 사람을 고발했나요?

마리온 처음에는 하지 않았지만 나중에 경찰의 압력으로 고소장을 냈어요. 그러다 법정까지 가게 되었는데 저는 그때 이미 고소를 취하한 상태였어요. 왜냐하면 그 모든 상황이 제가 감당하기엔 너무 힘들었거든요. 하지만 지방 검사가 그 남자를 상대로 소송을 진행했기 때문에 증인 출석 요청을 받게 되었어요.

헬링거 남자는 유죄 판결을 받았나요?

마리온 모르겠어요. 그 남자가 그것 말고 다른 사건들로도 고소를 당한 상태라 재판이 며칠 계속되었거든요. 그 남자는 약물 소지 및 판매 혐의에다 뺑소니 혐의도 받고 있었어요.

헬링거 당신은 왜 그런 남자와 관계를 맺게 된 겁니까?

마리온 (큰소리로 웃으며) 제가 처음 그 남자를 만났을 때는 그런 걸 전혀 몰랐죠. 그러다 시간이 지나면서 점차 모습이 드러난 거예요.

헬링거 우리는 대개 그런 일을 어느 정도 직감으로 알지요. (잠시 멈춘 뒤) 대리인을 장 밖으로 나오게 하고 당신을 그 자리에 세워보겠습니다. 우선 의식을 중심에 모으도록 하세요. 그런 다음 세션의 장 안으로 들어섭니다. 그 자리에 선 느낌이 어떠세요?

마리온 지금 너무나 불편해요.

헬링거 (과거의 배우자에게) 당신은 어떠세요?

부인의 과거 배우자 심장이 심하게 쿵쾅거리고 있어요.

헬링거 (마리온에게) 저쪽으로 가서 과거의 배우자를 마주보고 서보세요.

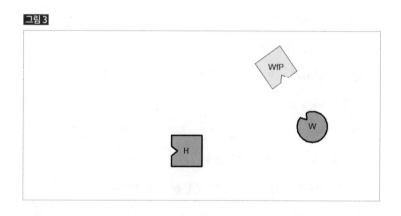

그림3

마리온과 과거의 배우자가 한참 소리 없이 서로를 마주보고 있다.

헬링거 (마리온에게) 이제 남자 옆에 서보세요.

마리온이 과거 남자 친구의 오른쪽 옆으로 가서 선다.

헬링거 그 자리가 어떤가요?

마리온 느낌이 이상해요.

헬링거 어떤 느낌이 드나요?

마리온 굉장히 불편해요.

헬링거 (과거의 배우자에게) 당신은요?

부인의 과거 배우자 감정이 요동치고 있어요.

헬링거 (마리온에게) 다시 남자를 마주보고 서보세요.

마리온이 과거의 배우자를 마주볼 수 있는 자리로 돌아간다.

헬링거 어떠세요?

마리온 아까보다 나아요.

헬링거 남자를 보면서 이렇게 말해봅니다. "나는 알고 있었어요."

마리온 나는 알고 있었어요.

헬링거 "나는 내가 알고 있었다는 사실을 받아들입니다."

마리온 나는 내가 알고 있었다는 사실을 받아들입니다.

헬링거 "하지만 이제는 당신으로부터 물러서고자 해요."

마리온 하지만 이제는 당신으로부터 물러서고자 해요.

헬링거 (마리온에게) 지금 그렇게 하세요. 시선을 남자에게 둔 채 천천히 그 사람으로부터 뒤로 물러나도록 합니다. 뒤로 물러나는 동안 시선을 남자에게서 떼지 않도록 하세요.

그림 4

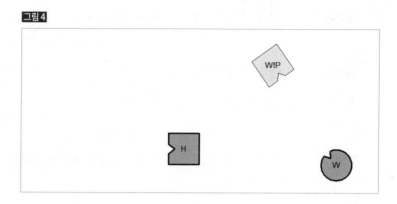

헬링거 지금은 어떠세요?

마리온 (고개를 끄덕이며) 아까보다 더 나아요.

헬링거 (과거의 배우자에게) 당신은 어떠세요?

부인의 과거의 배우자 (깊게 숨을 내쉬며) 기본적으로 이 상태가 편해
요. 하지만 어떤 면에서는 약간 미안함도 느껴져요.

헬링거 여자에게 말합니다. "나는 이제 당신을 떠나보냅니다."

부인의 과거의 배우자 나는 이제 당신을 떠나보냅니다.

헬링거 "나 혼자 지고 갈 겁니다."

부인의 과거의 배우자 나 혼자 지고 갈 겁니다.

헬링거 "그 모든 걸 다."

부인의 과거의 배우자 그 모든 걸 다.

헬링거 그 말을 하고 나니 어떠세요?

부인의 과거 배우자 그게 맞다고 여겨져요.

헬링거 이제 돌아서서 몇 걸음 앞으로 가보세요.

마리온의 전 남자 친구가 고개를 여자에게서 돌린다.

헬링거 (마리온에게) 지금은 어떠세요?
마리온 안도감이 느껴져요.

헬링거가 마리온을 남편의 대리인 뒤쪽으로 몇 걸음 옮겨놓는다.

헬링거 (할의 대리인에게) 처음부터 지금까지 이 과정을 지켜보는 사이 당신 내면에 어떤 변화가 있었나요?
남편 점점 편안해지고 있어요. 처음에는 모든 게 제 등 뒤에서 일어나고 있다는 느낌뿐이었어요. 계속해서 '그냥 거기에 가만히 있으면 돼. 그냥 거기에 가만히 있으면 돼'라는 생각만 맴돌았어요.

헬링거가 할의 대리인을 마리온의 오른쪽으로 옮겨놓는다.

그림 5

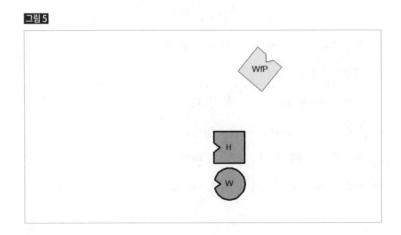

헬링거 (마리온에게) 어떤가요?

마리온 아주 좋아요.

헬링거 (할의 대리인에게) 당신은요?

남편 모든 걸 그렇게 빨리 잊어버리기가 쉽지 않겠구나 싶어요. 저는 여전히 방금 전 상황에 골몰해 있어요.

헬링거 정확히 어떤 상황을 말하는 건가요?

남편 아내가 제 옆에 서 있다는 사실을 받아들이는 것 말이에요. 저 일이 이제 다 끝났다고 손 털고 돌아서는 게 그처럼 쉽지 않을 거라고 생각돼요.

헬링거 (할에게) 이에 대해서 당신은 뭐라고 하고 싶나요?

할 (깊이 생각하는 모습으로) 저는 늘 아내에 대해 약간은 비판적인 느낌을 갖고 있었어요. 하지만 왜 그런지 이유는 모르겠어요.

헬링거가 할에게 세션 내에서 자신의 자리로 가서 서보라고 요청한다.

헬링거 (할에게) 부인을 보면서 이렇게 말해봅니다. "내겐 너무 위험한 일이야."

할 내겐 너무 위험한 일이야.

헬링거 그 말을 하고 나서 느낌이 어때요? 적합한 표현이라고 여겨지나요?

할 아니요.

헬링거 (마리온에게) 이 말이 당신한테는 어떤 식으로 받아들여지나요?

마리온 전혀 받아들여지지 않아요.

헬링거 전혀 받아들여지지 않는다고요?

할이 오랫동안 마리온을 쳐다본다.

헬링거 부인의 말을 듣고 나서는 느낌이 어떠세요?

할 서글퍼요.

할이 계속해서 마리온을 쳐다본다.

헬링거 여기서 마무리를 짓겠습니다.

마리온과 할이 고개를 끄덕이며 각자의 자리로 돌아가서 앉는다. 할이 생각에 잠긴 얼굴로 주변을 둘러본다.

가족세우기 세션은 다음 행동을 위한 처방전을 제공하지 않는다

헬링거 (참여자들 전체에게) 여러분이 꼭 기억해야 할 것은 가족세우기 세션이 다음에 어떻게 행동하면 좋을지 그 처방전을 제공하지는 않는다는 것입니다. "그러니까 이런 행동을 해야 해"라는 식의 처방전은 없다는 말씀입니다. 그건 생산적이지도 않을 뿐더러 모든 책임을 치유사에게 전가하게 만듭니다. 가족세우기 세션은 당신 영혼 안에서 일이 이루어지도록 당신이 허용해야 할 이미지를 제공할 뿐입니다. 이 그림이 무의식 안에서 제 역할을 마치면 어느 순간 영혼은 이제 어느 방향으로 나아갈지 명확히 알게 됩니다. 그러므로 당신이 무엇을 어떻게 해야 한다는 식의 외적 중재는 필요치 않아요. 오히려 당신 영혼이 책임을 다할 수 있도록 내적인 발전을 허용하면 됩니다. 이것은 모든 가족세우기 세션에 해당되는 이야기입니다. 이러한 이미지들은 성장을 위한 원동력이며, 당신은 영혼이 어떻게 대처하는지 알게 될 때까지 기다려야 합니다. 방금 전 세션과 관련해서 질문이나 덧붙이고 싶은 내용이 있나요?

마리온의 대리인 역할 밖에서요?

헬링거 어느 것이든 상관없어요.

마리온의 대리인 마리온이 "나는 알고 있었어요"라고 말했을 때, 모든 긴장이 사라지면서 비로소 제가 역할 밖으로 나왔다는 느낌이 들었어요.

과거 배우자의 대리인 그 역할 안에 있을 때 상당히 흥미로운 느낌이 들었는데요, 비정상적인 흥분이나 설렘이라고나 할까요?

헬링거 그건 아주 중요한 피드백이로군요. (마리온에게) 나는 아까 제안한 문구를 고수할 거예요. 그 문장은 이 상황의 심각성을 강조해 주고 있습니다. 그렇지 않다면 이 모든 게 한낱 게임에 불과할 테니까요.

할과 마리온이 서로를 바라보면서 고개를 좌우로 흔든다.

할 어떤 문장을 말씀하시는 건가요?

헬링거 어떤 문장인지 아주 분명하지 않나요?

할이 미소를 지으면서 고개를 끄덕인다.

행동하기 전 세션의 효과가 내면에 자리 잡을 수 있는 시간을 주라

참여자 가족세우기 세션 후에 제가 뭘 해야 하나요?

헬링거 지금 내가 무슨 말을 해도 상황을 악화시킬 뿐이겠죠. 사람들은 기다릴 줄 모르고 모든 걸 후다닥 결판내려는 경향이 있거든요. 만일 당신이 모든 걸 조급하게 마무리 지으려 한다면, 새로운 이미지를 얻자마자 그 다음에 어떤 행동을 취하면 좋을까 걱정하느라 전전긍긍하게 될 겁니다. 그런 태도는 영혼이 새로운 이해를 반영할 만한 여지를 남겨두지 않는 거예요. 만약 당신이 아무것도 하지 않고 새로운 이미지를 그냥 놔둘 수 있다면, 모든 걸 제자리에 되돌려놓을 기회가 당신에게 찾아올 겁니다. 당신이 굳이 무언가를 해야겠다는 계획을 세우지 않아도 그 기회가 당신을 찾아올 거예요.

이것은 상당히 중요한 이야기입니다. 설사 당신이 여기서 무엇이 옳은 것인지 결론에 이르렀다 해도 지금 당장 뛰어나가서 행위로 옮길 수는 없습니다. 만약 그렇게 한다면 당신은 외적인 영향을 받아서 행동을 취하는 겁니다. 예컨대 치유사인 나의 영향을 받거나 상황에 대한 새로운 이미지의 영향을 받고 행동하는 거지요. 그럴 때 당신은 영혼의 안내를 못 받게 됩니다. 오히려 생각이나 거부 또는 불안감 같은 감정의 지시를 따르게 되지요.

당신이 바로 행동하지 않고 세션의 효과가 영혼 안에 자리 잡도록 허용할 수 있다면, 얼마 후 영혼의 차원에서 변화가 일어나게 될 겁니다. 그러면 당신은 여기서 일어난 현상과 무관하게 다음 행동을 취할 수 있을 거예요. 한마디로 당신은 영혼의 요구와의 일치감 속에서 움직이게 될 겁니다. 그때 취하는 행동이 적합한 행동입니다. 왜냐하면 그때의 행동은 누군가에 대한 복종이나 상황이 빚어낸 결과, 또는 예컨대 치유사인 나에 대한 반발감에서 하는 행동이 아니라, 그야말로 순수한 행동이기 때문입니다. 그게 바로 우리가 따라야 할 길입니다.

행동의 동기와 힘은 당신 자신의 내적 통찰에서 비롯해야 합니다. 다시 말해서 외부의 영향에 의한 것이 아니라 당신 자신의 영혼의 안내에 대한 자동적인 응답이어야 합니다.

상황이 나아지기 전에 더 나빠질 수도 있다

헬링거 때로 가족세우기 세션이 끝난 뒤 상황이 더 나빠질 수도 있습니다. 가족세우기 작업은 습관화된 패턴을 휘젓고 뒤흔들어버리거든요. 간혹 상황을 과거 방식으로 되돌려서 안정을 되찾고 싶은 열망이 영혼 안에 존재하기도 합니다. 그런 경향이 승리해서 과거의 평화로움이 복귀하기도 하고요. 하지만 그런 평화는 아무것도 움직이지 않는 무덤 속의 평화와 같겠지요. 때로 상황이 나아지기 전에 더 나빠지면서 위기가 절정을 향해 치닫기도 합니다. 그 다음에는 모든 게 다시 제자리를 찾게 되고요.

가족세우기 치유 작업의 효과가 나타나기까지 2년이 걸리는 경우도 있습니다. 그러니까 내적 과정이 결실을 맺는 데 그만큼 긴 시간이 걸릴 수도 있다는 말이죠. 그 속도를 빠르게 하려는 시도는 성장 과정을 방해하는 역할밖에 못합니다.

한 가지 예를 말씀드리죠. 어떤 여성이 내게 편지를 보냈습니다. 편지에 따르면 그 여성은 가족세우기 세션이 끝난 직후 몇 년 전 단절을 고

했던 어머니와 다시 만나려고 시도를 했다더군요. 좋은 의도에도 불구하고 그녀가 목표를 이루는 데는 2년의 시간이 걸렸다고 합니다. 소화기관이 완전히 망가져 힘들어하던 이 여성은 자신이 곧 죽게 될 거라고 생각했어요. 음식을 전혀 못 삼키고, 꼭 어린 아기처럼 무기력한 상태였죠. 그 와중에도 그녀는 계속해서 '엄마, 저 좀 도와주세요' 하고 생각했답니다. 그런 상태가 몇 달간 지속되었죠. 나중에야 그녀는 어머니를 다시 만날 수 있었죠.

쉬는 시간이 끝난 뒤.

모든 행위는 결과를 동반하게 마련이다

할 마음이 편안하고 다소 조심스럽기도 합니다. 슬픔도 좀 느껴지고요. 하지만 더 강해진 느낌과 함께 미래에 대해 열린 마음이 되네요. 마음이 활짝 열린 것 같아요.

마리온 집중을 하기가 어려워요. 아마도 제 세션이 저에게 명확한 그림을 제시해 주지 않아서 그런 것 같아요. 예를 들어 그때 언급된 것 중에 왜 제가 그런 남자를 선택한 걸까 하는 거 말이에요. 그 질문이 계속 제 머릿속에서 맴돌고 있어요.

헬링거 나는 그런 말을 한 적이 없습니다. 나는 말을 아주 엄밀하게 사용해요.

마리온 그랬거나 어쨌거나 저는 계속해서 자신에게 왜 그런 남자를 선택했느냐고 묻고 있고 아직까지 답을 얻지 못하고 있어요.

헬링거 나의 관심은 당신이 그 사실을 알고 있었다는 것을 인정하는 데 있었고, 당신이 놓여 있던 상황에 대해서 자기 몫의 책임을 질 준비가 되어 있느냐 하는 데 있습니다. 그게 가장 중요한 문제입니다.

마리온 하지만 저는 여전히 '왜'라는 질문을 놓지 못하고 있어요. 왜 제가 그렇게 한 걸까요?

헬링거 '왜'는 중요하지 않습니다. 행위란 결과를 동반하게 마련이에요. 중요한 것은 당신이 "나는 이렇게 했다. 그리고 그 영향이 내게 끼치는 범주 내에서 그로 인한 결과를 받아들인다"라고 내면 깊은 곳에서부터 말할 수 있어야 한다는 거예요.

잠시 후.

아이가 없는 부부

할 아이를 가질 수 없는 부부는 어떻습니까? 당신이 설명한 새로운 가족체를 그들은 만들 수 없는데 그런 부부는 어떻게 해야 하나요?

헬링거 부부 가운데 한 사람이 자녀를 낳을 수 없는 게 분명할 때, 그 사람은 상대방 배우자에게 그에 따른 짐을 같이 지고 가자고 요구할 수 없습니다. 둘 중 한 사람이 자녀를 낳을 수 있고 자녀를 낳기 원할 경우, 자녀를 생산할 수 없는 배우자는 상대방 배우자를 자유롭게 놓아주어야 합니다. 자신의 특정한 운명 때문에 다른 사람에게 짐을 지울 수는 없는 일입니다. 자존감의 존중을 위해서 각자 자기 몫의 운명의 짐을 지고 가야 합니다. 자녀를 낳을 수 있는 배우자가 어떤 이유로든 결혼 생활을 지속해 나아가길 원할 경우, 상대방 배우자는 그러한 선택을 큰 선물로 받아들이고 존경심을 가지고 배우자를 대해야 합니다.

결속과 사랑은 다릅니다. 결속은 꽤 강한데 둘 사이의 사랑은 매우 약할 수 있습니다. 혹은 그와 반대로 사랑은 매우 강하지만 결속이 약할 수도 있고요. 결속은 성적 결합을 통해서 만들어집니다. 새로운 관계를 맺는데 둘 중 한 사람이 불임 시술을 받은 사람이라면 둘 사이에 깊은 결속이 형성되길 기대하긴 어렵습니다. 이런 경우 두 사람의 관계는 처음부터 가장 중요한 것 한 가지를 배제하고 시작하는 셈입니다.

할 그런 게 운명인가요?

헬링거 누구나 자신의 운명을 살아야 하고, 행위로 인한 결과에 책임을 져야 합니다. 운명이란 자신이 한 선택의 결과를 인정하느냐 아니냐를 말합니다. 행위로 인한 결과에 대해 책임을 지는 사람은 자신의 위엄을 지키는 사람입니다.

약간의 시간이 흐른 뒤.

마리온 아이를 낳을 수 없는 부부와 관련해서 당신이 한 이야기를 생각해 봤어요. 그게 저희 두 사람의 가장 큰 어려움이자, 사실상 제가 어떻게 풀어가야 할지 방법을 찾지 못한 문제이기도 해요.

할 저 역시 이 문제에 대해서 진지하게 생각을 해봤어요. 지금 저는 몹시 허무한 느낌이 들어요. 저는 오래전에 다른 존재의 손(천장을 가리키며) 안에 제 운명을 넘겨주었다고 생각했는데, 지금은 그때보다도 더 괴롭네요.

◂···81쪽에서 시작된 다니엘레와 마티아스의 치유 작업이 계속 이어짐

다니엘레 저 역시 이 문제(아이를 낳을 수 있느냐의 여부)에 대해서 생각을 해봤어요. 제가 외과 수술을 받은 적이 있는데 의사는 그것 때문에 불임이 될 일은 없을 거라고 했지만, 그래도 가능성은 있어요.

헬링거 부부가 그 사실을 받아들이기란 쉽지 않죠. 어떤 일이 벌어질지 우리가 사전에 알 수 없다는 건 어떤 관계에서나 마찬가지예요.

"당신은 살고 싶으세요?"

카렌 저는 좀 더 깊은 차원에서 남편을 신뢰할 수 있었으면 좋겠어요. 그리고 용서할 수 있다면 좋겠어요.

헬링거 어떤 점에서 남편을 용서하고 싶으세요?

카렌 남편에게 다른 여자가 있었어요. 그때는 너무너무 화가 났어요. 어쩌면 이게 제 어린 시절 경험 때문일 수도 있어요. 세 살 때 오랫동안 병원 신세를 졌어요. 퇴원 후에도 1년 동안 증상이 점점 더 악화되었고요.

헬링거 어떤 질병이었나요?

카렌 처음에는 맹장염이었는데 맹장이 반대쪽에 자리 잡고 있었대요. 맹장 수술하고 사흘 뒤 이번엔 대장이 막혀서 다시 병원에 입원해야 했어요. 그 다음에는 뜨거운 국물에 화상을 입어서 몇 주간 또 병원 생활을 했고요. 그 뒤로는 심장 근육에 염증이 생겨 의학적으로 사망 판정을 받았는데 용케 다시 살아났어요. 그 모든 일이 1년 안에 다 벌어졌어요.

아마 그 당시 저는 버림받았다는 느낌을 크게 받았던 것 같아요. 남편에게 다른 여자가 생기면서 어린 시절의 그 아픈 기억이 표면으로 떠올랐어요. 어렸을 때만큼이나 끔찍한 느낌이었죠.

헬링거 살고 싶으세요?

카렌 오랫동안 생명으로의 복귀에 대한 문제와 싸움을 벌이고 있어요.

헬링거 바로 그겁니다. 당신은 아직 돌아오지 않았어요.

카렌 (한숨을 내쉬며) 맞아요.

헬링거 당신이 아직 돌아오지 않았다면 남편에게는 부인이 없는 셈입니다. 나라도 다른 여자를 찾아볼 겁니다.

카렌과 그녀의 남편이 큰소리로 웃는다.

카렌 맞아요, 여기에 머무를 수 있으면 좋겠어요.

헬링거 아까보다는 나은 대답이로군요.

카렌이 소리 내어 웃는다.

버나드 이 세미나에서 제가 얻고 싶은 것은 남자로서의 힘을 받아들이고 되도록이면 카렌과 함께 살아갈 수 있는 능력을 발견하는 거예요.

헬링거 그렇군요. 동의합니다. (참여자들 전체에게) 우리가 서로에게서 배울 수 있다는 건 참 멋진 일입니다. 이 두 분을 통해서도 알 수 있듯이 누군가를 사랑한다는 것은 참으로 복잡한 일입니다. 간혹 우리는 다른 참여자의 사례를 통해서 해결책을 얻기도 합니다. 그리고 그걸 우리 자신에게 적용해 볼 수도 있고요.

다음날.

갇혀 있는 듯한 느낌

버나드 어젯밤 전쟁 포로 수용소를 탈옥하는 꿈을 꿨어요. 온힘을 다해서 벽을 부수고 나왔는데, 어떤 공격성이나 분노도 없었어요. 단지 어떤 값을 치르더라도 나가야 한다는 목적 의식만 있었죠.

헬링거 감옥에 갇힌다는 것과 관련해서 격언 하나가 떠오르네요. 더 넓은 범주에서 본다면 연관성이 있겠다 싶습니다. 지혜로운 사람은 진실을 대할 때 암소가 전기 울타리를 다루듯 대한다는 게 그 격언입니다. 먹을 게 충분할 때는 굳이 전기 울타리 가까이에 갈 일이 없지만, 먹을 게 충분하지 않으면 울타리에 뚫린 구멍이 없는지 찾기 시작하지요. (잠시 멈추었다가) 현명한 사람은 뒷문을 통해 몰래 들어옵니다.

버나드 그 이야기는 나중에 더 생각해 봐야겠는데요.

카렌 과거 남자들과의 관계에 대해서 생각해 봤는데요, 겉보기엔 남자들이 언제나 저를 떠난 것 같지만 가만 생각해 보면 그 반대였어요. 제가 늘 먼저 떠났어요.

헬링거 당신 말이 잘 이해되지 않는군요.

카렌 겉으로 보면 남자들이 저를 떠날 수밖에 없는 타당한 이유가 있었고, 그래서 늘 관계가 끝나곤 했어요. 하지만 관계를 깨뜨린 장본인은 사실상 저였다는 게 갈수록 더 분명해져요. 겉으로는 그렇게 보이지 않겠지만요.

헬링거 아, 그거요, 남자들이 당신을 위해서 그런 거예요.

카렌과 버나드가 소리 내어 웃는다.

얼마간 시간이 흐른 뒤.

발 대신에 날개

카렌 쉬는 시간에 기분이 몹시 언짢았어요. 제가 지금 전반적으로 혼란스런 상태에 있는 것 같아요. 제가 도대체 어디에 서 있는지 모르겠어요. 원래 가족과 함께 있는 것도 아니고, 현재 가족과 함께 있는 것도 아니고…… 도대체 어디에 있는 건지 모르겠어요.

헬링거 어떤 사람들은 두 발 대신 날개를 한 벌 가지고 있기도 해요. 당신도 그걸 알고 있었나요?

카렌 (웃으면서) 알고 있어요.

헬링거 당신은 뭘 가지고 있나요?

카렌 저는 둘 다 가지고 있는 것 같아요. 하지만 발보다는 날개를 더 많이 쓰는 경향이 있어요.

헬링거 바로 그겁니다. 날개의 의미가 뭔지 아세요?

카렌 땅을 박차고 올라가는 것?

헬링거 죽음을 의미합니다.

카렌 (어리벙벙한 표정으로) 죽음이요?

헬링거 발은 생명을 상징하고요.

카렌 그런 주제라면 꽤 익숙해요. 이미 30년 동안이나 그 주제를 안고 살았거든요. 어떻게 해야 제가 두 날개를 접거나 없애버릴 수 있을까요?

헬링거 무게가 좀 나가는 걸 매달고 가면 땅에 발이 닿을 수 있겠죠. 아니면 남편이 당신을 지고 가도록 허락하든가 말이에요.

카렌과 버나드가 서로를 바라보면서 미소를 짓는다.

버나드 "엄마, 저는 아버지 곁에 서 있을 거예요."

헬링거 (버나드에게) 당신의 원래 가족을 세워보도록 하지요.

버나드 부모님이 이혼하시기 전의 가족 그림이요? 아니면 이혼 후에……?

헬링거 (말을 중단시키며) 가족이 세워진 모습은 내적 이미지를 나타냅니다. 물리적인 시간과는 아무 상관이 없습니다. 그냥 당신의 원래 가족을 세워보세요. 형제들이 어떻게 되나요?

버나드 제가 태어나기 전에 어머니는 유산을 두 번 경험하셨어요. 둘 다 3개월째 유산이었대요. 그런 다음 제가 태어났고, 그 뒤로 또 한 차례 유산이 있었어요. 나중에 제 여동생이 태어났고요.

헬링거 당신과 여동생, 그렇게 두 명을 세워야겠군요.

버나드 아버지는 다른 여자와의 사이에서 아이를 한 명 두고 있어요. 우연한 계기로 그 아이에 대해 알게 되었죠.

헬링거 그게 당신 어머니와 결혼하기 전 일인가요?

버나드 결혼 생활 도중에, 그러니까 여동생이 태어난 다음이었어요.

헬링거 나중에 그 아이의 대리인도 세워봐야겠군요. 우선 당신의 부모님, 당신 그리고 여동생까지 네 명으로 시작해 봅시다.

그림1

M_ 어머니 F_ 아버지 1_ 첫 번째 자녀(버나드) 2_ 두 번째 자녀, 딸

헬링거 (버나드에게) 어머니가 자살 시도를 한 적이 있나요?

버나드 아니요.

헬링거 어머니가 자살을 하겠다며 위협한 적이 있나요?

버나드 모르겠어요.

헬링거 당신 느낌은 어떤가요? 어머니가 스스로를 죽이고 싶어 했다고 여겨지세요?

버나드 아니요. 하지만 어렸을 때부터 어머니는 남자에 대한 집착 없이 자식을 낳아 기를 생각이었다고 했어요.

헬링거 그게 이 경우인가요?

버나드 결과적으로는 그렇게 되고 말았네요.

헬링거가 아들과 딸을 아버지의 왼쪽으로 옮겨 세운다.

그림 2

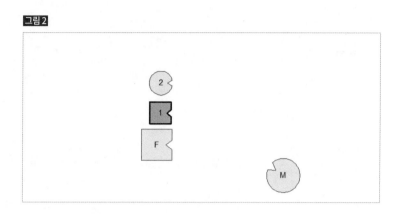

헬링거 (아들에게) 그 자리에 선 느낌이 어떠세요?

첫 번째 자녀 따뜻하고 안심이 돼요.

헬링거 아까 서 있던 자리보다 더 나은가요, 아니면 더 못한가요?

첫 번째 자녀 조금 더 나아요.

헬링거 (딸에게) 딸에게는 이 자리가 어떤가요?

두 번째 자녀 마음이 훨씬 더 편해요. 아까는 어머니에게 끌려가는 것
같은 황홀한 기분이 들면서도 아버지 쪽을 보면 머리가 아팠어요. 지금
은 아주 안정된 느낌이에요.

헬링거 아버지의 느낌은 어떤가요?

아버지 처음에는 정말이지 한기가 느껴졌어요. 지금은 조금 더 안정
이 되네요.

헬링거 어머니는 어떠세요?

어머니 글쎄요, 저 사람들을 처다보지 않는 게 더 나을 것 같아요.

헬링거가 어머니를 다른 사람들로부터 몇 걸음 떨어뜨린 뒤 돌아서
게 한다.

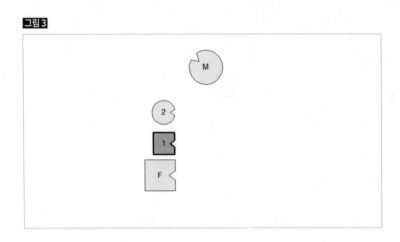

헬링거 그 자리는 어떠세요?

어머니 구름에 휩싸여 있는 것 같아요. 저기 서 있을 때나 여기나 구
름에 휩싸여 있기는 매한가지예요. 별 차이가 없어요.

헬링거 (버나드에게) 어머니의 원래 가족 안에 어떤 사건이 있었나
요?

버나드 어머니의 아버지, 그러니까 외할아버지가 전쟁중에 실종된 걸
로 알려져 있어요.

헬링거가 어머니의 아버지 대리인을 선택한 뒤 어머니 맞은편에 세
운다.

그림 4

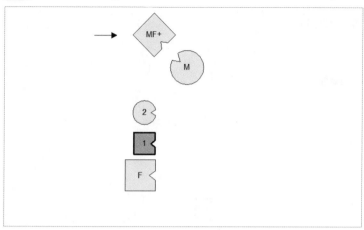

MF+_ 어머니의 아버지(전쟁중 실종됨)

헬링거 어머니는 당신 아버지를 그리워하고 있어요. (어머니에게) 지금 어머니의 느낌이 어떤가요?

어머니 아버지에게 조금 더 가까워진 것 같아요.

헬링거 (버나드에게) 당신의 어머니는 자신의 어머니가 한 것과 똑같은 일을 한 겁니다. 남편 없이 살아가는 것 말이에요. 그게 바로 어머니에 대한 어린 자녀의 신의입니다. 딸은 어머니가 남편을 잃은 것과 똑같이 자신도 남편을 잃게 되기를 시도했던 거예요. 어머니가 남편을 잃은 나이와 비슷한 시기에 같은 일이 벌어진 거죠.

버나드 맞아요. 같은 시기가 맞아요.

헬링거 그게 바로 자녀들의 사랑입니다. 하지만 좋은 해결책은 아니죠.

헬링거가 어머니와 그녀의 아버지를 자녀들이 서 있는 반대편으로 옮겨놓는다. 그런 다음 버나드의 아버지이자 그녀의 남편을 어머니 왼쪽에 세운다.

그림5

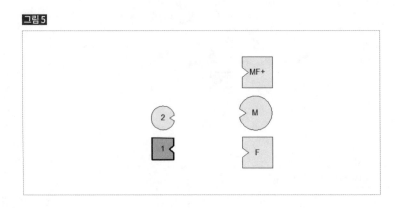

헬링거 (아들에게) 지금 이 상태가 아들에게는 어떤가요?

첫 번째 자녀 아주아주 좋아요.

헬링거 (딸에게) 당신에게는요?

두 번째 자녀 좋아요.

헬링거 (아버지에게) 아버지는요?

아버지 놀랍습니다.

헬링거 (어머니에게) 어머니에게는 어떤가요?

어머니 아버지에게 기대어 힘을 받고 있어요. 남편이 조금 더 가까이 와줬으면 좋겠어요.

헬링거 남편 손을 잡아보세요. 놓친 시간을 따라잡으려면 서둘러야죠.

어머니가 남편에게 팔을 두른다.

어머니 아직 약간 불안한 마음은 있지만 마침내 아이들을 볼 수 있게 되었어요. 그리고 이제는 남편도 보고 싶고요.

어머니가 남편 쪽으로 고개를 돌려 그의 두 눈을 바라본다.

어머니 그렇지만 제 아버지가 여기에 계셔야 해요. 아버지가 가시면 안 돼요.

헬링거 (할아버지에게) 할아버지는 지금 어떠세요?

어머니의 아버지 딸이 남편을 두 팔로 꼭 붙잡고 있는 모습을 보니 제가 한 걸음 뒤로 물러서도 될 것 같아요. 저는 그만큼만 하고 싶어요.

헬링거 딸의 등 뒤로 가서 서보세요. (어머니에게) 어떠세요?

어머니 좋아요. 아버지가 한 걸음 더 뒤로 가셔도 괜찮을 것 같아요.

헬링거 당신이 볼 수 있는 위치에 아버지가 서 계시는 게 좋을 것 같군요.

헬링거가 할아버지를 몇 걸음 왼쪽으로 옮겨놓는다.

그림6

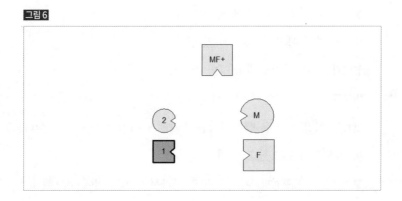

어머니의 아버지 딸의 가족을 한눈에 다 볼 수 있어서 무척 행복합니다.

헬링거 (버나드에게) 일어나서 자신의 자리로 가보세요.

버나드가 장 안으로 들어선다. 그가 두 손으로 얼굴을 가리고 울음을 터뜨린다.

헬링거 (버나드의 얼굴에서 손을 떼어내며) 이 자리에 머물도록 하세요. 당신은 누구를 대신하고 있는 겁니까?

버나드 (할아버지를 가리키며 운다) 할아버지요.

헬링거 할아버지에게 가서 그 품에 안겨보세요.

버나드가 할아버지에게 가더니 품안에 안겨 흐느끼기 시작한다. 그러면서 숨을 깊게 내쉰다.

헬링거 할아버지에게 말해봅니다. "사랑하는 할아버지."

버나드 사랑하는 할아버지.

헬링거 "제가 아버지 곁에 서 있더라도."

버나드 제가 아버지 곁에 서 있더라도.

헬링거 "저를 다정하게 바라봐 주세요."

버나드 저를 다정하게 바라봐 주세요.

헬링거 이 말을 들은 할아버지는 손자에게 어떤 말을 해주고 싶나요?

어머니의 아버지 그래, 당연히 그래야지.

헬링거 (버나드에게) 이제 저쪽으로 가서 아버지 옆에 서보세요.

버나드가 아버지 옆으로 가서 서자 아버지가 팔을 아들에게 두른다. 버나드가 흐느껴 울기 시작한다.

헬링거 (버나드에게) 입을 벌리고 숨을 깊게 쉽니다. 깊게 들이쉬고 내쉽니다.

버나드가 큰소리로 흐느껴 운다.

헬링거 이제 소리 내지 않고 편안하게 숨을 쉽니다. 그리고 아버지에 게서 힘을 얻도록 합니다.

버나드가 깊게, 그러면서 편안하게 숨을 쉰다.

헬링거 이제 어머니를 봅니다. 어머니를 어떻게 부르세요?
버나드 크리스타.
헬링거 어머니를 크리스타라고 부른다고요? 하느님 맙소사!
버나드 예, 저는 열두 살 때부터 어머니를 이름으로 부르고 있어요.
헬링거 "엄마"라고 불러봅니다.
버나드 엄마.
헬링거 "저는 아버지 옆에 서 있을 거예요."
버나드 저는 아버지 옆에 서 있을 거예요.
헬링거 "여기가 제 자리예요."
버나드 여기가 제 자리예요.

헬링거 "제가 아버지 옆에 서 있더라도 저를 다정하게 바라봐 주세요."

버나드 (신음소리를 낸다) 제가 아버지 옆에 서 있더라도 저를 다정하게 바라봐 주세요.

어머니가 고개를 끄덕이면서 다정하게 격려하는 듯한 눈빛으로 아들을 바라본다.

헬링거 보았나요? 당신의 어머니는 달라요. 이머니 역시 동의하고 있어요. 한번 생각해 보세요. 어머니는 심지어 당신 아버지와 결혼까지 하셨어요.

버나드가 소리 내어 웃는다.

헬링거 이대로 마무리를 지어도 되겠습니까?

버나드 예.

버나드가 아버지와 어머니를 한 번 더 껴안는다.

헬링거 (참여자들 전체에게) 이분은 아직 부모님의 격려가 더 필요합니다. 좋아요, 동의합니다. (버나드와 대리인들이 다 자리로 돌아가 앉은 뒤) 부부 관계를 보면서 우리는 종종 누가 비난받아야 할 사람인지 이야기할 때가 있습니다. 부인이 비난받아야 한다거나 남편이 비난받아야 한다거나, 남편이 이렇게 저렇게 하지 않았다거나 부인이 이것저것을 하지 않았다거나 하면서 따져 묻지요. 하지만 방금 전 세션에서 본 것처럼 그 모든 건 무의미한 짓일 뿐입니다. 본질적인 내용은 완전히 다른 차원에서 벌어지고 있기 때문입니다.

버나드와 카렌이 서로를 바라보면서 미소를 짓는다.

헬링거 (참여자들 전체에게) 지금 두 사람이 서로를 굉장히 다정하게 대하고 있군요.

쉬는 시간이 끝난 뒤.

버나드 저는 지금까지 세션의 영향에 대해 생각을 하고 있어요. 마치 제가 어떤 그림자 뒤쪽에서 빠져나온 느낌이에요. 그리고 아버지를 향한 에너지의 물길이 열린 것 같아요. 또다시 감정이 복받쳐 오르네요.
헬링거 괜찮아요. 그 감정은 모두 내적 경험에서 나오는 거예요.
버나드 하지만 그림자가 사라졌어요.
헬링거 참으로 아름다운 이미지로군요.

움켜쥐고 있는 것은 무엇이든 잃게 된다
←⋯38쪽에서 시작된 알렉산드라와 마르쿠스의 치유 작업이 계속 이어짐

마르쿠스 나눔 시간 내내 무언가 조여드는 느낌이 들었어요. 그 전까지는 약혼녀 옆에 앉아 있는 게 아무렇지도 않았거든요.

마르쿠스가 알렉산드라를 다정하게 쓰다듬는다.

마르쿠스 어제부터 여기 있는 사람들 모두에게 친밀감이 느껴졌어요. 그 느낌이 참 좋아서 굳이 자기 방어를 하려고 애쓰는 것 없이 이완 상태를 유지할 수 있었어요. 이 느낌을 끝까지 붙잡고 싶어요. 이러다 다시금 미친 일상으로 돌아가면 이 느낌을 잃게 될까봐 마음이 불안해요.

헬링거 움켜쥐기 때문에 잃는 거예요. 행복은 아주 특이한 특성이 있어요. 행복은 언제나 움직이고 싶어 한답니다. (잠깐 침묵하고 난 뒤) 맞나요?

마르쿠스 생각을 좀 해봐야 할 것 같아요. 그 말이 무슨 뜻인지 제대로 이해하진 못했어요.

헬링거 당신을 위해서 한 번 더 말씀드리죠.

마르쿠스 아뇨, 말은 들었어요. 단지 무슨 뜻인지 이해하지 못한 것뿐이에요.

헬링거 당신이 움켜쥐고 있는 것은 그게 뭐든 잃게 마련입니다. 행복을 유지하는 비결은 당신이 만지작거리고 있는 것을 그 자리에 남겨두고 계속해서 앞으로 나아가는 거예요. 당신이 찾아낸 행복까지 포함해서 말이에요. 명확하게 이해되세요?

마르쿠스가 고개를 끄덕인다.

교류는 바라보는 것으로 시작된다

알렉산드라 막다른 길에 다다른 느낌이에요. 저 역시도 저와 마르쿠스 사이의 거리가 점점 멀어지고 있다고 말해야 할 것 같아요.

헬링거 마르쿠스의 두 눈을 들여다보세요.

알렉산드라가 어깨를 들썩이더니 마르쿠스를 바라보며 애정이 담긴 미소를 짓는다.

헬링거 두 분을 보니 그 거리가 그다지 커 보이지는 않는데요.

마르쿠스가 알렉산드라의 목에 입을 맞춘다.

알렉산드라 그럼 다른 문제일 수도 있겠군요.
헬링거 교류는 바라보는 것으로 시작됩니다. 방금 전 당신들이 한 것처럼 다정하게 바라보는 것에서요.

다음날.

"저는 아버지가 그리워요"

알렉산드라 제가 생명을 짐이 아닌 선물로 받아들이기 시작한 것 같아요.

알렉산드라가 바닥을 향해 고개를 숙이더니 울기 시작한다.

헬링거 눈을 뜨고 있어야 생명이 선물이 됩니다.

알렉산드라 태어나서 처음으로 아버지에게 감사하다는 마음을 느끼고 있어요.

알렉산드라가 흐느낀다.

알렉산드라 그냥 막 그리워요.

헬링거 누구를 그리워하고 있나요?

알렉산드라 아버지요.

헬링거 당신은 아버지를 그리워할 수 없어요. 왜 그런지 아세요?

알렉산드라 알아요. 왜냐하면 아버지가 살아계시니까요.

헬링거 왜냐하면 당신이 바로 아버지의 딸이기 때문이에요. 자녀들은 두 분 부모님을 이미 자기 안에 담고 있어요. 참으로 아름다운 발상이잖아요?

알렉산드라 그래요.

헬링거 하지만 당신이 어렸을 때 아버지를 그리워하던 때가 있었을 거예요.

알렉산드라 맞아요. 괜찮다면 제 세션을 해보고 싶어요.

헬링거 좋아요.

어느 정도 시간이 지난 뒤.

알렉산드라 "저는 사생아예요."

알렉산드라 제 원래 가족의 세션을 해보고 싶어요.

헬링거 우리가 여기서 과연 그걸 할 수 있을지 확신이 들지는 않는군요. 당신 결혼식이 코앞인데 정말로 그렇게 할 필요가 있는지 잘 모르겠어요.

마르쿠스가 알렉산드라의 손을 잡는다.

알렉산드라 저희 두 사람 사이에 여전히 무언가 가로막혀 있다는 느낌이 들어요.

헬링거 그게 뭔가요?

알렉산드라 제 아버지요.

헬링거 아버지요? 어떤 면에서요?

알렉산드라 어쩌면 제가 아버지의 축복을 갈망하고 있는 것 같아요.

헬링거 아버지의 동의요? 아버지가 당신 결혼에 반대하나요?

알렉산드라 아니요. 하지만 아버지가 전반적으로 저를 적대시한다는 느낌이 들어요.

헬링거 아버지가 당신을 적대시한다고요? 좋아요. 한번 살펴보도록 하죠.

알렉산드라 저는 사생아였고, 어머니와 조부모님 손에 자랐어요.

헬링거 아, 당신이 사생아였다고요. 그건 특별한 상황에 속합니다. (참여자들 전체에게) 죄악의 훌륭한 열매를 보게 되다니 참으로 아름답지 않나요?

마르쿠스와 알렉산드라를 포함하여 모든 사람이 소리 내어 웃는다.
마르쿠스가 그녀의 목에 입을 맞춘다.

헬링거 좋아요. 가족을 세워보도록 하지요.

그림1

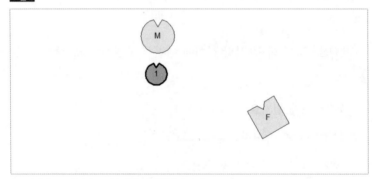

M_ 어머니 F_ 아버지 1_ 첫 번째 자녀(알렉산드라)

헬링거 (알렉산드라에게) 아버지는 현재 결혼한 상태인가요? 아니면
그 당시 유부남이었나요?
알렉산드라 아니요. 아버지는 나중에 다른 여자와 결혼을 했고, 이혼
한 뒤 얼마 전 다시 결혼을 했어요.
헬링거 왜 아버지가 당신 어머니와 결혼하지 않은 건가요? 누가 그들
의 결혼을 원하지 않은 건가요?
알렉산드라 저는 어머니 쪽 이야기만 알고 있는데, 어머니가 결혼하고

싫어 하지 않았다고 해요.

헬링거 어머니는 나중에 결혼을 했나요?

알렉산드라 아니요.

헬링거 이상하군요. 어머니의 부모님은 어떤가요?

알렉산드라 할머니가 유산 경험이 두 번 있으세요.

헬링거 그럼 당신은 조부모님 손에서 자랐나요?

알렉산드라 거의 그랬어요. 그러니까 제 말은 엄마가 계시긴 했지만……

헬링거 어머니는 뭘 했나요?

알렉산드라 일을 하셨어요.

헬링거 (어머니의 대리인에게) 지금 어머니의 느낌은 어떤가요?

어머니 아랫부분이 아파요. 통증이 너무나 심해요.

헬링거 지금 당장 딸을 다른 자리로 옮겨놓아야 합니다.

헬링거가 딸을 아버지 쪽으로 옮겨놓는다.

그림2

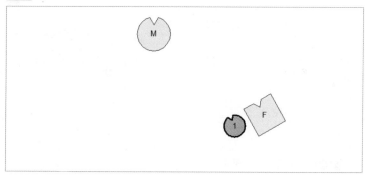

헬링거 (알렉산드라의 대리인에게) 지금 딸은 어떠세요?

자녀 어머니 뒤에 서 있을 때는 계속해서 "내가 도대체 누구지?"라는 생각이 떠나질 않았어요.

헬링거 지금은요?

자녀 지금은 편안해요.

헬링거 아버지는 어떠세요?

아버지 처음에는 딸이 눈에 보이긴 했지만 아무런 느낌이 없었어요. 지금은 가슴에서 느낌이 와요.

헬링거 지금 어머니의 느낌은 어떤가요?

어머니 별로 좋지 않아요. 몸이 뜨겁고 아래쪽은 아프고 양손도 뜨거워요.

헬링거가 어머니를 남편과 딸 옆으로 옮겨 세운다.

그림3

헬링거 지금은 어떠세요?

272

어머니 조금 편해졌어요.

아버지 온몸에 소름이 돋아나네요. 우리가 서로에게 속해 있다는 느낌이 들어요. 셋이 한 몸인 것 같아요.

헬링거 (어머니에게) 어머니는요?

어머니 나아졌어요. 하지만 여전히 몸 왼쪽에 통증이 있어요. 오른쪽은 가볍고요.

헬링거 잠깐 이쪽으로 와서 서보세요.

헬링거가 어머니를 남편의 왼쪽으로 옮겨 세운다. 그리고 딸을 부모를 마주볼 수 있는 자리에 세운다.

그림 4

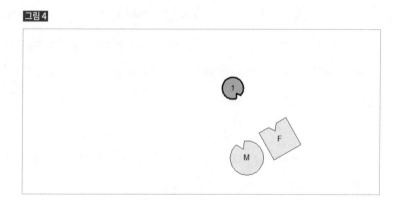

헬링거 지금은 어떤가요?

어머니 이게 더 좋아요.

아버지 여전히 우리 셋이 서로에게 속해 있다는 느낌이 들어요. 따끔한 느낌이 사라졌어요. 더 좋아요.

헬링거 (어머니에게) 남편을 보면서 이렇게 말해봅니다. "저는 제 기회를 놓쳐버렸어요."

어머니 저는 기회를 놓쳐버렸어요.

헬링거 "미안해요."

어머니 미안해요.

헬링거 이 말을 들은 딸의 느낌은 어떤가요?

자녀 가슴이 뭉클해요. 그게 맞다고 여겨져요.

헬링거 (알렉산드라에게) 세션의 장 안으로 들어와서 자신의 사리에 서보세요.

알렉산드라가 눈물을 흘리면서 자신의 자리로 들어선다. 숨을 깊게 내쉬며 미소 짓던 그녀가 갑자기 앞에 있는 아버지에게 다가가 두 팔로 아버지의 목을 감싸 안는다. 알렉산드라가 한참 동안 그 상태로 아버지를 꼭 끌어안고 있다. 어머니의 대리인이 어이가 없다는 표정으로 두 사람을 쳐다보고 있다.

헬링거 (어머니에게) 이 모습을 바라보는 게 힘드세요? 어머니의 가족 안에 무슨 사건이 있었던 게 틀림없어요.

어머니 저는 지금 말로 표현할 수 없는 아픔을 느끼고 있어요.

헬링거가 어머니를 옆으로 몇 걸음 옮겨놓는다. 그런 다음 딸을 아버지 옆으로 옮겨 세운다.

그림 5

헬링거 (어머니에게) 딸에게 "그쪽에 서 있는 게 너한테는 더 나아" 라고 말해봅니다.

어머니 그쪽에 서 있는 게 너한테는 더 나아.

헬링거 "엄마에게 속한 짐은 엄마 혼자서도 지고 갈 수 있어."

어머니 엄마에게 속한 짐은 엄마 혼자서도 지고 갈 수 있어.

헬링거 (알렉산드라에게) 지금 느낌이 어떠세요?

알렉산드라 모든 게 다 맞아요!

헬링거 어머니에게 말합니다. "제가 결혼을 하더라도 저는 여전히 엄마의 딸이에요."

알렉산드라 제가 결혼을 하더라도 저는 여전히 엄마의 딸이에요. (헬링거에게) 두 팔로 엄마를 안아봐도 될까요?

헬링거 물론이죠.

알렉산드라가 두 팔을 어머니의 목에 두른 채 한참 동안 어머니를 껴안고 있다.

어머니 이제 고통이 점점 사라지고 있어요.

헬링거 바로 그겁니다. 여기서 마무리를 짓도록 하겠습니다.

대리인들이 모두 자리로 돌아간다.

헬링거 (알렉산드라에게) 내 이미지에 따르면 어떤 면에서 당신은 결코 어머니를 떠날 수 없어요. 당신은 허락받지 못했어요. 당신 곁에 어머니의 자리를 만들 필요가 있어요. 그리고 어머니는 당신의 승인 혹은 인정을 필요로 해요. 그래도 괜찮나요?

알렉산드라 (고개를 끄덕이며 한 손을 마르쿠스의 어깨 위에 올려놓는다) 예.

헬링거 마르쿠스, 당신도 거기에 동의할 수 있나요?

마르쿠스가 젖은 눈으로 고개를 끄덕인다. 그러고는 알렉산드라를 포옹한다. 알렉산드라가 그의 볼에 입을 맞춘다.

부부 관계는 죽어가는 과정과 같다

←···220쪽에서 진행되던 일카와 홀든의 치유 작업이 이어짐

헬링거 나눔을 계속하도록 하지요.

홀든 어젯밤 저는 당신이 제게 한 말, 제가 아내와 맺고 있는 관계가 어린아이와 어머니의 관계이며, 그게 아내에게 부담으로 작용한다는 말에 대해서 곰곰이 생각을 해봤어요. 어젯밤, 자려고 누웠는데 일카가 일

어나더니 밖에 나가 담배를 피우겠다고 하더군요. 아내는 알베르트 슈바이처의 책을 들고 나갔어요. 저는 침대에 누워서 책을 읽고 있었고요. 한참 뒤에 왜 아내가 돌아오지 않는지 궁금해서 나가봤더니 아내가 다른 방에서 책을 읽고 있더군요. 담배는 피우지 않았어요. 아내가 금방 들어오겠다고 하더군요. 하지만 20분이 지나도 돌아오지 않아 저는 다시 무슨 일이 있는 게 아닌가 걱정이 됐죠. 그래서 옆방에 가봤더니 아내가 여전히 책을 읽고 있더군요.

아내에게 물었죠. "뭘 하고 있는 거야? 우리 이 세미나를 함께하기로 했잖아?"라고요. 하지만 그 순간 제 안에서는 다른 질문을 하고 있었어요. 왜 나랑 같은 방에 있지 않으려고 하냐고요. 제 머릿속은 아내가 저한테 관심을 쏟는 대신 책을 읽고 있다니, 나보다 책이 더 중요하단 말이야, 혹은 저 남자, 책의 저자가 나보다 더 중요하단 말이야 하는 생각으로 가득했어요.

그때 저는 어머니에 대해서 생각해 보기 시작했어요. 어머니가 어떤 사람이었는지 떠올려봤죠. 어머니는 춤추고 글 쓰고 자기 계발을 하느라 아들인 저는 까맣게 잊고 살았어요. 지난밤, 어머니와 아내 사이의 연관성이 제게 분명하게 인식되더군요. 저는 새벽 서너시까지 책상에 앉아서 미친 듯이 글을 쓰기 시작했어요. 이 문제에 관해 대여섯 장이나 글을 썼죠. 그걸 오늘 아침에 가지고 왔어요.

헬링거 부부 관계에 대한 비밀 하나 알려드리죠. 두 사람이 사랑에 빠지면 남자든 여자든 같은 생각을 하게 됩니다. '마침내 내가 늘 원하던 맞춤형 엄마가 생겼다'라고요. 하지만 두 사람은 곧 속았다는 사실을 알게 됩니다. 실망감 속에서 두 사람은 결국 상대방의 진짜 모습을 만날 수밖에 없게 되지요.

이것 말고도 부부 관계에서 아주 중요한 요소가 한 가지 더 있는데요, 부부 관계란 곧 죽어가는 과정이라는 겁니다. 쉼 없는 작별의 과정이라고도 할 수 있어요. 끝에 가서는 나 혼자만 남게 되지만, 수많은 경험 덕분에 그 어느 때보다 풍요로워진 상태가 됩니다.

(홀든에게) 당신은 바로 이와 관련된 것을 경험한 거예요. 내적인 떠나보냄 혹은 내려놓음, 하지만 여전히 현존하는 상태 말예요. 그게 바로 이 경험의 위대함이죠.

홀든이 고개를 끄덕이면서 숨을 무겁게 내쉰다.

헬링거 하지만 내가 좀 전에 말한 것처럼 이 과정은 시간이 걸려요. 모든 걸 한꺼번에 다 떠나보낼 필요는 없어요.

홀든이 소리 내어 웃는다.

사랑, 그리고 사랑의 질서

헬링거 (참여자들 전체에게) 이번 워크숍은 아주 강렬한 과정이었습니다. 마무리를 지으면서 여러분과 같이 사랑 그리고 사랑의 법칙에 대한 몇 가지 생각을 나누고자 합니다.

사랑은 물과 같고

생명의 법칙은 물항아리와 같으니,
법칙은 모든 걸 한데 모아주고
사랑은 낮은 곳으로 흘러가네.

법칙과 사랑은 함께 어우러지니
멜로디가 하모니의 뒤를 따르듯
사랑은 법칙의 뒤를 따르네.

아무리 잘 정돈된 말로 설명해 준다 해도
귀가 불협화음을 거부하듯
영혼도 법칙 없는 사랑을 거부한다네.

사람들은 때로 이 법칙들을
누군가의 의견을 취급하듯 대하지.
마치 마음대로 취할 수도 있고 바꿀 수도 있는 것처럼 그렇게.

하지만 사랑의 법칙들은 그저 주어졌을 뿐이니
우리가 이해하는 것과는 별개로 제 힘을 부린다네.
사람의 생각이 만들어낸 것이 아니요 그저 발견되는 것일 뿐이니
드러난 현상을 보고 영혼이 존재함을 알듯이
사랑의 법칙이 존재한다는 것도
그것이 우리에게 미치는 결과를 보고 알 수 있다네.

여러분 모두가 이 두 가지, 사랑과 이 사랑의 법칙들을 제때에 만날 수 있기를 기원합니다. 여러분 모두의 행운을 빕니다.

세미나가 끝남.

3
사랑과 고통

이번 장은 여러 워크숍에서 버트 헬링거가 부부 관계 안에서 발생하는 기본적인 문제들에 관해 설명한 내용들을 담고 있다. 앞 장의 워크숍에서 나타난 여러 문제들에 대해서도 이 장에서 좀 더 세밀하게 다루어진다.

성공적인 부부 관계

사랑으로 이어진 부부 관계에 대한 염원

삶은 부부 관계의 형성을 목적지삼아 움직여갑니다. 어려서나 사춘기, 청년기의 사람들도 이 목적지에 도달하기 위한 준비 과정에 있는 사람들일 뿐입니다. 그게 바로 대부분의 영화와 소설이 바로 이 시점, 그러니까 남녀 주인공이 서로를 찾아내 함께 살게 되면서 막을 내리는 이유이기도 합니다. 대개 그 뒷이야기는 별 탈 없이 전개되게 마련이지요.

영혼은 부부 관계를 목적지삼아 나아갑니다. 짝과의 결합은 위대한 꿈이자 우리 삶 최고의 성취입니다. 이러한 이유로 우리는 굉장한 기대를 가지고 남녀 관계에 들어서게 되지요. 지금까지 불완전했던 내가 다른 사람과의 교류를 통해서 온전한 전체가 될 거라는 희망에 부풀어서 말예요.

하지만 우리는 그와 같은 온전한 관계에 도달하기까지 제법 많은 장애물들이 우리 앞에 버티고 서 있다는 걸 알고 있습니다. 삶이란 모든 면에서 온갖 어려움과 저항에 맞서 이를 극복해 가는 과정이라는 사실은 그다지 놀랄 일도 아닙니다. 남자와 여자 사이의 관계라고 해서 예외일 수는 없습니다. 사랑으로 이어진 부부 관계라는 목적지에 도달하기까지 만나게 될 새로운 도전거리 앞에서 두 사람은 끊임없는 조정과 재조정 과정을 거쳐야만 합니다.

눈먼 사랑 대 깨어 있는 사랑

우리의 삶은 사랑에서 시작됩니다. 어머니에 대한 사랑, 거기서부터 우리 삶이 시작됩니다. 어머니에 대한 사랑은 우리의 첫사랑이자 두 번 다시 경험할 수 없는 깊디깊은 사랑입니다. 하지만 어느 시점에 이르면 아이는 실망감을 맛보고 그 사랑의 한계를 만나게 되지요. 그러면서 아이는 좀 더 독립적으로 행동하는 법을 터득하게 됩니다. 아이가 성장해서 어른이 되면 이제 어머니를 대신할 중요한 사람을 찾아다니기 시작합니다. 그렇게 여자는 남자를 만나고, 남자는 여자를 만나면서 순식간에 미친 듯이 사랑에 빠지게 됩니다.

이처럼 열정적인 사랑에는 좀 특이한 면이 있는데, 이유인즉 생애 첫 번째 사랑이 빚어낸 극심한 아픔으로 고통스러워하던 남자와 여자가 마침내 그토록 염원하던 완벽한 어머니를 찾아냈다고 믿기 때문입니다! 하지만 이들의 사랑은 장님의 사랑일 뿐, 상대방을 진정으로 볼 수가 없습니다. 그럼에도 모든 사람이 동의하듯 완벽한 어머니를 찾아냈다는 그 느낌은 실로 황홀하기 짝이 없습니다.

문제는 두 사람 다 서로에게 똑같은 기대와 느낌을 가지고 있다는 것입니다. 둘 다 서로를 보면서 마침내 완벽한 어머니를 찾아냈다며 기뻐한다는 말입니다. 그리고 시간이 지나면서 상대방 역시 나와 유사한 욕구와 기대, 요구 사항을 가지고 있다는 사실을 알아채기 시작하고, 이러한 알아차림과 함께 '사랑에 눈먼 드라마'는 끝이 나며 비로소 진짜 사랑이 시작되지요. 이 사랑은 깨어 있는 사랑으로, 상대방을 있는 그대로 바라볼 수 있는 눈을 요구합니다.

한 사람이 '사랑에 빠져' 마침내 이상적인 어머니를 찾아냈다고 믿는다는 것은, 이 완벽한 어머니가 '완벽한 어머니적' 이념에 따라 그 남자 혹은 여자를 새롭게 양육하고 재교육해 줄 것이라고 기대한다는 뜻도 담겨 있습니다. 그리고 이러한 시도는 사랑이 커나가는 데 가장 큰 장애물로 작용하게 됩니다.

만약 현재의 배우자가 당신에게 적합한 사람이 아니라고 생각한다면, 당신은 곧 이 사람을 잃게 될 것입니다. 만약 당신이 배우자를 자기 기대에 맞춰서 개조하기를 원한다면, 당신은 반드시 이 사람을 잃게 될 것입니다. 다른 사람을 개조하려는 의도 뒤에는 내 어머니가 혹은 내 가족이 다른 사람들의 가족보다 '더 낫다'는 비밀스러운 확신이 숨어 있습니다. 다시 말해서 모든 사람이 나처럼, 내 가족처럼 된다면 만사가 태평할 거라는 발상이 들어 있다는 겁니다. 이 말은 곧 온 세상이 내 가족체의 규칙을 따른다면 모두가 화목하게 지낼 수 있을 거라는 뜻입니다. 그리고 세상의 모든 가족체가 이런 종류의 믿음을 가지고 있습니다. 당신이 조금만 주의 깊게 들여다본다면, 모든 가족체가 어려움에 대응하는 자기만의 노하우와 독특한 가족체적 가치관을 가지고 있다는 걸 알게 될 것입니다.

해결책은 두 명의 배우자가 각자의 가족체적 차이점을 인정하고 서로의 원래 가족이 중요시하는 가족체적 가치관에 동등한 가치를 부여하는 것입니다. 그러면 두 개의 원래 가족이 만나 이루어낸 현재 가족의 삶을 풍요롭게 해주는 힘의 원천이 될 수 있습니다.

간혹 내 가족체의 가치관이 배우자의 그것보다 우선시되어야 한다고 주장하는 사람들이 있습니다. 이러한 태도는 부부 관계에 손상을 입힙니다. 남자와 여자가 서로 다르면서 동등한 것처럼 두 개의 원래 가족체 역시 서로 다르면서 동등합니다.

뿌리

더 넓은 범주에서 보자면 부부 관계의 뿌리는 시간을 거슬러 올라가 각자의 첫 번째 조상이 살았던 때에서 출발합니다. 하나의 가족체라는 뿌리에서 태어난 우리는 각자가 속한 가족체적 원천, 가깝게는 나의 아버지와 어머니에 의해서 그 형태가 결정됩니다. 우리는 타고난 원천을 토대로 삶의 도전을 받고 한계점을 만나기도 합니다. 모든 것은 한계를 가지고 있습니다. 가족체도 예외는 아닙니다. 그러므로 부부가 서로 다른 뿌리에서 출발했을지라도 둘만의 공통된 토대를 구축하는 것이 무엇보다 중요합니다.

부부가 맨 처음 맞닥뜨리는 장애물은 한쪽이 상대방의 뿌리가 자신과 다르고 서로 전혀 다른 방식으로 양육되었다는 사실을 인정하려 들지 않을 때 나타납니다. 두 개의 가족체적 뿌리는 하나로 줄어들 수 없고, 언제까지나 두 개의 다른 뿌리로 존재합니다. 남자와 여자는 다릅니다. 그리고 그들의 원천 역시 다르고요. 그러므로 한 사람이 다른 사람에게 동화되는 것이 아니라 둘이 같이 어우러질 수 있는 방법을 찾아야 합니다. 또한 서로 다른 성장 배경을 통합할 수 있는 방법도 찾아야 하겠지요. 이러한 과정의 필수 조건이 바로 배우자의 원래 가족에 대한 인정과 존중 그리고 사랑입니다.

배우자의 가족이 바람직한 모습을 갖추려면 내 가족체처럼 바뀌어야 한다는 생각은 망상입니다. 그런 생각은 처음부터 버리는 게 낫습니다. 배우자의 가족체를 그 불완전함까지 포함해 있는 그대로 받아들일 수 있어야 합니다. 그리고 바로 이 불완전함이 각각의 가족체로 하여금 힘과 동기를 부여해 주는 모체가 된다는 걸 기억해야 합니다.

차이를 존중하다

관계는 차이를 존중할 수 있을 때 시작됩니다. 남자와 여자는 다르지만 똑같이 소중합니다. 둘 사이의 차이점도 마찬가지입니다. 사랑은 이러한 존경심 안에서만 자랄 수 있습니다. 사랑이 자랄 수 있는 토양은 배우자에 대한 존경심과 배우자의 원래 가족에 대한 존경심입니다. 있는 그대로 받아들일 수 있을 때 사랑이 커나갈 수 있습니다.

사랑의 완성

남자와 여자의 성적 결합은 단순히 사적인 사건에 그치지 않습니다. 그것은 동시에 우주적 측면을 담고 있습니다. 성적 결합은 개인적인 쾌

락이면서 동시에 개인의 범주를 한참 뛰어넘어 남자와 여자를 우주적 움직임universal movement으로 이끌어가는 힘을 지니고 있습니다. 남녀 모두가 이러한 우주적 움직임과 연결될 때 사랑의 연합체가 완성됩니다.

사랑의 완성이란 온전한 주기이며 온전한 받기입니다. 자신의 어머니와 친밀한 관계를 맺고 있는 여성만이 성적 결합에 전적으로 자신을 맡길 수 있으며 또한 전적으로 받을 수 있게 됩니다. 이러한 여성성의 획득이란 곧 여자와 친어머니 사이의 연결을 의미합니다. 좀 더 정확하게 설명하자면, 여자가 자신의 어머니와 어머니로서만이 아니라 여성으로서 연결되어 있고, 외할머니와 어머니로서만이 아니라 여자로서 연결되어 있으며, 친할머니와도 어머니로서만이 아니라 여자로서 연결되어 있는 것을 의미합니다.

이러한 연결은 시간을 거슬러 올라가 아주 먼 데까지 이어져 있습니다. 그러니까 한 여성은 수백 수천의 어머니들로 이어진 여자들의 대열에서 가장 마지막 지점에 서 있는 셈이지요. 여자가 이러한 생명의 움직임과 조화로운 관계를 맺고 있을 때, 욕망과 열정의 힘은 물론이고 온전한 주기와 받기 혹은 내맡김과 결합을 위한 힘까지 얻게 됩니다. 또한 여자는 이러한 성적 결합이 자기 삶에 어떤 영향을 끼치든 상관없이 그에 따른 결과에 동의할 수 있는 힘도 얻게 되고요. 이런 차원의 성적 결합은 깊이와 함께 영적인 특성을 지닙니다. 그런 까닭에 나는 이런 식의 성적인 결합을 한 인간의 삶에서 가장 중요한 행위라고 감히 말할 수 있습니다.

남자의 경우도 마찬가지입니다. 자신의 아버지와 친밀한 관계를 맺고 있는 남성만이 성적 결합에 자신을 전적으로 내맡길 수 있을 뿐만 아니라 그 결합을 전적으로 취할 수 있습니다. 이때 남자는 호전적인 성향의 남성적 힘을 갖게 됩니다. 남자는 기본적으로 전사戰士입니다. 나약한 남자는 그러한 성적 결합을 이룰 능력이 없는 사람입니다. 그는 남성적 힘과 연결되어 있지 않기 때문이지요. 전사란 자신의 가족을 지킬 준비가 되어 있고 지킬 수 있는 능력을 갖춘 사람을 의미합니다. 그는 삶을 개척해 나아가며 가족을 지키고 부양하거나 부양에 필요한 도움을 줄 수 있는 사람입니다. 자신의 힘에만 의존하는 남자는 이러한 힘이 결여된 사람입니다.

이 힘은 그의 등 뒤에 서 계신 아버지—아버지로서 그리고 남자로서—에게서 옵니다. 그의 아버지 뒤에는 친할아버지와 외할아버지가 서 계시고, 그 뒤에는 또 다른 아버지들이 서 계실 테지요. 수백 수천의 남자들로 이어진 대열의 끝에 서 있는 남자는 남성적 힘과 조화로움을 유지할 수 있습니다. 그러한 남자는 부인에게 자신을 온전히 바칠 수 있을 뿐만 아니라 아버지들의 힘과 욕망 그리고 열정에 힘입어 부인을 온전히 받아들일 수 있습니다. 그는 또 여자와의 성적 결합으로 인한 결과가 어떠하든 거기에 기꺼이 동의합니다. 이 얼마나 위대한 일입니까! 이런 면에서 성적 결합은 우리가 알고 있는 행위 중 가장 위대한 행위라고 말할 수 있습니다.

완벽한 결합은 상대방이 줄 수 있는 것을 내가 필요로 하고, 상대방이 필요로 하는 것을 내가 줄 수 있다는 사실을 두 사람 다 인정할 때만 가능합니다.

둘 중 한 사람이 아무것도 필요로 하지 않은 것처럼 행동하거나 다른 사람의 욕구를 차단하려고 들 때, 남녀 간의 주고받음은 중단됩니다.

이건 마치 상대방에게 "일단 나는 당신의 욕구가 어떤 것인지 살펴볼 거야. 어쩌면 내가 당신이 원하는 걸 줄 수 있을지도 모르지"라고 말하는 것과 같습니다. 한 사람이 마치 개인적 욕구가 전혀 없는 것처럼 행동하거나 상대방의 욕구를 차단하려고 들 때, 부부 관계는 아주 심각한 손상을 입게 됩니다.

전적인 주기와 받기로 이루어진 행위가 갖는 위대함을 앞에 두고 볼 때 성적 결합은 참으로 보잘 것이 없습니다. 성적 결합은 우리 존재의 심층과의 만남입니다. 부부 관계에서 일어나는 모든 주고받음은 이러한 토대에서 힘을 얻어갑니다.

주기와 받기의 한계

부부 관계에서 한쪽이 상대방에게 주고자 할 때는 상대방이 돌려줄 수 있는 정도에 맞춰서 주어야 합니다. 그렇지 않고 상대방이 돌려줄 수 있는 것보다 더 많이 주면, 받은 사람은 압박감을 느끼고 주눅이 들면서 받은 것보다 더 적게 돌려주게 됩니다. 그로 인해 주기와 받기 사이의 불균형이 커지고요.

나의 배우자가 내가 준 것의 일부만 돌려줄 수 있다거나 내가 준 것에 훨씬 못 미치는 양밖에 돌려받을 수 없다는 사실을 받아들이는 건 고통스러운 일입니다. 간혹 받은 것에 대한 답례로 돌려준 것이 상대방에게 필요치 않거나 상대방이 원치 않는 것 혹은 부부 관계가 성장하는 데 도움이 되지 않는 것일 때도 있습니다. 그때 좀 더 줄 수 있는 능력을 가진 사람은 겸손한 마음으로 주고, 배우자가 돌려줄 수 있는 범위를 벗어나지 않게 주어야 합니다.

한 사람이 이처럼 존중하는 태도를 유지할 수 있다면, 같은 양을 돌려줄 수 없던 배우자도 갈수록 더 많이 줄 수 있게 됩니다. 하지만 배우자가 줄 수 있는 능력이 여전히 부족한 상태로 머물 수도 있습니다. 그런 경우 부부 관계는 끝을 맞이할 수밖에 없지요.

부부 관계는 적정한 양의 주기와 받기를 요구합니다. 그 양이 만족스럽지 못할 때 관계는 시들 수밖에 없습니다.

부부 관계에서의 사랑과 질서

사랑은 가족체적 질서와의 연관성 속에서만 모습을 드러낸다

지극히 강력한 방식으로 한 사람을 점유해 버리는 사랑이 있습니다. 이런 방식으로 사랑을 하는 사람은 사랑이 세상의 보편적인 질서보다 더 강하고 운명보다 더 세다고 생각합니다. 하지만 사랑은 특정한 질서와의 연관성 속에서만 그 모습을 드러낼 수 있습니다. 이러한 질서들에는 우리가 태어난 가족체도 포함됩니다. 가족체 내에 소속된 모든 사람은 존중과 존경을 받을 권리가 있으며, 서열에 비례해서 자리를 얻게끔 되어 있습니다. 예컨대 첫 번째 부인과 두 번째 부인이 있고 또 각각의 부부 관계에서 태어난 자녀들이 있다고 해봅시다. 새로 시작된 부부 관계가 성공하기를 바란다면 맨 먼저 이전 가족체에 속한 모든 사람의 존재를 인정하고 그에 합당한 자리를 줄 수 있어야 합니다.

사랑으로 맺어진 관계 안에도 서열의 질서가 존재한다

사랑으로 맺어진 관계 안에도 서열의 질서가 존재합니다. 먼저, 가족체가 구성되기 위해서는 사랑하는 남녀라는 기본 요소가 있어야겠지요. 그 두 사람이 가족체의 첫 번째 사람들이 되는 부인과 남편입니다. 두 사람은 함께 가족체에 입장했고, 그들 사랑의 결정체로 자녀들이 태어났습니다. 자녀들은 부모의 사랑이 맺은 결실입니다. 그러므로 자녀는 가족체 내에서 두 번째 자리를 차지하게 됩니다.

부부 관계가 부모 자식 관계보다 우선합니다. 남자는 부인에 대한 사랑에서 부성애를 위한 힘을 이끌어내고, 여자는 남편에 대한 사랑에서 모성애를 위한 힘을 이끌어냅니다. 부인이 자녀들 안에 존재하는 남편을 사랑하는 그 마음으로 아이들을 사랑할 수 있을 때 어머니-자녀 관계가 성공할 수 있습니다. 그러니까 모성애가 부부간의 사랑의 연장선상에 있을 때 어머니-자녀 관계가 성공할 수 있습니다. 남편의 경우도 마찬가지입니다. 부모님에게서 사랑하는 부부의 모습을 경험하게 될 때 자녀들은 가장 큰 행복을 맛봅니다. 그 속에서 자녀들은 안정감과 질서를 발견하게 됩니다.

남자와 여자 사이의 사랑만이 부모가 되기 위한 힘의 원천은 아닙니다. 부모의 원래 가족에서 또 다른 힘이 흘러나옵니다. 자녀들은 부모에 대해서 깊은 의무감을 갖게 되는데, 그 이유는 그들이 부모에게서 아주 많은 것을 받지만 돌려줄 게 별로 없기 때문입니다. 그도 그럴 것이 자녀들이 아무리 많이 드리고 또 드린다 하더라도 부모로부터 받은 것과는 균형을 맞출 수 없지요. 결국 자녀는 가족체 내에서 불편함을 느끼게 되고, 이것이 바로 어른이 되어 가족을 떠나고 싶어 하는 이유 중 하나가 됩니다.

자녀들이 주기와 받기의 균형이라는 가족체적 요구를 충족시키기 위한 방법 가운데 하나는 그들 자신의 가족체를 형성해 부모에게 받은 것을 자녀들에게 넘겨주는 것입니다. 내가 받은 좋은 것을 자녀들에게 넘겨주는 행위는 돌려줘야 한다는 부담감을 완화시켜, 성장한 자녀들로 하여금 부모와 동등하게 만날 수 있도록 해줍니다. 부모에게 빚을 지고 있다는 느낌은 그들이 부모 노릇을 하는 데 동력이자 버팀목이 되어줍니다. 세대에서 세대로 이어지는 이런 흐름 안에는 사랑 어린 조화가 자리 잡고 있습니다. 부모로부터 받고 자녀들에게 돌려주기, 그리고 배우자에게 서로 사랑을 조금씩 더 얹어주기가 자녀들에 대한 사랑을 보장해 줍니다.

부부가 헤어진 뒤 각자 새로 결혼을 할 경우, 새로운 배우자들은 상대방의 이전 관계에서 태어난 자녀들이 자신들의 애정 관계보다 우선한다는 사실을 인정해야 합니다. 예컨대 이전의 결혼에서 자녀를 둔 남자에게는 아이의 아버지라는 역할이 첫 번째입니다. 새로운 배우자의 남편이라는 위치는 두 번째 자리입니다. 만일 새 부인이 남편의 자식들에게 질투심을 느끼면서 자신이 아이들보다 우선되어야 한다고 요구할 경우, 가족체적 질서는 방해를 받고 두 사람의 부부 관계는 고통을 겪게 됩니다. 여자가 남편의 자녀들이 자신보다 먼저라는 사실을 받아들이면, 남편은 부인 쪽으로 훨씬 자유롭고 온전하게 돌아설 수 있습니다. 새 부인이 자신과 아이들 사이를 가로막지 않을 것이기 때문입니다.

질문 그렇게 본다면 결혼을 두 번, 세 번 하는 건 그다지 좋은 생각이 아니겠네요?

헬링거 만일 두 번째, 세 번째 결혼이 첫 번째와 똑같을 거라고 믿고 있다면 재혼은 별로 좋은 생각이 아닙니다. 두 번째 관계는 결코 첫 번째 관계와 같을 수 없습니다. 첫 번째 결혼 안에 훨씬 더 복합적인 역동이 작용하기 때문입니다. 하지만 이러한 역동을 존중하는 사람은 두 번째 혹은 세 번째 결혼이라도 분명 더 행복해질 수 있습니다.

세 번째 결혼에서 태어난 자녀

아버지의 세 번째 결혼에서 태어난 세 번째 자녀는 다른 자녀들과의 관계에서 가장 나중 자리에 서야 합니다. 이 아이는 아버지의 이전 결혼에서 태어난 이복 언니나 오빠들이 자신보다 우선된다는 걸 인정해야 합니다. 설사 현재 가족이 부모와 자신으로만 구성되어 있다 하더라도 자신의 자리가 세 번째 자녀의 자리라는 걸 기억해야 합니다. 세 번째 부인에게는 이 아이가 자신의 첫 번째 자식이므로 1번 자리를 차지하게 되겠지요. 그녀와 남편 사이의 사랑이 이 아이를 위한 부모 사랑의 원천이 될 겁니다. 하지만 이전 결혼에서 난 두 명의 자녀에게는 해당되지 않습니다.

새로운 부인은 남편의 이전 배우자들에게서 태어난 자녀들 문제에 끼어들 자격이 없습니다. 여기에 예외는 없습니다. 새 부인은 남편의 자식들에게 가장 적합한 어머니는 그들의 생모뿐이며 자신은 그저 아버지의 새 부인일 뿐임을 알려주어야 합니다. 그녀는 결코 진짜 어머니를 대신하는 자리에 자신을 놓을 수 없습니다. 당연히 진짜 어머니보다 더 나은 어머니로 자처해서도 안 됩니다. 자녀들은 항상 친부모에 대해 신의를 지니고 있습니다. 친어머니가 사망했거나 아이들의 필요에 응할 수 없는 상황에 있을 때만 남편의 새 부인이 대리자 역할을 할 수 있습니다. 자녀들이 아직 어릴 때는 더 그렇습니다.

혼외정사로 태어난 자녀

결혼 생활중 한 사람이 혼외정사로 자녀를 낳을 경우 대개 부부 관계는 끝나고 맙니다. 혼외정사로 가진 아이를 낙태하게 되더라도 그러한 결말은 바뀌지 않습니다. 자녀를 생산한 새로운 관계가 새로운 가족체를 형성하게 되고, 새 가족체는 현재 가족체보다 우위를 차지하게 됩니다. 그러므로 부부 관계는 사실상 끝나게 되는 거지요. 지나치게 단호한 법칙처럼 보일 수도 있지만 이는 가족체적 무의식을 지배하는 법칙 가운데 하나입니다. 이러한 법칙들은 우리의 편의나 선호에 따라 변경되는 게 아닙니다.

지금 나는 관찰을 통해서 알아낸 것들을 전달하고 있을 뿐이고, 아직까지 이와 반대되는 경우를 목격한 적은 없습니다. 다시 말하건대 새로운 가족체가 오래된 가족체보다 높은 자리를 차지하며, 새로운 가족체는 자녀가 태어남으로써 형성됩니다.

자녀가 없는 부부의 돌려주기

질문 앞서 당신은 새로 자신의 가족체를 만들어 자기가 받은 것을 자녀들에게 전해줌으로써 부모에게 빚진 느낌에서 벗어날 수 있다고 했는데요, 자녀가 없을 경우에는 어떻게 해야 합니까? 부모에게 진 빚에서 어떻게 벗어날 수 있나요?

헬링거 당신이 부모로부터 받은 것을 전달해 주는 역할을 좀 더 확장된 영역에서 할 때 그 부담감에서 벗어날 수 있습니다. 한 가지 예를 들어보도록 하지요. 오늘날 일하는 여성들이 주기라는 행위보다는 자신의 경력을 쌓는 데 더 큰 비중을 두는 모습을 많이 볼 수 있습니다. 그런 경우에 영혼은 나약해집니다. 영혼 안에서 중력 상실 같은 현상이 일어나는 거지요. 반대로, 일하는 여성이 자신의 경력을 좀 더 나은 일을 하기 위한 징검다리로 여긴다면, 자신을 위해서는 물론 더 큰 범주에서 더 나은 일을 하기 위한 방법으로 말이에요, 그럴 때는 영혼에 아주 다른 영향을 끼치게 될 겁니다. 남자의 경우도 마찬가지고요.

결혼하지 않고 지속되는 장기간의 동거

남녀 관계 안에는 일종의 내장된 방향성이 있습니다. 어느 정도 시간이 지나고 나면 남녀는 서로에게 헌신해 줄 것과 사랑이 변치 않을 것을 요구하게 마련입니다. 이러한 방향 전환은 두 사람의 관계성에 대한 확정적 결단을 의미합니다. "우리는 한 몸이다"를 분명하게 선언하는 결혼이 여기에 해당됩니다.

남녀 가운데 한 사람이 이 단계로의 이행을 미루려고 한다면, 이는 상대방에게 "나는 혹시 좀 더 나은 사람이 나타날까 싶어서 기다리고 있는 중이야"라고 말하는 것과 같습니다. 이러한 태도는 상대방에게 상처가 됩니다. 그러므로 시간이 지나면서 장기간의 동거가 살아남을 가능성이 줄어드는 건 자연스러운 결과라고 할 수 있지요. 결혼을 하지 않은 남녀 관계란 마치 "당신은 나에게 충분치 않아요"라고 말하는 것과 같습니다. 결혼은 서로에게 "당신은 저에게 적합한 사람이에요"라고 말하는 것과 같고요.

물론 오늘날에는 이 외에도 여러 가지 변수가 존재하는 게 사실입니다. 우리는 이러한 결속이 덜 요구되는 한편 자유가 더 높게 평가되는 시대에 살고 있습니다. 하지만 이런 자유는 공허감이라는 값을 지불해야 합니다.

결혼이라는 끈으로 묶이기로 동의하는 것 역시 지불해야 할 값이 있지만, 동시에 보상도 주어지는데 충족감이 바로 그것입니다. 물론 현실에서는 이와 반대된다는 허상을 가진 사람들이 더 많습니다. 사람들은 자유를 통해서 충족감을 찾고 싶어 하고, 다른 사람과 묶이는 것을 공허한 삶이라고 여기는 경향이 있습니다. 하지만 진실은 이렇습니다. 그 본래의 가능성을 충족시킬 수만 있다면 부부 관계의 결속은 우리 삶을 풍요롭게 해준다!

내가 이런 이야기를 했다는 걸 아무한테도 말하지 마세요! 이건 그냥 어떤 사람들에게는 방향을 찾는 데 도움이 되겠다 싶어 꺼내놓은 이미지에 불과하니까요. 내가 하고 싶은 말은 그게 다예요.

한 참여자가 버트 헬링거에게 보낸 편지.

"친애하는 버트,

결혼을 하고 나니 정말 다르네요. 결혼을 통해 이렇게까지 달라질 거라고는 꿈도 꾸지 못했어요. 전보다 더 깊은 차원에서 아내를 있는 그대로 받아들이게 되네요. 아내가 자기 일을 하고 있을 때 저는 그저 아내를 바라보고 있어요. 예전과는 다른 방식으로 아내를 보게 돼요. 이걸 뭐라고 표현해야 할지 잘 모르겠어요. 기껏해야 '좀 더 고요한 존경심, 덤으로 얻게 된 선물, 여자보다는 아내로서'라는 말 외에 그 느낌을 표현할 길이 없네요.

결혼 피로연에서 아내의 어머니를 바라보았을 때 제 가슴 깊은 곳에서 '저분과 춤을 추고 싶다'는 느낌이 올라오더군요. 그리고 우리는 같이 춤을 추었어요. 전 그분에게 이처럼 훌륭한 딸을 키워주셔서 감사하다고 말씀드렸어요. 그 전에는 한 번도 그런 말을 한 적이 없었어요. 아내의 가족과 저 사이의 교류감이 더 강하게 느껴지고, 아내 역시 제 가족 안에서 훨씬 강한 교류감을 느끼고 있어요. 27년간이나 둘이 함께 살아왔는데 지금 그런 느낌을 갖게 된 거예요!

또 다른 기적도 있었어요. 제 부모님이 27년 만에 다시 서로를 만났다는 거예요. 이혼하신 뒤 두 분은 서로를 만난 적도 없고 만나고 싶어 하지도 않았거든요. 나중에 삼촌과 누나에게 들은 바로는 제 결혼식 참석은 물론이고 앞으로 다시 만나자는 결정을 두 분이 자발적으로 하셨다는 거예요. 게다가 형과 누나까지 제 결혼식장에 와주어서 얼마나 기뻤는지 몰라요. 우리 가족 다섯 명이 잠깐이지만 30년 만에 다 같이 한자리에 모였던 거예요. 제 부모님의 새 배우자들 역시 그렇게 관계가 잘 풀리면서 안도감을 느낀 것은 말할 필요도 없겠지요."

부부 간의 신뢰와 불신

남편의 '연애 사건'

다음은 치유 세션 중 일부분을 발췌하여 옮겨 적은 것이다.

남편 저희 문제는 제가 9개월 전에 부정한 짓을 저질렀다는 거예요.

헬링거 그게 무슨 뜻인가요?

남편 제가 다른 여자와 연애를 했어요.

헬링거 그 '부정한 짓을 저질렀다'는 관념이 문제로군요. 그래서 내가 당신에게 한 번 더 물어본 겁니다. 좋아요, 그러니까 당신은 다른 여자와 관계를 맺었다는 말이고, 그건 도덕적인 비판을 배제한 사실 설명이에요. 그런데 '부정한 짓을 저질렀다'는 말은 지극히 비판적인 윤리적 판단이어서 과연 이곳이 그런 식의 판단을 요구하는 자리인지 의구심이 생기는군요. 우리가 도덕적 비판에 근거한 이름표를 붙이지 않고 접근할 수 있다면 해결책을 찾기가 더 쉬울 거라 생각됩니다. (부인에게) 이것과 관련해서 하고 싶은 말이 있나요?

부인 그 사실을 알았을 때 저는 너무나 당황스러웠어요. 그렇지만 그 사건 이후 부부 관계에 많은 변화가 있었고, 제법 많은 어려움들이 해결되었어요. 현재 저희 두 사람 사이는 그 전보다 더 나아졌어요.

헬링거 바로 그겁니다. 어쩌면 그게 두 사람의 관계에 필요한 어려움이었는지도 모릅니다. 그러한 상황을 바라볼 때 도덕적 비판을 배제하고 바라볼 수 있어야 합니다. 또 그 결과도 고려해 봐야 하고요. 그럴 때 그 사건에서 뭔가 다른 중요성을 발견할 수 있습니다. 나는 도덕적인 판단을 내리지 않고 상황의 원인과 결과를 있는 그대로 바라보는 걸 좋아합니다.

부부 간의 신뢰란 사랑의 결과여야 한다

둘 중 한 명이 다른 사람과 관계를 맺는 것이 어떤 점에서 그렇게 끔찍한 일인가요? 그 일이 부부 관계에 실제로 어떤 해를 끼치는 겁니까? 간혹 이런 일이 발생할 때 이른바 결백한 배우자는 '죄를 지은' 배우자를 평생 괴롭힐 권리를 얻은 것처럼 행동할 때가 있습니다. 그건 아주 오만한 행위입니다. 사랑으로 배우자의 마음을 얻으려고 하기보다 상대방을 처벌의 대상으로 여기면서 우선권을 쥐려고 하다니 말이에요. 그러한 행위가 배우자를 다시 돌아오도록 만들 거라고 생각하나요? 그런 환경 속에서 배우자의 마음이 다시 돌아온다는 것은 불가능한 일입니다. 결백한 배우자가 사건의 크기를 훨씬 웃도는 복수를 하게 되면 유죄인 배우자는 결코 돌아올 수 없습니다. 그러므로 좀 더 인도적이고 겸허한 접근법을 취하라고 제안하고 싶군요.

나는 부부 간의 신뢰에 깊은 존경심을 지니지만 그와 같은 사적인 신뢰는 값어치 있게 여기지 않습니다. 신뢰감이란 사랑에서 비롯되어야 합니다. 간혹 배우자의 인생에서 오로지 자신만이 의미 있는 존재여야 한다고 요구하는 사람들이 있습니다. 하지만 솔직히 말해서 살다 보면 부인이나 남편 외에 또 다른 중요한 사람들을 만나기도 합니다. 게다가 자신의 배우자가 내리는 처벌로 인해 고통을 받아야 할 이유는 어디에도 없습니다.

우리는 상황을 있는 그대로 존경하는 법을 배워야 합니다. 그때 좋은 해결책을 찾을 수 있습니다. 이와 같은 긍정적인 반전은 오직 사랑으로 대할 때만 가능합니다.

버림받는 것에 대한 두려움

부부 관계에서 한 사람이 떠나고자 할 때는 종종 말로 설명하기 어려운 기이한 반발 작용이 나타나기도 합니다. 예컨대 남겨진 쪽은 당장이라도 죽게 될 것 같은 두려움을 느끼기도 하고, 배우자를 잃음으로써 결국 자신의 삶을 송두리째 잃을 것 같은 위기감을 맛보기도 합니다. 이것은 어린아이가 엄마한테 버림받았다고 느낄 때 보여주는 반응과 똑같습니다. 엄마가 떠나려고 할 때 아이는 겁을 먹고 공황 상태에 빠지게 됩니다. 부부 관계에서 버림받은 쪽의 반응을 보면 그가 어린아이의 그런 감정을 재경험하고 있는지 아닌지 알 수 있습니다. 심지어 그런 경험을 하고 있는 사람의 감정 나이가 몇 살인지까지 가늠할 수 있지요.

같은 상황에서 어른으로서의 감정을 느끼는 사람은 어떤 경우라도 무력한 상태로 전락하지 않습니다. 이 사람은 이 사건, 즉 배우자가 떠나건 남건 그 상황이 결코 자신에게 죽느냐 사느냐의 문제가 아니라는 것을 알고 있습니다.

부부 사이에서 한 사람이 어린아이의 감정을 자주 느낄 경우, 그 관계는 그로 인해 위협을 받게 됩니다. 간혹 한 사람이 다른 사람에게 "당신이 나를 떠난다면 나는 죽어버릴 거야. 당신이 없는 삶은 의미가 없으니까"라고 말할 때가 있습니다. 이런 행위는 상대방을 아이의 생존에 모든 책임을 져야 하는 어머니의 자리에 앉히는 것과 같습니다. 그러한 역할을 강요받은 쪽은 결국 그 관계를 떠날 수밖에 없고요. 더 이상 어른 대 어른 관계가 성립될 수 없기 때문입니다.

상대방을 붙잡아두려는 안간힘은 종종 어머니를 잃을지 모른다는 어린아이 같은 두려움으로 인해서 악화일로를 걷게 됩니다. 그러니까 부부 관계에서 신뢰를 요구하는 행위는 사실상 배우자가 아니라 자신의 어머니를 겨냥한 시도인 셈이지요. 또 배우자에 대한 무조건적인 신뢰, 특히 자기 희생이 따르는 신뢰는 자신의 어머니에 대한 어린아이의 신의가 배우자에게 전이된 것에 불과합니다. 현실에 근거를 둔 게 아니라 말이에요.

부부 관계의 성공은 두 사람이 어머니가 아니라 배우자를 찾을 때만 가능합니다. 그러므로 배우자의 두 눈을 있는 그대로 바라볼 수 있어야 합니다. 그리고 그 안에서 한 남자 혹은 한 여자를 발견할 수 있어야 합니다. 그렇지 않고 눈을 감고 있으면 실재가 아닌 허상이 모습을 드러내도록 허용하게 됩니다.

혼외정사에 대한 고백

부부 중 한 사람이 혼외정사 같은 잘못된 행동에 대해 죄책감을 느끼고 고백할 경우, 이러한 고백 행위는 상대방에게 그 결과에 대한 책임을 강요하는 게 되어버립니다. 이는 자기 책임을 상대방에게 전가하는 행위로, 솔직함이 오히려 관계에 치명적인 손상을 입히게 되는 겁니다. 비밀은 비밀로 지켜져야 마땅합니다.

적합한 해결책은 죄를 지은 사람이 사태를 바로잡아 놓고 자신이 한 행위에 대한 책임을 혼자서 지는 겁니다. 그건 다른 사람에게 짐을 지우지 않습니다. 자신의 행위에 대해 속죄를 하고 싶다면 상대방을 위해 무언가를 할 수도 있습니다. 비밀스럽게, 고백하지 않고 말입니다. 그것이 먼저 잘못을 털어놓고 거대한 폭발을 일으키는 것보다 훨씬 더 나은 해결책이 될 수 있습니다.

혼외정사에 대해 구하는 용서

만일 내가 배우자에게 용서를 구한다면, 이는 사태 해결의 책임을 다시금 배우자에게 떠넘기는 것입니다. 모든 걸 배우자의 몫으로 떠넘기는 거지요. 그게 바로 용서를 요구받은 배우자가 분노를 느끼거나 이용당했다는 느낌을 받게 되는 이유입니다. 고백이라는 문제와 유사한 역동이지요. 갑자기 그 사건과 아무 상관도 없는 배우자가 무언가 다음 행동을 취해야 하는 위치에 놓이게 된 겁니다. 실제로 죄를 지은 쪽은 아무 것도 하지 않고 말이에요.

상황의 개선을 위해서는 "내가 당신을 그릇된 방식으로 대했고, 그로 인한 결과는 내가 지고 가겠습니다. 당신에게 고통을 안겨주게 되어 정말 미안합니다"라고 말하는 게 맞습니다. 이러한 말과 함께, 무고한 배우자는 존중을 받게 되고, 행위에 대한 책임은 죄를 지은 쪽에 남겨지게 됩니다.

용서는 우월감을 내포한다

부부 관계에서 한 사람이 다른 사람을 용서할 경우, 예컨대 혼외정사와 같은 사건이 있을 때 용서는 그 용서를 받은 사람을 작게 만들어버립니다. 그 결과로 용서를 받은 사람은 관계를 떠나게 되고 말이죠. 이는 사실상 자존감의 문제이기 때문입니다. 용서라고 하는 것은 끔찍한 영향력을 지니고 있습니다. 그 반면 사과는 잘못을 저지른 사람이 그렇지 않은 배우자에게 한 걸음 다가설 수 있는 여지를 남겨줍니다.

질문 제가 미안하다고 말을 했는데도 아내가 그 사과를 받아주지 않을 때는 어떻게 합니까? 그러면 저는 죄책감의 굴레를 벗어버릴 수가 없을 텐데요. 그런 경우에도 여전히 저 혼자서 죄책감을 지고 가야 하는 건가요?

헬링거 맞아요, 당신이 죄책감을 지고 가야 해요. 하지만 사과는 상대방 배우자에 대한 존경심을 보여주는 행위입니다. 그리고 그게 당신이 할 수 있는 전부입니다.

질문 저는 고백을 할 생각은 추호도 없었어요. 하지만 제 아내가 뭔가 문제가 있다는 걸 알아차렸죠. 아내가 계속해서 파고 또 파더군요. 아주 효율적으로 말이에요. 결국 저는 고백할 수밖에 없었죠. 어떤 결과가 나타날지 뻔히 보였지만 막을 방법이 없었어요.

헬링거 때로 잘못을 저지른 배우자가 속죄를 하고 싶다는 비밀스러운 욕구를 느끼기도 합니다. 그리고 어떻게든 그 비밀이 폭로되도록 상황을 조성하기도 하고요. 중요한 것은 과연 나는 이 죄책감을 어떻게 다룰 것인가, 이걸 남한테 떠넘길 것인가 아니면 내가 죽을 때까지 기꺼이 지고 가겠다고 스스로에게 말할 수 있는가 하는 점입니다. 만일 내가 지고 간다면, 그것은 나를 죄의식에 사로잡히게 하는 게 아니라 오히려 죄책감이 없었다면 느끼지 못했을 강인함을 얻게 해줍니다. 이제 나는 더욱 겸손해지고 배려하는 사람이 되지요.

화해와 새로운 시작

화해는 가치 있는 미덕이지만 용서는 그렇지 않습니다. 화해를 통해서 우리는 스스로에게 새로운 시작을 허용할 수 있습니다. 새로운 시작의 한 부분은 동의, 즉 과거에 일어난 일을 뒤에 남겨두고서 절대로 거론하지 않겠다는 동의입니다. 지나간 것은 지나간 것으로 내버려두고 그야말로 새롭게 시작하는 겁니다. 그게 바로 화해의 의미입니다.

결혼 반지

다음은 가족세우기 워크숍에서 세션을 받은 부부가 버트 헬링거에게 보낸 편지다.

"친애하는 헬링거 씨,

우리 가족의 세션을 진행하면서 당신이 "부부 관계는 끝났다"라고 한 말이 우리 부부를 위기 속으로 몰아넣고 말았어요. 주변 사람들로부터 모범 부부라는 칭찬을 받아온 우리 두 사람인데 도저히 말도 안 되는 소리라고 생각했어요.

어찌되었든 그 세션 이후 우리는 부부 관계에 대해 생각을 해보게 되었어요. 우리가 서로 관계 맺는 방식이라든가 서로를 배려하는 방식, 그리고 현재 이 시점에 이르기까지 우리가 살아온 방식 등에 관해서 말이에요.

그런 다음 며칠간 결혼 반지를 빼놓고서 우리 관계를 새롭게 가져가기 위해, 그러니까 좀 다른 방식으로 가져가기 위해 생각할 시간을 각자에게 주기로 했어요. 이 너무나도 고통스러운 시간이 지난 뒤 남편은 다시금 새로 시작해 보자는 결론을 내렸어요. 저는 굳이 새로운 결정을 내릴 필요가 없었고요.

제가 무엇보다 놀란 것은 결혼 반지가 지닌 영혼의 보호 기능이에요. 며칠 뒤 저 혼자 결혼 반지를 만지작거리고 있었는데 갑자기 제 영혼의 지진이 마침내 끝났다는 느낌이 들더군요. 그때만 해도 저는 남편이 어느 방향으로 결정을 내렸는지 전혀 알지 못하는 상태였어요."

올바른 헤어짐의 미학

둘 사이가 끝났을 때

예건 제 아내와 저는 8년간 연애한 뒤 3년간 결혼 생활을 했고 1년 전에 헤어졌어요. 제가 다른 여자를 사랑하게 되면서 아내를 떠나게 되었는데, 어쩐 일인지 새 여자와의 관계가 갈피를 못 잡고 혼란스러워요. 제가 여전히 아내와 강하게 결합되어 있다는 느낌 때문에 그녀와 새로운 관계를 만들어가기가 힘들어요. 1년 정도 아내는 제가 돌아올 거라는 기대와 희망 속에 살다가 6개월 전 다른 남자를 사귀기 시작했어요. 저는 여전히 아내와 긴밀하게 연결되어 있다고 느끼고 있고, 가족세우기를 통해서 그 느낌을 처리하고 싶어요.

헬링거 두 사람 사이에 자녀가 있나요?

에건 없어요.

헬링거 그렇다면 처리해야 할 문제도 없군요. 두 사람 다 각자의 길을 가면 됩니다. 그 외에 뭐가 더 있나요? 이제 와서 이별을 없던 일로 할 수는 없습니다. 부부 관계란 종자돈으로 막 사업을 시작한 신생 기업과도 같아요. 그 돈은 사랑의 교환을 통해서 늘어나게 되지요. 그런 경우 두 사람 사이의 결속감도 강해질 수밖에 없고요. 하지만 자본을 다 써버려서 바닥이 날 수도 있어요. 이 자본은 일단 바닥을 보이면 보충이 불가능해요. 그러면 관계는 끝나게 되고요.

(참여자들 전체에게) 이분이 다시 부인에게 돌아간다고 상상을 해보죠. 그에게 어떤 기회가 주어질까요? 이분은 죽을 때까지 부인을 버린 죄인으로 살아가게 될 것이고, 더 이상 어떤 것도 예전과 같을 수는 없을 거예요. 기회는 이미 사라져버렸어요. 남자가 그런 식으로 부인을 떠날 때는 가능한 모든 기회를 날려버리게 됩니다. 이제 남자는 부부 관계는 물론 이별도 완료되었다는 사실에 동의해야 합니다.

그나저나 이분의 두 번째 부인은 남편을 묶어둘 수 있는 자기 능력을 그다지 신뢰하지 않을 겁니다. 똑같은 게임이 두 사람 사이에서 똑같은 방식으로 전개될 수도 있을 테니까요. 이건 마치 이런 일이 한 번이라도 발생하도록 허용하면 거기에서 영원히 벗어나지 못하게 되는 길과 같습니다. 어느 정도 시간이 지나면 영구불변하리라 여겨지던 부부 관계의 가능성이 사라져버리지요. 그 뒤에는 만회할 수 없게 됩니다. (에건에게)

여기에 대해서 하고 싶은 말이 있으세요?

　에건　저도 그런 식으로 생각을 했어요. 하지만 그와 다른 경험을 해본 적이 있기 때문에 저는 그걸 좀 다르게 보고 있어요.

　헬링거　그 상황을 다르게 경험하고 좀 더 오랫동안 속죄에 시달릴 수도 있겠지요. 하지만 바뀌는 것은 아무것도 없어요. (막달레나에게) 이 부분에 대해서 혹시 하고 싶은 말이 있으세요?

　막달레나　도움이 될 만한 게 하나도 떠오르지 않아요. 저는 오랫동안 우리 두 사람이 다시 함께하게 되기를 꿈꿔왔어요. 거의 1년 동안 그 생각에 매달려 살았죠. 우리 두 사람이 서로에게 속해 있다는 걸 알고 있었거든요. 하지만 1년 뒤 내 자신을 한 발짝 떨어져 볼 수 있게 되자 다른 것들도 모두 달리 보인다는 걸 인정하게 되었어요. 그리고 얼마 지나지 않아서 다른 남자를 만났고요. 그 이전에는 한 번도 다른 남자를 사귄 적이 없어요. 꿈도 꿔본 적이 없었죠.

　헬링거　당신은 혼자서 이별의 과정을 완료했던 겁니다. 그래도 훌륭한 이별을 위한 힌트를 하나 알려드리죠. 이별은 두 사람이 서로를 향해서 "저는 당신을 무척 사랑했습니다. 그리고 제가 당신에게 드린 것은 무엇이나 기꺼이 드린 겁니다. 우리 둘 사이에서 잘못된 부분에 대한 제 몫의 책임은 제가 지고 가겠습니다. 그리고 당신 몫의 책임은 당신에게 남겨드립니다. 이제 저는 당신이 평안하기를 기원합니다"라고 말할 수 있을 때 아름답게 마무리됩니다. 그러면 헤어짐이 확실해지면서 서로 자신의 길을 갈 수 있습니다.

　에건과 막달레나가 깊은 감동을 느낀 얼굴로 고개를 끄덕인다.

헬링거 부부가 헤어질 때에는 언제나 엄청난 고통이 뒤따르게 마련
입니다. 그러므로 두 사람이 이러한 아픔을 인정하는 게 무엇보다 중요
합니다. 어떤 사람들은 상대방을 비난하거나 책임을 물음으로써 고통을
피하려고 합니다. 도대체 누가 비난을 받아야 하나요? 내가 비난을 받아
야 하나요? 아니면 상대방이 비난을 받아야 하나요?

그러한 비난 혹은 책임을 전가하려는 시도는 상황이 지금과 다를 수
도 있었을 거라는 망상에서 기인합니다. 아니면 상황을 거꾸로 돌려놓
을 수 있을 거라는 기대에서 나온 것일 수도 있겠지요. 삶은 앞으로 흘러
가는 물줄기입니다. 결코 뒤로 흘러가지 않습니다.

삶은 계속된다

질문 당신은 삶은 앞으로 흘러가지 뒤로 흘러가지 않는다고 했는데
요, 부부가 헤어지거나 이혼을 할 때, 다시 되돌려놓을 수 있는 방법이
정말로 없는 겁니까? 만일 두 사람이 뒤로 돌아갈 수 있는 방법을 함께
찾는다면, 그런 경우에도 당신은 일반적으로 말해서 그들에게 미래란 없
다고 말씀하시겠습니까?

헬링거 내가 언제 '일반적'이라는 표현을 쓴 적이 있나요?

질문을 한 사람이 소리 내어 웃는다.

헬링거 당신의 질문 뒤에는 두 사람이 다시 함께할 수 있는 방법을
찾을 수 있다면 그게 최선이다 혹은 그게 이상적인 해결책이다, 하는 이

상적인 이미지가 숨어 있군요. 하지만 그게 정말 최상의 해결책이라거나 옳은 방법이라고 확신할 수는 없는 일입니다. 한 가지 격언이 떠오르는군요.

우리가 찾는 행복은 우리로부터 멀리 도망을 치고 있다.
행복이 떠나버렸을 때 우리는 성장한다.
그리고 영혼의 행복이 우리에게 와서 머물며,
우리와 더불어 성장한다.

흔히 우리가 행복이라고 부르는 것은 아주 안락한 안락의자에 앉아 있는 것에 지나지 않습니다. 위대함은 안락함을 통해서 얻을 수 있는 게 아닙니다. 안락한 길은 또한 우리에게 깊이와 충족감을 주지 못합니다. 깊이와 충족은 안락함과는 다른 차원에 속해 있기 때문이지요. 그게 바로 내가 좀 더 관대한 방식으로 헤어짐을 바라보는 이유입니다. 나는 의뢰인의 부부 관계가 막바지에 이르렀다고 보일 때, 그 사실을 애써 감추려고 하지 않습니다. 그럴 때 그 상황에 연루된 사람들의 자존감이 손상되지 않고 존중받게 됩니다. (에건과 막달레나를 보면서) 이 두 분을 보세요. 이 두 분이 지금 가지고 있는 자존감을 보세요. 두 사람은 성장을 한 겁니다.

독립성

결혼하지 않은 젊은 커플을 대상으로 한 치유 작업으로 두 사람은 헤어져서 따로 살고 있지만 서로에게서 자유롭지 못한 상태이다.

헬링거 두 사람이 관계에서 제대로 놓여나는 방법은, 함께한 시간이 좋았음을 인정하고, 서로가 주고받은 모든 것에 각자 책임을 지고 가야 한다는 사실을 인정하는 것입니다. 그때 서로를 향해서 "이제 편안한 마음으로 당신을 떠나보냅니다"라고 말할 수 있을 테고요. 그리고 그게 해결책입니다.

레오 제가 이 사람을 떠나보낼 준비가 되었는지 잘 모르겠어요.

헬링거 제1차 세계대전이 끝난 뒤에 인플레이션이 끔찍하기 짝이 없었어요. 억짜리 지폐가 돌아다닐 정도였으니까요. 세간에는 언젠가 이 지폐가 제 가치를 하게 되리라 기대하고 모아두는 사람들도 있었어요.

레오 믿기지 않는 얘기지만 사실이죠.

헬링거 당신에게 또 다른 비밀도 하나 알려드리죠. 하지만 마지못해서 알려주는 거예요. 당신은 헤어짐에 대해서 오랫동안 고통으로 그 값을 지불해야 해요. 오랫동안 고통을 당하고 난 뒤에만 양심의 가책 없이 마침내 헤어질 수 있을 거예요. 그게 내가 당신에게 제시할 수 있는 두 번째 해결책입니다. 아니면 관계가 끝났음을 인정하고 각자 자신의 길을 갈 수도 있어요. 사실 이 방법이 앞으로 나아가지 못하고 오랫동안 고통에 시달리는 것보다 더 어려운 방법이기는 합니다. 이미 끝났음을 알면서도 익숙한 관계에 머물러 있는 게 더 편하기는 해요. 이제 내가 당신에게 세 가지 해결책을 제시했으니 선택은 당신이 해야 합니다.

레오 문제는 이 세 가지 대안 외에 다른 방법이 없다는 사실이 제게 이미 명확하다는 거예요.

헬링거 이런 내가 또 한 발 늦었군요. 내 그럴 줄 알았어요. 치유사가 늘 제일 늦게 그 내용을 알아채게 된다니까요. 좋아요, 당신의 독립성을 당신에게 남겨드리도록 하지요. (참여자들 전체에게) 한 사람이 어떻게 해야 할지 이미 명확한 결정을 내린 뒤에도, 자기 선택이 잘못되었다고 말해줄 치유사를 찾는 마지막 시도를 할 때가 있습니다. 그렇게 시간을 좀 더 끌면서 맞서 싸울 기회를 엿보는 것이죠. (커플에게) 그게 네 번째 대안입니다. 그리고 내가 제안할 수 있는 것은 거기까지입니다.

헤어짐의 고통

질문 가족세우기 치유 작업을 통해 저는 고통 안에서 굉장히 큰 힘을 발견하게 된다는 사실을 알았어요. 제가 하고 싶은 질문은 어떻게 하면 제가 고통에 맞서 싸우지 않고 평정을 유지할 수 있느냐는 거예요. 저는 고통에 맞서 거칠게 저항하는 성향이 있거든요.

헬링거 이 세상에는 다양한 종류의 고통이 있습니다. 헤어짐의 고통은 그중에서도 특히 힘든 고통에 속합니다. 관계가 깨지거나 배우자나 자녀가 죽는 사건은 엄청난 고통을 유발합니다. 만약 당신이 그 고통 속으로 들어갈 수 있다면, 그 모든 쓰라림과 통증을 온 가슴으로, 영혼으로, 몸으로 살아낼 수 있다면, 그 고통은 일찍 끝나게 될 겁니다. 그 당시엔 영원히 끝나지 않을 것처럼 보이지만 말이에요. 그 고통을 온전히 살아내고 나면 헤어짐의 과정도 완료됩니다.

이런 고통을 회피하기 위한 흔한 메커니즘으로 사람들은 비난할 대상을 찾거나 다른 어딘가에서 악한을 찾아내려고 합니다. 간혹 죽은 사람에게 화를 내는 경우도 있습니다. 이는 특히 어린 자녀들에게 많이 일어나는 현상입니다.

고통을 회피하는 또 다른 방법은 자기 연민입니다. 내가 나를 불쌍하게 여기면 다른 사람의 처지를 살필 필요가 없고, 오직 내 자신의 처지만 한탄할 수 있겠지 하는 태도지요.

이런 것들이 모두 고통을 회피하는 방법들입니다.

일시적인 것에 고하는 작별

우리의 노력이나 죄책감을 넘어선 차원의 고통도 있습니다. 이 고통은 우리 삶에서 이미 일어난 일들, 즉 운명과 연관되어 있습니다. 우리는 이 고통 속으로 내던져졌으며, 나아가 삶을 충족시켜 주는 요소라고 우리가 생각하거나 기대한 모든 것을 뛰어넘는 단계로 끌어올려집니다.

우리가 자신의 운명과 고통을 받아들이면 희망과 망상, 허상은 말끔하게 사라집니다. 그때 우리가 보통 행복이라고 부르는 것보다 훨씬 더 큰 현실 혹은 실재성을 받아들일 수 있게 되지요. 우리가 흔히 행복이라고 부르는 것도 그다지 나쁘진 않습니다. 사실상 그 둘은 서로 상반되지 않습니다. 예컨대 장애를 가진 자녀가 태어날 경우 부부는 갑자기 모든 관심을 아이에게 쏟게 되고 죽을 때까지 아이를 돌봐주어야 합니다. 그들이 꿈꿔온, 행복하고 충만한 삶의 구성 요소들이라 믿어온 망상들을 모두 포기해야만 하는 거지요. 이제 만약 그들이 "동의합니다. 이 아이는 우리의 자식이고 우리는 이 아이 곁에 서 있을 겁니다"라고 말할 수 있다면, 그리고 아이를 향해 돌아서서 "우리는 네 부모로서 네 곁에 서 있을 거야. 삶이 우리에게 어떤 요구를 하더라도 언제나 이 자리를 지키고 있을 거야"라고 말할 수 있다면, 두 사람은 과거에 가지고 있던 행복에 대한 개념으로는 도저히 접근도 못해볼 깊은 차원의 힘과 충족감을 맛보게 될 겁니다.

이런 부모를 보면 그 깊은 차원에서 나오는 힘이 두 사람의 부부 관계 안에서도 빛을 발산하는 모습을 볼 수 있습니다. 아울러 이 깊은 실재성과 함께 그들에게서 겸손함과 조화로움도 감지할 수 있고요.

그런 면에서 본다면 가장 깊숙한 곳에 있는 실재성은 행복이 아니라 고통입니다. 왜 그런지 설명하기는 어렵지만, 고통이 마지막 리얼리티입니다. 아마도 고통이 우리로 하여금 일시적인 것들을 한쪽으로 비켜놓을 수 있도록 해준다는 사실과 관련되어 있지 않을까 싶습니다.

삶을 하나의 전체로서 바라볼 때 거기에는 일시적인 요소들, 일어났다가 사라지고 마는 방문객들이 있음을 알 수 있습니다. 그리고 그 뒤에 영원함이 숨어 있고요. 나는 이 영원함이 무엇이라고 정의 내릴 수 없습니다. 그렇게 하고 싶은 마음도 없고요. 다만 고통이란 영원함이란 뒷배경의 존재를 가리키는 화살표이자 우리에게 그것을 흘끗 바라볼 수 있는 기회를 허용한다는 것, 그리고 우리가 그 방향으로 한 걸음을 뗄 수 있게 해준다는 것 정도만 말할 수 있을 뿐입니다. 영원함을 설명하기란 너무나 어려운 일일 뿐더러, 영원함은 그것을 확고부동한 것으로 만들려는 어떤 설명도 허용하지 않습니다. 이해하시겠어요?

참여자 예. 그 말은 이 고통 속으로 뛰어드는 것이 더 큰 선물이고, 그게 성취 여부와 관련성이 적다는 제 생각이 맞다는 건가요? 그러니까 제 말은 선물이라는 게 일종의 방향 전환으로, 내가 할 수 있는 게 무엇인가

하는 쪽이 아니라 어떤 일이 일어나든 허용한다는 쪽으로 방향 전환하는 것을 의미하는 거라는 말입니다.

헬링거 아니요. 그건 당신이 허용할 수 있느냐 아니냐의 선상에 있지 않습니다. 오히려 그 일이 당신을 찾아올 경우 당신이 할 수 있는 건 그저 동의하는 것뿐입니다. 그게 훨씬 더 적극적입니다. 어떤 일이 그냥 일어나도록 내버려둘 때 거기에는 아무런 힘도 없습니다. 일어나는 일에 동의할 때, 힘이 있습니다. 동의는 성취입니다. 영혼의 성취. 그렇지 않고 그냥 일어나도록 내버려두는 것은 고통에 무뎌지는 것에 지나지 않습니다.

4
특별한 주제들

이번 장에서는 여러 워크숍과 세미나에서 참여자들이 부부 관계에 대해 물은 것에 버트 헬링거가 대답한 내용들을 발췌, 정리했다.

과거의 성 관계는 비밀에 부쳐져야 한다

헬링거 새로운 부부 관계가 형성되었을 때 과거의 성 관계와 관련한 내용은 전부 비밀에 부쳐져야 합니다. 새 배우자에게 그 내용을 언급해서는 안 됩니다. 이것은 과거 배우자에 대한 존중이자 내 자신에 대한 존중이기도 합니다. 예컨대 남자가 부인에게 혹은 여자가 남편에게 과거의 남녀 관계가 어땠는지 묻는 것은 두 사람의 관계에 아주 나쁜 영향을 끼칩니다. 어떤 경우라도 그런 얘기를 해서는 안 됩니다. 그러한 행위는 남녀 관계의 가치를 훼손하는 행위이자 과거 배우자에 대한 배신 행위입니다. 그뿐 아니라 새 배우자와의 사이에서 형성된 신뢰를 파괴해 부부 관계의 장애물로 작용하게 될 테고요. 이 점을 잘 이해하는 것이 아주 중요합니다.

부모도 자녀들에게 결혼 생활의 문제점에 대해서 결코 말해서는 안 됩니다. 그러한 행위는 자녀들에게 아주 끔찍한 일입니다. 부부 간의 내밀한 이야기를 알게 되면 자녀들은 바로 그 알았다는 사실 때문에 스스로를 처벌하게 됩니다. 치유 작업에서 그러한 자녀들이 어머니가 아버지에 관해 혹은 아버지가 어머니에 관해 들려준 이야기를 말하려고 하면, 나는 여태까지 들은 이야기를 모두 잊어버리라고 그들에게 충고합니다. 그러한 이야기는 가능하면 얼른 영혼 밖으로 떠나보내야 합니다. 그리하여 영원히 비밀로 남아 있도록 말이에요. 그러면 영혼은 짐을 벗을 수 있습니다.

불임

다음은 한 부부를 대상으로 진행된 세션 중 일부분이다.

헬링거 어떤 문제를 다루고 싶으세요?

미하엘 저희는 8년 동안 함께 살았고, 결혼한 지는 4년이 되었어요. 저와 수잔나는 아주 깊은 관계를 맺고 있지만, 어쩐 일인지 부부싸움을 너무 심하게 해 마치 막장에 이른 듯한 상태를 계속해서 반복하고 있어요.

헬링거 두 분에게 자녀가 있나요?

미하엘 아니요, 아이는 없어요. 둘 다 아이를 갖고 싶어 하지만 그럴 수가 없는 상태예요.

헬링거 두 사람 중 한 사람이 임신에 어려움이 있는 건가요?

미하엘 검사를 받아봤는데 제 정자가 활동력이 약하다는 진단을 받았어요.

헬링거 (부인에게) 부인은 자녀를 원하세요?

수잔나 예, 저는 아이들을 좋아해요. 저한테는 과거 결혼에서 낳은 아이들이 둘 있어요.

헬링거 두 분에게 사랑의 법칙에 관해 말씀드리죠. 두 사람 중 한 사람이 자녀를 생산할 수 없을 경우, 그 원인이 무엇이든 그 사람은 상대방 배우자를 붙잡아둘 수 없습니다. 오히려 그 사람은 배우자에게 "이것은 내 운명이며 나 혼자 짊어지고 가야 할 짐입니다"라고 말해야 합니다. 또 상대방을 자유롭게 놓아주어야 합니다. (수잔나에게) 이 부분에 대해서 하고 싶은 말이 있으세요?

수잔나 저는 남편이 자식을 낳을 수 없다는 말을 해주었을 때 일종의 안도감을 느꼈어요. 제 몫의 죄의식이 있었는데, 이제 남편 역시 지고 가야 할 짐이 생긴 거잖아요. 그 사실을 알게 되면서 마침내 저희 둘이 동등해졌다는 느낌이 들었어요. (미하엘에게) 그게 상황을 더 어렵게 만든 건 아니에요. 오히려 당신이 아이를 낳을 수 없다는 사실을 알고 저는 마음이 더 편해졌어요.

헬링거 (수잔나에게) 남편에게 말해봅니다. "이제 당신을 받아들일 수 있어요."

수잔나 (미소를 지으면서 미하엘을 바라본다.) 이제 당신을 받아들일 수 있어요.

미하엘이 감동한 표정으로 수잔나를 바라본다.

헬링거 (미하엘에게) 부인에게 똑같이 말해보세요.
미하엘 이제 당신을 받아들일 수 있어요, 사랑하는 마음으로.
헬링거 여기서 마무리 지어도 되겠군요, 그렇죠?

미하엘과 수잔나가 미소를 지으며 서로의 얼굴에 묻은 눈물을 닦아준다. 그러고는 마치 두 사람이 중단했던 논쟁을 다시 이어갈 것 같은 모습을 보인다.

헬링거 단 한 마디도 해서는 안 됩니다. 그렇지 않으면 두 분이 상황을 모두 망쳐버리고 말 거예요. (참여자들 전체에게) 좀 전에 나는 가족세우기 세미나에 참여한 적 있는 한 여성으로부터 편지를 받았습니다. 그녀는 가족세우기가 마치 그림을 그리는 것과 같더라고 하더군요. 예술가는 언제 그림이 마무리되는지 정확히 알고, 붓질을 한 번이라도 더 하면 결국 그림을 망친다는 것도 잘 안다고 하면서요. 같은 내용의 이야기를 하나 들려드리죠. 정확하게 그 '때'를 알고 싶어 한 한 남자의 이야기입니다.

옛날 어느 마을에 한 남자가 살고 있었어요. 어느 날 부인이 죽고 말았지요. 그에게는 직업이 없었기 때문에 아이들을 부양할 방법이 없었지요. 그때 한 친구가 남자에게 돌을 황금으로 바꿀 줄 안다는 한 은둔자 이야기를 해주었어요.

"그 사람이라면 자네를 도와줄 수 있을지도 몰라."

친구의 말을 들은 남자는 "그것 참 좋은 생각이군" 하면서 은둔자를 찾기 시작했죠. 마침내 동굴에 살고 있는 은둔자를 찾아냈습니다. 그를 보자마자 남자가 대뜸 이렇게 물었어요.

"당신이 돌을 황금으로 바꿀 수 있는 방법을 안다는데, 그게 사실인 가요?"

"그렇소, 알고 있소이다."

"그럼 저에게 그 비밀을 좀 알려주실 수 있는지요?"

"기꺼이 알려주리다. 돌아오는 보름날, 그러니까 이틀 후에 저편 계곡으로 가서 작은 돌멩이 몇 개와 나무를 주워 모으도록 하시오."

그렇게 말한 뒤 은둔자는 잠시 동굴 안으로 사라졌다가 손에 무언가를 들고 다시 나타났어요.

"여섯 가지 약초가 든 이 병을 가져가시오. 자정이 되기 한 시간 전에 이 병을 나무 위에 올려놓고 나무에 불을 붙이시오. 한 시간 후 자정이 되면 돌들이 황금으로 변하게 될 거요."

남자는 은둔자에게 감사를 표한 뒤 집으로 걸음을 재촉했어요. 그런데 집으로 가던 도중 갑자기 남자의 마음속에 은둔자가 해준 말에 대해 의심이 생겨나기 시작했어요.

"그게 전부일 리가 없어. 아무래도 뭔가 빠진 것 같아."

그는 발길을 돌려 다시 은둔자의 동굴로 향했죠. 남자가 은둔자에게 말했어요.

"당신이 저에게 해준 말을 곰곰이 생각해 봤어요. 아무래도 그게 전부일 리 없다는 생각이 들더군요. 뭔가 당신이 제게 알려주지 않은 내용이 있는 것만 같아요."

"그렇긴 하오."

은둔자가 말했어요.

"그게 뭔가요? 얼른 말씀해 주세요."

남자의 재촉에 은둔자가 잠깐 고민을 하는 듯하더니 어쩔 수 없다는 듯 입을 열었어요.

"불이 타오르는 동안, 단 한 순간도 흰곰 생각을 해서는 안 되오."

미하엘과 수잔나가 큰소리로 웃는다.

부모가 되는 계획

질문 부부가 언제 아기를 낳을지 계획을 세우는 것이 가족체에 어떤 영향을 끼치게 될까요?

헬링거 그건 영혼 안에 이상한 영향을 끼치게 됩니다. 자연스러운 과정을 따르기보다 자연의 영역에 끼어들어 내 마음대로 조정하려고 하는 기계적인 발상이 그 안에 담겨 있기 때문입니다. 반면에 남녀가 서로를 사랑하면서 아이가 생길 수 있다는 가능성에 가슴을 열어놓는다면, 정확하게 계획을 세우지 않고 말이에요, 이것이 부모가 될 두 사람의 영혼에 더 좋은 영향을 끼칠 거라 여겨집니다. 물론 나중에 태어날 자녀에게도 그렇고요. 부모의 계획 임신으로 태어난 '계획아'는 대개 자연스럽게 가족체에 도착한 아이만큼 주변과 잘 어울리지 못합니다.

어떤 것은 그저 주어진다

임신을 했을 때 부모는 자신들이 자녀에게 어떤 것을 건네주고 어떤 것은 넘겨주지 않을지 결정할 수 없습니다. 자녀 역시 부모로부터 무엇을 받을지 선택할 수 없기는 마찬가지고요. 예컨대 부모의 성품이나 신체적 특징 등은 자녀가 태어나면서 부모로부터 물려받는 것들입니다. 부모에게서 온 요소들을 존중하지 않는 사람은 온전한 존재로 성장하기가 어렵습니다. 그럼에도 사람들은 누구나 부모로부터 받은 것을 뛰어넘는 자신만의 경험을 하게 됩니다. 이런 경험을 우리는 '개인적인 축복'이라고 부를 수도 있을 겁니다. 하지만 이조차도 주어지는 것입니다.

우리 안에 내재된 잠재력이 모습을 드러내기 위해서는 먼저 부모로부터 받은 것을 존중해야 합니다. 그때 우리는 독립된 개체로서 자신만의 특징을 취할 수 있습니다.

사산아

헬링거 (첫 번째 아이를 사산한 여성에게) 사산아에게 이름을 지어주고 가족체 안에 살아있는 아이들과 똑같이 자리를 인정해 주는 게 무엇보다 중요합니다.

의뢰인 저는 그렇게 하지 못했어요.

헬링거 자녀들이 더 있나요?

의뢰인 두 명이 더 있어요.

헬링거 아이들은 형제가 몇이라고 말하나요? 자신들을 첫째와 둘째라고 말하나요? 아니면 둘째와 셋째라고 말하나요?

의뢰인 첫째와 둘째라고 말해요.

헬링거 바로 그겁니다. 당신은 아이들에게 죽은 형이 있다는 것, 그리고 그 아이가 첫 번째이고 제일 큰 형이라는 것을 알려주어야 합니다. 그리고 그 다음 아이에게 "네가 두 번째다"라고 알려주고, 그 다음 아이에게는 셋째라고 말해줘야 해요. 이 부분은 아이들에게 지극히 중요합니다. 부모의 경우에는 두 사람이 함께 죽은 아이를 바라볼 수 있고 또 서로를 바라볼 수 있어야 합니다. 서로를 보면서 "이 아이는 우리의 자식이야. 우리는 이 아이를 원했어. 이제 우리는 이 아이를 떠나보내지만 우리의 가슴속에는 이 아이를 위한 자리가 늘 존재할 거야"라고 말할 수 있어야 합니다.

유산

질문 뱃속에서 유산된 자녀와 태어난 뒤 사망한 자녀가 가족체에 미치는 영향이 다른가요?

헬링거 사산아는 물론 이 세상에 태어난 뒤 죽은 자녀도 가족체에 속합니다. 유산은 가족체에 영향을 끼치지 않습니다. 그 경계 지점이 어디라고 일반화해서 말하기는 어렵습니다. 의뢰인의 가족을 직접 세워보아야만 그 영향의 정도를 알 수 있습니다.

친자 확인 검사

의뢰인 어제 저는 어쩌면 제 남편이 큰애의 아버지가 아닐 가능성도 있다는 얘기는 하지 않았어요.

헬링거 그런 경우 해결책은 한 가지뿐입니다. 친자 확인 검사를 해보면 돼요. 검사를 하지 않고는 모든 게 불분명할 테니까요. 당신이 이 부분에 대해 마음이 정해졌다면 다음 단계는 분명합니다. 세션을 여기서 중단해도 되겠습니까?

치유사의 질문 저는 치유 방법으로 가족세우기를 하고 있는데 한번은 아버지가 젊은 의뢰인의 친부가 아닌 것처럼 보이는 경우가 있었습니다. 당신은 가족세우기 세션이 펼쳐진 것을 보면서 친자 확인을 해보는 게 좋겠다는 얘기를 어느 선까지나 하시나요?

헬링거 가족세우기 세션을 보고 아버지의 친부 여부를 말할 수는 없습니다. 언젠가 가족세우기 워크숍에 한 남자분이 참석했는데, 아들이 친자식이 아닌 것 같다며 강한 의심을 내비친 적이 있었습니다. 가족세우기 세션이 펼쳐졌는데 그의 생각이 맞는 것처럼 보이기도 했지만, 나는 그걸 보고 친부 여부를 결정짓지는 않았습니다. 나는 부부에게 혈액 검사를 제안했습니다. 의뢰인에게 이 문제를 명확하게 밝히고 싶으면 검사를 받아보는 게 낫다고 말해주었지요. 그리고 나중에 검사 결과를 보니 아이가 그 남자의 친자임이 틀림없다고 밝혀졌어요. 가족세우기 세션을 가지고 이런 사안의 답을 추측하는 건 타당치 않습니다. 이런 문제는 좀 더 확실한 사실 정보가 있어야 합니다.

또 다른 예로 가족세우기 워크숍에 여러 명의 자녀가 함께 참여한 적이 있었습니다. 어머니는 결혼 생활중에 여러 남자와 관계를 맺었고 아버지가 다른 자식을 여러 명 낳았어요. 자녀 중 한 명이 어머니의 현재 남편이 자신의 친부가 맞지만 나머지는 아버지가 다른 남자들이라고 했어요. 세미나가 끝난 뒤 그 여성이 어머니를 찾아가 이 부분에 관해 물었다더군요. 그러자 어머니가 "어? 아니야! 네 아버지는 경찰 공무원이었어"라고 대답하더랍니다. 나중에 그 여성은 사실 어떤 면에서는 이미 그 사실을 알고 있었다고 하더군요. 그녀가 어렸을 때 길을 건널 때면 항상 이 경찰 공무원이 자기를 길 건너편까지 바래다주었다면서요.

이혼한 부모도 여전히 부모다

의뢰인 저는 저희 두 사람의 이혼에 적극 찬성하는 입장이에요. 하지만 이 일이 아이들에게도 좋을지 잘 모르겠어요.

헬링거 이혼은 관계를 맺고 있는 남자와 여자 사이의 사건이지 부모, 즉 아버지와 어머니 사이에서 일어나는 사건이 아닙니다. 부모는 영원히 부모로 남아 있습니다. 자녀라는 공통 분모가 존재하는 한 두 사람은 늘 연결되어 있습니다. 그러므로 두 사람이 자녀들과의 관계에서는 늘 부모 자리에 머물러 있을 거라는 사실을 분명히 기억해 둘 필요가 있습니다. 자녀들에게도 엄마와 아빠가 언제나 엄마로서 그리고 아빠로서 남아 있을 거라는 걸 분명히 해둘 필요가 있습니다. 두 분이 이 사실을 명확하게 인지하고 있다면 아이가 부모의 이혼 문제에 잘 대처할 수 있는 방법을 찾아낼 겁니다.

이혼 후에 자녀들을 누가 키우는 게 나은가?

질문 가족세우기 세션을 하면서 당신이 이혼 후 자녀가 엄마 곁에 머무는 게 낫다거나 아버지 곁에 머무는 게 낫다고 말할 때 그건 한 집에 사는 걸 의미하는 겁니까, 아니면 감정적인 측면을 강조한 겁니까? 예컨대 아이가 아직 어리고 아버지가 아이를 키우고 싶어 하지 않을 경우는 어떻게 해야 하나요?

헬링거 어느 자녀가 어느 쪽 부모에게 가는 게 나은가 하는 문제는 주변 상황과 관련되어 있습니다. 정해진 규칙은 없어요. 나는 남편과 부인 중 자녀들 안에 존재하는 배우자를 더 많이 존경하는 사람에게 자녀들이 가야 한다는 견해를 가지고 있습니다. 그게 더 나은 해결책이고, 가족체 내의 긴장을 줄이는 방법이기도 합니다. 부모가 둘 다 아이들 안에 존재하는 배우자를 존경하는 사람들이라면 자녀들이 누구에게 가든 상관없습니다. 그런 경우 "누구에게 양육권을 주어야 하는가?" 같은 의문은 제기되지 않겠죠.

만약 남편이 아이들을 원하지 않는다고 부인이 말할 경우, 그녀가 남편을 존경하지 않는 사람이라는 걸 알 수 있습니다. 아이들 안에 존재하는 아버지도 존경하지 않을 테고 말이에요. 부인이 아이들 안에 존재하는 남편을 존경하기 시작한다면, 굳이 두 사람 사이에 대화가 없더라도 그녀를 대하는 남편에게 놀랄 만큼의 변화가 일어나게 됩니다.

제외당한 부모

질문 아버지가 아이들을 만날 권리를 거부당하는 상황을 여러 가족세우기 세션에서 보았는데요, 그런 상황이 결혼을 하지 않고 동거 관계에 있는 커플에게서 더 자주 보이는 것 같아요. 특히 아이들이 아직 어려서 상황을 잘 이해하지 못하는 경우, 남자가 자식들을 만나기 위해 할 수 있는 게 뭐가 있을까요? 아니면 그냥 기다리는 게 나은가요?

헬링거 제외당한 아버지는 매우 취약한 위치에 있는 것처럼 보입니다. 동화에도 '늑대와 일곱 마리의 새끼 염소' 이야기처럼 아버지가 제외당한 가족체적 모습을 묘사한 것이 있지요. 늑대는 제외당한 아버지이고 엄마 염소는 일곱 마리의 새끼 염소를 곁에 두고 있어요. 엄마는 자녀들이 아버지와 어떤 접촉도 하지 못하도록 금지를 시켰고요. 그러다 보니 아버지는 자식들을 만나기 위해서 변장을 해야만 합니다. 나중에는 자식들이 아버지를 죽이게 되지요. 동화 속에 많이 등장하는 윤리의 모습입니다.

가족체적 역동에서 보자면, 거부당한 사람이 실은 더 강한 위치에 있습니다. 이 사실을 기억해야만 합니다. 만일 아버지가 그걸 안다면 기다릴 수 있을 겁니다. 끝에 가서 자녀들은 그릇된 행위를 한 사람의 편에 서게 됩니다. 이 말은 곧 자녀들이 승리를 거둔 부모의 편에 서는 게 아니라 겉보기에 패배한 부모의 편에 서게 된다는 뜻입니다. 그러한 토대는 거부당한 아버지로 하여금 상황을 바로 볼 수 있는 방법을 제공해 줍니다. 그는 자녀에게 자기가 아버지이고 어떤 상황에서도 자기를 믿고 의지해도 된다고 말합니다. 자녀와 접촉할 수 있는 방법이 없다면 굳이 그 내용을 자녀와 얼굴을 맞대고 말할 필요가 없습니다. 다른 사람을 통해서 그 메시지를 전달할 수도 있으니까요. 아이 엄마의 친구를 통해서 전달할 수도 있겠지요. 좀 교활한 수법으로 보일 수도 있지만 말이에요.

얼마 뒤에 진행된 세션 중에서.

헬링거 (의뢰인에게) 당신 어머니가 자신의 남편, 즉 당신 아버지를 존경했나요?

의뢰인 그렇다고 생각해요. 그랬어요.

남자가 상당히 감정적인 모습을 보인다.

헬링거 이 부분이 당신 가슴에 크게 와 닿은 것 같군요. 부인 옆에 온전히 서 있으려면, 당신 아버지와 아버지의 아버지로부터 힘을 얻어야 해요. 그럴 때 당신 부인도 좀 더 존경 어린 마음으로 당신을 바라보게 될 겁니다.

동화에 아이들 아버지를 우습게 여기는 어머니를 묘사한 이야기가 있는데요, 바로 늑대와 일곱 마리의 어린 염소들이에요. 이 동화는 첫 문장에서 "엄마 염소가 일곱 마리의 어린 염소들을 불러 모아놓고 나쁜 아빠, 즉 늑대를 조심해야 한다"며 주의를 줍니다. 그런 다음 엄마가 어떻게 하는지 아세요? 아버지가 아이들에게 접근하지 못하도록 금지를 시킵니다. 그러다 보니 아버지가 아이들을 만나려면 변장을 하는 수밖에 없지요. 그는 분필을 먹고 흰 가죽을 뒤집어써 어머니처럼 보이게 변장을 합니다. 그런 식으로 아이들을 만나려고 하지요. 나중에 어머니는 일곱 자녀들의 도움을 받아 그를 죽이기로 결심합니다.

나는 이 동화의 뒷부분을 다르게 구성해 봤습니다. 늑대가 "나를 들여보내다오"라고 말하는 대신, "나는 너희 아빠란다. 그러니 문을 열어도 괜찮아. 아빠가 너희에게 줄 선물을 가지고 왔단다"라고 말을 합니다. 일곱 마리의 어린 염소들은 "안 돼요. 우리 엄마가 그렇게 하면 안 된다고 했어요. 당신이 우리 아빠라는 걸 증명해 보이세요"라고 말을 하지요. 그런데 사실 이 염소들은 너무나 호기심이 많은 아이들인지라 그에게 문을 열어주고 맙니다. 일곱 마리 염소가 자리에 앉자 늑대가 아이들에게 가져온 선물을 하나하나 꺼내놓습니다. 아이들은 아주 신이 납니다. 그때 엄마가 문을 열고 들어옵니다. 그러자 늑대가 권위가 담긴 목소리로 말을 하지요. "당신도 이쪽으로 와서 앉아요. 우리의 파티에 당신도 함께합시다"라고요.

남자와 부인이 진심으로 웃음을 터뜨린다.

헬링거 대개 동화 속에는 가족체 안의 긴장 관계가 암호화되어 숨어 있습니다. 늑대와 일곱 마리 어린 염소들 이야기는 이혼한 가정에서 흔히 볼 수 있는 긴장 관계를 반영하고 있습니다. 아버지는 아이들을 만날 수가 없습니다. 왜냐하면 어머니가 아이들에게 아버지를 나쁜 사람이라고 말하고 있기 때문이지요.

잘못된 궤도

아래 내용은 첫 번째 결혼에서 딸 둘을, 두 번째 결혼에서 아들 한 명을 두었으나 지금은 새 여자 친구와 살고 있는 한 남자의 세션을 진행하다가 중단하고, 헬링거가 전체 참여자들에게 들려준 설명이다.

헬링거 나는 잘못된 궤도에 선 사람들을 대상으로 연구를 해본 적이 있습니다. 거기서 내가 알게 된 것은 한 사람이 잘못된 궤도에서 너무 멀리 가버린 경우 되돌아올 방법이 없다는 겁니다. 여러분이 기억해야 할 것은 아무리 강한 얽힘 관계에 묶여 있다 하더라도 자신이 한 행위에 대한 책임을 부정할 수는 없다는 겁니다. (남자에게) 예컨대 당신의 전 부인들과 자녀들에 대해서가 그렇습니다.

(참여자들 전체에게) 이것 말고도 한 가지 더 숙고해 볼 내용이 있습

니다. 우리에게는 원하는 것을 할 수 있는 자유가 있습니다. 예컨대 부부 관계를 떠나는 게 그런 것에 해당되겠지요. 누구나 그럴 자유가 있습니다. 하지만 그로 인한 결말을 결정할 수 있는 자유는 없습니다. 그 결말은 행위에 대한 결과이며, 거기가 바로 우리의 자유가 끝나는 지점이기도 합니다.

이중 전환

질문 부부 치료에 관한 강연에서 이른바 '이중 전환double shift' 이야기를 들은 적이 있습니다. 그게 뭔지 설명을 좀 해주시겠어요?

헬링거 부부 관계에서 이중 전환이란 해결책이 보이지 않을 정도로 심각한 갈등을 불러오는, 가장 흔한 요소 가운데 하나입니다. 이건 마치 보이지 않는 상대, 곧 그림자와 벌이는 복싱 경기와 비슷해요.

한 세미나에 참여한 부부가 떠오르는군요. 세미나 첫날 밤, 여자가 아무 말 없이 나갔다가 다음날 아침 돌아와서는 남편에게 "난 여태까지 애인과 함께 있다가 온 거예요"라고 말을 했답니다. 그 여자와 남편은 자녀 다섯을 두었는데, 간혹 여자가 남편을 보다가 아무 이유 없이 화를 내고 분통을 터뜨린다고 하더군요.

세미나가 진행되는 과정에서, 여자가 어린 시절 아버지가 부인과 아이들을 시골로 보내고 자신은 정부情婦와 도시에서 살았다는 사실이 드러났습니다. 아버지와 정부는 가끔씩 시골에 사는 가족을 찾아왔고, 그럴 때마다 여자의 어머니는 너무나 친절한 모습으로 그 두 사람 시중을 들었다더군요. 여자의 어머니가 덕이 높아서 그런 걸까요?

참여자들 아니요.

헬링거 여자의 어머니는 당연히 분노를 느꼈겠죠. 그리고 나중에는 딸이 어머니의 분노를 집어들었고요. 딸은 어머니의 분노를 자신의 아버지가 아니라 자신의 남편을 공격하는 데 사용한 겁니다.

그러니까 어머니에서 딸로 주체의 전환이 일어난 겁니다. 물론 아버지에서 남편으로 대상의 전환도 일어났고요. 이게 바로 이중 전환입니다. 그와 동시에 딸은 자신의 아버지처럼 행동하고 있었고요. 그녀는 남편을 자기 아버지가 어머니를 대하던 방식으로 대했던 겁니다. 거기서 여자가 이중의 신의loyalty, 즉 어머니에 대한 신의와 아버지에 대한 신의를 동시에 가지고 있음을 알 수 있습니다.

낙태와 죄책감

아래 내용은 낙태 경험이 있는 한 여성의 세션이 끝난 뒤 헬링거가 전체 참여자들에게 들려준 설명이다.

헬링거 (참여자들 전체에게) 낙태는 예외 없이 영혼 안에 깊은 죄책감을 만들어냅니다. 낙태는 어른들이 부담감에서 벗어나기 위해 자녀에게 모든 걸 포기하라고 요구하는 행위입니다. 누구나 원하는 대로 행동할 자유가 있지만, 영혼은 거기에 동의하지 않을 뿐만 아니라 죄책감을 느낍니다. 간혹 낙태 이후 배우자들이 속죄를 통해 죄책감을 없애려 들기도 합니다. 스스로를 나쁜 상황 속으로 밀어 넣거나 나중에 맺게 되는 관계들의 성공을 허용하지 않는 방식으로 말예요.

하지만 이 부분에 대해서 생각을 좀 해봅시다. 부모가 스스로를 고통 속으로 밀어 넣는 모습을 바라보는 자녀의 마음이 어떨 거라 생각되세요? 그 모습을 보는 자녀의 마음은 결코 편할 수 없습니다. 이건 마치 나쁜 일들이 계속해서 증식되어 가는 것과 같습니다. 죽은 아이는 평안합니다. 아이들에게 있어서 죽음은 끔찍한 일이 아닙니다. 하지만 부모는 평안하지 못합니다. 왜냐하면 부모는 자신들의 행위를 인정하지 않기 때문이지요.

죄책감이 연루된 상황을 해결하는 길은 두 가지가 있습니다. 첫 번째는 자신이 한 행위를 인정하면서 "나는 이것을 원했고 그러한 행위를 했다"고 사실을 받아들이는 겁니다. 죄를 인정할 수 있을 때는 심지어 죄책감에서도 힘을 얻을 수 있습니다. 무고한 사람은 얻을 수 없는 힘을 말입니다. 이 힘을 가지고 부모는 낙태된 자녀를 자신들의 가슴속에 받아들일 수 있게 됩니다. 그때 낙태된 아이에게 "나는 너의 아버지다. 나는 너의 어머니다. 나는 이제 너를 내 자식으로 받아들인다. 네가 내 가슴 안에 자리를 만들었고, 그것이 내게도 좋은 일이라는 사실을 존중한다"라고 말할 수 있습니다.

두 번째 가능성은 남자분이 방금 전 세션에서 말한 것과 같은데요, 그는 "그 일은 끝났다"라고 말했습니다. 그 말에는 진실이 담겨 있습니다. 어느 시점에 이르면 죄책감은 끝나야 합니다. 죄책감을 끝내는 방법은 바로 그것을 인정하는 것이에요. 이건 아주 중요한 한 걸음입니다. 왜냐하면 그때 새로운 시작을 위한 공간을 만들 수 있으니까요.

(남자에게) 방금 전 여기서 드러난 사실은 당신이 느끼는 죄책감을 온전히 인식하면서 가슴 깊은 곳에 과거의 배우자 그리고 낙태된 아이

를 위한 자리를 마련해야 한다는 걸 보여줍니다. 그게 당신에게는 치유의 움직임이 될 테고요. 그것이 가능할 때 비로소 당신은 과거의 배우자와 온전히 헤어질 수 있고 새로운 배우자를 향해 돌아설 수 있을 거예요. 그때 당신은 새로운 관계를 충만하게 채워나갈 기회를 얻게 됩니다. 자신의 죄책감을 인식할 때 당신의 요구도 줄어들게 됩니다.

(부부에게) 부부 사이의 어려움을 다루는 또 한 가지 비법을 알려드리죠. 바로 과거를 뒤에 남겨두고 다시는 뒤돌아보지 않는 거예요. 심지어 생각 속에서조차 뒤를 돌아봐서는 안 됩니다. 전적으로 현재에 머물러야만 합니다. 현재를 이루는 중요한 퍼즐 한 조각이 바로 자녀들이죠. 부부로서 행복한 모습의 부모를 본 자녀들은 최고의 자식이 될 수 있습니다.

질문 낙태한 아이를 대신할 만한 인형이나 뭐 다른 대용물을 하나 두는 게 낫지 않나요? 그래야만 살아있는 동안 그 아이를 기억할 수 있지 않을까요?

헬링거 아니요, 그건 끔찍한 짓이에요. 그렇게 했다가는 그 일이 절대 끝나지 않겠죠. 낙태된 아이도 결코 평안을 얻지 못할 거고요. 당신은 그 아이를 가슴속에 담아야 합니다. 그리고 언젠가 때가 되거든 떠나보내야 하고요. 그러면 아이도 물러날 수 있습니다. 그 아이를 기리는 마음으로 조그만 나무를 심는 사람들도 더러 있습니다. 나무는 꽃을 피우고 나중에는 시들어 결국 죽지요. 모든 것에는 끝이 있음을 나타내는 상징처럼 말이에요. 얼마간의 시간이 지나면 모든 것이 끝을 맞을 수 있도록 놔두어야 합니다.

참여자 죄책감과 무고함에 대해 당신이 이야기한 바에 따르면, 자신이 한 일에 따른 죄책감을 회피한 사람은 기꺼이 죄책감을 인정하고 끌어안은 사람보다 부족한 사람처럼 보이는데, 그런가요?

헬링거 맞습니다. 무고한 사람들은 가볍습니다. 어떤 값을 치르는 한이 있어도 자신의 무고함을 지키려 하는 사람은 매우 편협한 사람입니다. 하지만 성장하기 위해 일부러 죄책감을 갖는 사람은 더욱 편협한 사람입니다.

참여자 당신은 낙태된 아이의 문제는 오직 부모에게만 해당한다고 말했는데요, 방금 전 세션에서는 새 결혼으로 태어난 자녀들에게 낙태된 아이를 바라보도록 한 뒤 어떤 느낌이 드느냐고 물었습니다. 이 두 상황이 혼란스러운데요.

헬링거 나는 낙태된 아이는 오직 부모에게만 영향을 끼친다고 전적으로 확신하고 있습니다. 주의 깊게 살펴보면 그것이 사실임을 알 수 있어요. 만일 부모가 자신들 사이에서 이 문제를 해결할 수 있다면 자녀들은 그로 인한 영향을 받지 않고 자유로울 수 있습니다. 하지만 여러 가족체적 정황을 보면 아이들이 영향을 받고 있는 경우가 많지요. 방금 전 세션에서도 그렇고요. 만일 이 자리에 의뢰인의 실제 자녀들이 있었다면 나는 이 세션을 진행하지 않았을 겁니다. 나는 자녀들 앞에서 부모의 낙태 사실을 드러내지 않습니다. 치유사가 해서는 안 되는 일입니다.

경구 피임약

참여자 제가 보기에는 이른바 경구 피임약을 복용하는 것이 낙태 행위인가 아닌가를 판단하는 데 애매한 면을 조장하는 것 같습니다. 이 문제에 대해서 어떤 생각을 갖고 계신가요?

헬링거 이에 대해서는 함부로 개인적인 의견을 피력하고 싶지 않군요. 이런 문제는 매우 조심스러워요.

참여자 덧붙이자면 저는 응급실에 근무하는 의사인데, 환자들에게 경구 피임약을 줘야 할 때가 종종 있어요. 사실 그것 때문에 양심의 가책을 느껴요. 솔직히 저는 낙태로 아이들을 죽이는 행위를 반대합니다. 그렇지만 직업상 피임약을 투여해야 해요. 이 점에 대해서 당신은 뭐라고 말씀하시겠습니까?

헬링거 나는 그 두 가지가 전혀 다른 주제라고 말하고 싶군요.

참여자 제가 보기에는 독일의 낙태 관련법에서도 지적하듯이 생명의 시작을 어디로 보느냐가 모든 문제의 시작점이라고 여겨지는데요. 정자가 난자와 합쳐질 때를 생명이 시작되는 시점이라고 정의한다면, 배란을 억제하고 수정란의 착상을 막는 경구 피임약은 낙태 행위에 해당하는 게 아닐까요?

헬링거 나는 당신이 그런 식의 정의를 내릴 수 있다거나 내려야 하는 위치에 있다고 생각하지 않습니다. 자신이 내린 정의를 근거로 삼아 당신은 전혀 신빙성 없는 결론에 이르고 있어요. 수정이 돼 태아가 자궁 안에 자리를 잡고 모습을 갖춰가고 있다면 문제가 명확해지겠지요. 하지만 당신의 정의는 너무나 법률 중심이고 또 협소합니다. 과연 생명이 시작하는 기점이 언제냐는 질문에 대해서 나는 함부로 답할 생각이 없습니다.

당신이 생명의 시작점에 대해 확답을 내리려고 노력하는 것이 영혼에 어떤 영향을 끼치게 될 것 같은가요? 좀 더 넓은 견지에서 본다면, 그런 식으로 명확하게 정의를 내리는 행위는 당신을 신의 위치 혹은 거대한 우주적 힘과 같은 위치에 올려놓는 행위란 걸 알 수 있습니다.

당신은 또 낙태를 살해 행위로 보아서도 안 됩니다. 낙태는 살해와는 다른 영향을 끼치기 때문입니다. 만일 그 두 가지가 같다면 가족세우기 세션 안에서도 낙태가 살해와 같은 영향을 끼쳐야 하는데 실제로는 그렇지 않습니다. 가족세우기 세션을 보면 그 둘이 다르다는 걸 분명히 알 수 있습니다. 그러니 내가 만일 당신이라면 이 문제에 좀 더 신중하게 접근할 거예요.

나이 차이가 큰 사람과의 결혼

참여자 남자가 여자보다 나이도 훨씬 많고 자녀도 원하지 않는 데 반해 나이 어린 부인은 자녀를 원할 때, 이 결혼이 성공할 가능성이 얼마나 될까요?

헬링거 나이 차이가 큰 부부 사이에서 전형적으로 나타나는 상황입니다. 미래가 등 뒤에 있는 남자가 미래가 눈앞에 있는 여자와 결혼할 경우 대개는 잘되기가 어렵습니다.

나이 많은 남자가 아주 나이 어린 여자와 결혼할 때, 그 남자는 자신의 어머니와 결혼을 하는 겁니다. 젊은 여자는 부인이 아니라 어머니를 대신합니다. 어린 남자와 나이 많은 여자의 관계도 마찬가지입니다. 부부 관계는 특정한 연령 범주 안에서 성립됩니다.

나이가 훨씬 적은 남자와 결혼하는 여자는 남자가 언젠가 자신을 떠날 거라는 예상을 해야 합니다. 반대로 젊은 여자와 나이든 남자의 경우는 관계가 더 오래 지속될 가능성이 큽니다. 여러 부부들을 관찰하다 보니 이러한 현상이 목격되더군요.

쌍둥이와의 결혼

헬링거 쌍둥이들은 떨어져서 살 수 없습니다. 그리고 쌍둥이 중 한 사람인 당신 배우자에게는 당신보다 쌍둥이 자매가 더 우선시된다는 걸 미리 알아둘 필요가 있습니다. 배우자가 남자 쌍둥이 중 한 사람일 때도 이는 마찬가지입니다. 이것은 당신의 결혼 생활에 있어 첫 번째 결속과 똑같은 영향을 끼칩니다. 이러한 결속을 인정하면 남자는(혹은 여자는) 배우자에게는 물론 배우자의 쌍둥이 형제나 자매에게도 사랑을 받을 수 있습니다. 만일 당신이 쌍둥이를 배제하려고 들면 부인은 그 대용품을 찾으려 들 겁니다. 이런 상황은 흔히 혼외정사를 초래하게 되는데, 애인이 제외당한 쌍둥이를 대신하는 겁니다.

사랑으로 기다리기

헬링거 남편과 부인이 사랑하는 마음으로 각자의 원래 가족과 헤어졌을 때에만 둘의 사랑이 성공할 수 있습니다. 그렇지 않고 두 사람이 여전히 원래 가족에 속해 있는 짐을 지고 있다면, 다시 말해서 원래 가족체 내 누군가의 운명을 현재 가족 안으로 가져온 상태라면, 그것은 두 사람에게 나쁜 영향을 끼치고 부부 관계를 손상시킵니다. 만일 현재 부부가 그와 같은 상황에 놓여 있다면, 두 사람 모두 인내심을 갖고 서로에게 분노를 터뜨리지 않도록 주의해야 합니다. 남편이나 부인이 원래 가족에 얽혀 있음을 인정하면서 그 일이 해결될 때까지 기다려줄 수 있어야 합니다. 사랑을 전제로 한 이러한 기다림에는 희생이 따르기는 하지만 얽힘 관계가 표면으로 드러나면서 그 문제가 해결될 수 있는 환경을 조성해 줍니다.

참여자 얼마 동안이나 기다려야 할까요? 아니, 이렇게 말할 수도 있겠네요. 스스로 인식조차 못한 채 자신에게 지나친 요구를 하고 있다는 걸 알아채는 때가 언제일까요?

헬링거 만약 당신이 위기에 봉착했다면, 배우자가 회복되기를 기다리며 그의 병상을 지키고 있다고 상상해 보세요. 최선을 다해 보살피되 의식의 중심은 당신 안에 둔 채 말이에요. 물론 이 이상 불가능하다고 느껴지는 한계 지점이 있습니다. 그러한 한계에 도달했다 싶을 때 부부는 헤어지게 됩니다.

그럼에도 당신이 사랑으로 기다려준다면, 때로 기다림이 상대방 내면에서 변화를 일으키기도 합니다. 당신이 도우미로서 기다리는 게 아니라 배우자로서 기다려줄 때 말이에요. 그러면 상대방도 모욕감을 느끼지 않게 되지요. 부부 중 한 사람이 아주 큰 도움을 받아야 하는데 그가 돌려줄 게 충분하지 않을 경우 둘의 관계는 끝날 수밖에 없습니다. 하지만 상대방에 대한 존경심을 잃지 않고 기다려준다면, 관계가 지속될 힘이 생깁니다.

또 다른 예로 이혼 후에 한 사람이 자녀들과의 접촉을 거부당하는 경우가 있습니다. 부모가 아이의 양육 문제로 갈등을 벌이는 모습은 모두에게 아주 나쁜 영향을 끼칩니다. 이때 접촉을 저지당한 사람이 사랑으로 조용히 기다릴 수 있다면, 이러한 소리 없는 요청의 결과로 상황에 변화가 일어날 수도 있습니다.

언젠가 한 남자가 내게 전화를 걸어서 부인이 아이들을 데리고 미국으로 가버렸다는 이야기를 한 적이 있습니다. 그는 이 상황에서 자신이 어떻게 하면 좋을지 알고 싶다고 하더군요. 나는 가족세우기 워크숍에서 그의 부인을 만난 적이 있는데, 그녀는 미국인으로 이 독일 남자와 결혼하기 위해 모국을 떠나와 결혼 후 두 아이를 낳았어요. 워크숍에서 내가 그녀에게 미국으로 돌아가되 아이들은 남편에게 남겨두고 가야 한다고 했었죠. 그 당시에는 그것이 해결책으로 보였기 때문이에요. 그녀는 미국으로 돌아갔지만 아이들을 데리고 가버렸어요. 나는 남자에게 의식의 중심을 내면에 둔 채로 아무것도 하지 말고 그저 기다리라고 말했어요. 그리고 1년 후 아이들이 돌아왔어요. 그게 바로 중심을 내면에 두고 기다린 결과예요. 이따금 그런 일이 일어나기도 합니다.

거리를 둔 관계

헬링거 (매우 친밀하고 만족스러워 보이는 부부에게) 지금 두 분을 보면서 과연 이들에게도 문제가 있을까 의구심이 드는군요.

하이디 저희가 문제를 집에 남겨두고 와서 그런 것 같아요. 제 말은 이곳에 와서 보니 모든 게 그저 편해지고 달라 보여요. 집에서는 문제가 많은데 말이에요.

헬링거 정말 사랑스런 해결책이지 않나요?

하이디와 클라우드가 소리 내어 웃는다.

헬링거 집에 돌아가거든 지하실에 두 사람 문제를 보관해 둘 공간을
만든 다음 그곳에 모든 문제를 넣어두도록 하세요. 그게 하나의 해결책
이 될 거예요.

하이디 저희는 같이 살지 않아요.

헬링거 두 사람의 문제가 그건가요? 왜 같이 살지 않나요?

하이디 제 생각에는 저희 두 사람 관계가 아직 덜 여물어서 그런 것
같아요.

헬링거 부부 관계가 어떤 식으로 자라고 꽃피어야 하는 건데요?

하이디 (질문을 숙고하더니) 아마 잠깐 동안 거리를 유지하다가 곧 둘
이 같이 살 수 있을 것 같아요.

헬링거 그게 당신이 원하는 관계인가요?

하이디 그런 것 같아 걱정이에요.

헬링거 그겁니다. 과거에 결혼한 적이 있나요?

하이디 아니요, 하지만 꽤 오랫동안 동거를 했고 그 관계에서 생긴 딸
이 하나 있어요.

헬링거 왜 헤어진 겁니까?

하이디 그 사람이 너무 멀리 있었어요. 일종의 주말 부부 같은 관계
였어요.

헬링거 아, 당신은 장거리 부부 관계가 익숙하군요.

하이디와 클라우드가 소리 내어 웃는다.

헬링거 워크숍에 참여했던 한 부부 이야기를 들려드리죠. 두 사람은 결혼한 지 6년이나 되었지만 한 번도 같이 산 적이 없었어요. 남자가 일거리를 찾아 다른 곳으로 가야 했다고 하더군요. 그러자 워크숍에 참여한 사람들이 남자에게 부인이 살고 있는 곳에서도 일거리를 구할 수 있을 거라며 남자를 설득하려 들었어요. 하지만 남자는 들은 척도 하지 않았죠.

나중에 우리는 남자의 아버지가 결핵을 앓았고 여러 해 동안 요양소에 있으면서 가끔씩만 가족을 만나러 왔다는 사실을 알게 되었어요. 집에 와 있는 동안 아버지는 부인과 아이들을 전염시킬까봐 늘 전전긍긍하면서 집에 오래 머무르지 않고 금방 요양소로 돌아가곤 했답니다. 이 남자는 아버지의 근심 걱정을 떠맡은 겁니다. 자신이 그렇게 하고 있는지도 모른 채 말이에요. 워크숍이 끝난 뒤 남자는 부인의 집으로 옮겨왔어요. 두 사람은 지금 아이들과 함께 아주 행복하게 살고 있지요.

하이디 그런 상황도 해결책이 있군요.

결속은 풀리지 않는다

참여자 한번 결혼하면 임의로 갈라설 수 없다는 가톨릭 교리에 대해 당신은 어떤 입장이신가요?

헬링거 모든 것이 그렇습니다. 내 말은 가톨릭이기 때문이 아니라, 한번 결속된 것은 결코 풀릴 수 없기 때문입니다.

참여자 그럼 이 교리가 우리의 목적이 되어야 한다는 건가요?

헬링거 목적으로서는 잘못된 겁니다. 그러나 실제로 일어나는 현상에 대한 묘사로서는 맞습니다. 삶이란 너무나 복잡하기 때문에 몇 가지 기본 법칙으로 줄여서 말할 수 없어요. 가족세우기 치유 작업에서 말하는 법칙은 이러이러해야 한다는 의미의, 인간이 만든 당위 법칙이 아닙니다. 예컨대 나무는 일정한 자연 법칙에 따라서 자라지만, 그래야 한다는 법칙에 대한 반응으로 자라는 건 아닙니다. 법칙을 만드는 순간, 당신은 나무를 불구로 만들게 됩니다. 그게 바로 내 입장이기도 합니다.

어떤 법칙이 우리 삶에 적합한 것으로 나타나는지 잘 살펴본 뒤 그 법칙 안에서 살아가려고 최선을 다해 시도해 보는 것, 이게 맞는 태도입니다. 만일 그게 불가능하다면, 환경에 순응하면서 살아갈 수밖에요.

융통성 없는 외적인 규범이나 원칙은 더 이상 우리 사회에 적절하지 않습니다. 우리는 외적인 법칙들에 대해서 부정적으로 반응합니다. 그리고 그것들은 이미 대부분 붕괴된 상태이기도 하고요. 하지만 원초적인 법칙들은 여전히 작용하고, 치유사는 그런 법칙들을 가지고 치유 작업을 해야 합니다. 그러한 법칙들이 존중받을 때 문제의 해결책이 나타납니다.

결혼이 파경에 이르렀을 때도 결속은 계속됩니다. 이 사실을 인정하고 존중하면 두 번째 결혼이 성공할 가능성이 생깁니다.

결혼이 늘 최상의 해결책은 아니다

헬링거 어떤 문제를 다루고 싶으세요?

피터 저희는 5년 동안 동거를 해왔어요. 저희 관계가 정체되어 있다는 느낌이 들어서 여기 왔습니다.

헬링거 두 분 중 과거에 심각한 남녀 관계를 가진 분이 있나요?

피터 예, 제가 12년간 한 여자와 동거를 했어요.

헬링거 자녀도 두었나요?

피터 아니요. 아이는 없어요.

헬링거 (여자에게) 당신은 어떠세요?

셀마 저는 여러 남자들과 관계를 맺어봤어요. 한 번은 약혼까지 갔지만 결혼으로 이어지지는 않았죠.

헬링거 아이가 있나요?

셀마 아니요.

헬링거 왜 약혼이 결혼으로 이어지지 못한 거죠?

셀마 남자는 결혼을 원했지만 전 저를 그 남자에게 묶어둘 수가 없었어요. 그 당시 꾼 꿈에서도 제가 그를 떠나야 한다는 게 아주 명확히 나타났죠.

헬링거 어떤 꿈이었나요?

셀마 둘이 같이 교회에 들어갔는데 사람들로 가득 차 있었어요. 신랑 아버지가 성직자였는데 저희가 혼인하기 위해서 앞으로 나아가자 그분이 저희에게 결혼을 하고 싶은 거냐고 물었어요. 저는 "예"라는 대답 대신 "아니요"라고 분명한 목소리로 대답한 뒤 그 자리를 떠났어요.

헬링거 당신의 결심은 꿈에 따른 거였나요? 아니면 꿈이 당신의 결심으로 인한 결과였나요? 어느 쪽이라고 생각되세요?

셀마 지금으로서는 대답하기가 어려워요.

헬링거 꿈은 당신의 결심으로 인한 결과였어요. 상황이 그러할 때 스스로 다 책임을 떠안기보다 꿈에게 전가하기가 쉬운 일이니까요.

셀마 제 결심을 고수하긴 했지만 쉬운 일은 아니었어요.

헬링거 당신 둘은 왜 결혼하지 않은 건가요?

피터 제 입장에서 보면 결혼은 제게는 완전히 새로운 발상이에요.

헬링거 (셀마에게) 당신은요?

셀마 오랫동안 그 문제를 생각해 봤는데 제가 앞장설 수 있는 문제는 아닌 것 같아요. 하지만 저에게는 결혼이 완전히 새로운 발상은 아니에요.

헬링거 흐음, 나는 어째서 두 사람이 지금보다 더 행복하지 못한 건지 이유를 모르겠군요.

피터 제 경우에는 어떤 때는 결혼을 해도 되겠다 싶다가도 어떤 때는 할 수 없다는 생각이 들기도 하고 그래요.

헬링거 내 생각에 두 사람은 최상의 해결책을 이미 찾아낸 것 같군요. 임시 해결책이긴 하지만 현재로서는 최상이에요. (참여자들에게) 나는 남녀 관계에서 결혼이 항상 최상의 해결책이라고 생각지는 않습니다. (셀마와 피터에게) 과거 여러 차례의 남녀 관계가 있었고 그 영향이 여전히 작용하는 상태에서 완전한 결속의 욕구는 줄어들 수밖에 없습니다. 그런 경우 차선의 해결책을 취해야 합니다. 내가 보기에 당신 두 사람은 가족을 만들고 싶은 마음이 없어요. 두 사람의 관심은 남녀 관계에 있고 결혼은 그다지 중요한 사안 같지 않은데, 그런가요?

피터 저는 가족을 만든다는 것에 대해 상반된 감정을 갖고 있어요. 그게 저희의 관계에 분명히 영향을 끼치고 있다고 여겨지는데요. 그래서……

헬링거 (말을 중단시키며) 지금 현재의 모습이 그렇다는 겁니다. 나는 결혼해서는 안 된다고 말하는 게 아닙니다. 현재로서는 둘 모두에게 적절한 해결책을 찾아냈다고 여겨지는데요, 그렇게 받아들일 수 있겠어요?

피터 예, 저는 지금 감사히 여기고 있어요.

헬링거 (셀마에게) 당신은요?

셀마 그림자를 드리우는 무언가가 아직 남아 있다는 느낌이 들어요. 아니면 그게 아직 해결되지 않았다거나 하는 느낌이요.

헬링거 그걸 해결해 줄 만한 아주 멋진 해결책이 있긴 한데 좀 어려울 거라서 말을 해줘야 할지 어떨지 주저되는군요. 알려드릴까요?

피터 예.

헬링거 (셀마에게) 알려드릴까요?

셀마 예.

헬링거 집에 돌아가거든 아무 말 없이 그저 서로의 눈을 바라보세요. 서로의 관계에 대해서 이야기하지 말고 그냥 상대방의 눈을 바라보기만 하는 겁니다. 해보시겠어요?

피터 예.

셀마 (큰소리로 웃으면서) 예, 좋아요.

결혼 장부

헬링거 어떤 문제를 가지고 있나요?

리처드 얼마 전 저희는 결혼 20주년을 맞이했어요. 20년 세월 동안 좋았던 날들을 계산해 보니까 총 365일 정도가 되는 것 같더군요.

헬링거 이야기를 하나 해드리죠. 런던에서 했던 워크숍에 마흔 살 된 여성 참여자가 있었는데, 어렸을 때 소아마비를 앓고 휠체어 생활을 하게 되었어요. 그 여성은 자신의 가족세우기를 해보고 싶어 했지만, 나는 그보다 먼저 한 가지 질문을 하고 싶다고 했죠. 그 여성에게 소아마비 같은 장애 없이 성장했다면 어떨지 상상해 보라고 했어요. 그런 다음 상상한 내용을 현실, 즉 장애인이라는 현실과 비교해 보라고 했습니다. 그러곤 어떤 삶이 더 가치가 있느냐고 물었어요. 그녀는 온갖 의문을 제기하면서 내 질문에 답변을 피해보려고 안간힘을 쓰더군요. 나는 그녀에게 내 질문은 어떤 삶이 더 가치 있느냐는 아주 단순한 거라고 말했죠. 잠시 후, 아주 깊이 감동한 얼굴로 그녀가 대답하더군요. "지금 이 삶이요."라고.

리처드가 미동도 없이 앉아 있다.

헬링거 (리처드에게) 당신에게 해주고 싶은 말이 있어요. 당신은 회계사 노릇을 할 수 없어요.

리처드의 부인이 미소를 짓는다.

리처드　제가 말씀드린 내용을 당신이 이해했다는 느낌이 전혀 들지 않는군요.
헬링거　내가 방금 전에 뭐라고 말했죠?
리처드　제가 회계사 노릇을 할 수 없다고요.
헬링거　왜 그런지 아세요?
리처드　당신 말은 그러니까 제가 좋았던 것과 좋지 않았던 것을 모아서 계산하기 시작했기 때문에……

　헬링거 내 말은 당신이 정확한 덧셈을 못할 거라는 말이에요.

　리처드와 부인이 동시에 미소를 짓는다.

　헬링거 또 다른 이야기를 하나 더 해드리죠. 비엔나에서 워크숍을 하고 있었는데 자신을 정신병자로 묘사하던 암환자 여성이 있었어요. 그녀는 흔히 환각제라 알려진 약물을 복용했다고 하더군요. 내가 왜 약물을 복용했느냐고 물으니까 그 여성의 말이 무언가가 빠져 있기 때문이라고 했어요. 내가 말했죠. "아하, 그렇군요. 무언가가 빠져 있기 때문에 약물을 복용하는 사람이 있군요. 하지만 당신이 빠져 있는 것에 정신을 놓고 있는 동안, 이미 갖고 있는 것은 알아차리질 못할 텐데요."

　리처드와 부인이 말없이 고개를 끄덕인다.

내려놓음

　관계는 내려놓음을 요구합니다. 설사 우리가 지금 상대방이 곁에 있어 행복하다 하더라도 말입니다. 매일매일 우리는 내려놓기를 강요받고 있습니다. 예컨대 맨 처음 만났을 때 가졌던 꿈도 내려놓아야 할 대상입니다.

　어떤 형태의 관계든 상관없이 우리가 반드시 만날 수밖에 없는 한계는 바로 주기와 받기가 일정 단계에서만 가능하다는 겁니다. 내가 배우자에게 줄 수 있는 것이 있는가 하면 줄 수 없는 게 있습니다. 왜냐하면 주더라도 상대방이 받지 않으리라는 것을 알기 때문입니다. 그 반대의 경우도 마찬가지고요.

남녀는 처음 만나자마자 어떤 게 가능하고 어떤 게 가능하지 않은지 금방 알게 됩니다. 그런 것을 좀 더 명확히 들여다볼 수 있을 때, 관계는 더 고요해지고 겸손해집니다. 또한 더욱 행복해지고요.

5

특수한 상황에
처한 커플들

이번 장은 남녀 관계에서 아주 중요한 사건을 겪고 있는 커플을 대상으로 한 세션들을 담고 있다. 각 사례는 독일과 오스트리아, 스위스, 미국에서 진행된 워크숍에서 다루어진 내용들이다.

삼각 관계

한 남자와 두 여자를 대상으로 한 치유 작업에서 행해진 중재

헬링거 어느 분이 치유 작업을 하길 원하세요?

주디스가 자신이 원한다는 표현을 한다.

헬링거 여기에 혼자 왔나요?

주디스가 고개를 좌우로 흔들면서 근처에 앉아 있는 한 여자와 남자를 가리킨다.

헬링거 세 사람은 지금 삼각 관계인가요? (주디스와 다른 두 명이 고개를 끄덕인다.) 좋습니다. 이쪽으로 오세요.

맥스가 헬링거 옆에 자리를 잡고 앉는다. 그 옆으로 에바와 주디스가 앉는다.

헬링거　어떤 문제인가요?

맥스　말씀드린 것처럼 저희 세 사람은 이 자리에 함께 왔어요. 저는 이 두 여자와 관계를 갖고 있는 상태예요. 저희 세 사람은 때로 일을 같이 하기도 해요. 그럴 때는 세 사람 사이에 사랑이 가득한데 그렇다고 모든 게 늘 평탄한 건 아니에요. 셋 중 한 명이 상처를 입는 상황이 꼭 벌어지거든요.

헬링거　중동 지역에서 전해오는 이야기를 하나 들려드리죠. 한 남자가 친구에게 오더니 큰소리로 외쳤어요. "나는 지금 두 여자를 얻었다네. 이게 얼마나 멋진 일인지 자네는 상상도 못할 거야. 자네도 직접 해봐야 해." 다른 남자는 쉽게 설득을 당하는 사람이었어요. 얼마 지나지 않아서 이 남자도 두 번째 부인을 맞아들였어요. 그러자 첫 번째 부인이 화가 나서 남편과의 잠자리를 거부하게 되었죠. 두 번째 부인도 남편을 거부하기 시작했고요. 갑자기 남자는 외톨이가 되고 말았죠. 불행한 기분에 빠져 남자는 어느 날 밤 자정에 이슬람 사원을 찾아갔어요. 그곳에서 기도하고 있는 사람을 보았는데, 놀랍게도 그에게 부인을 둘을 들여다 한다고 조언해 준 친구였어요. 그는 당장 남자에게 가서 말했지요. "부인이 둘이나 된다는 건 너무나 끔찍한 일이야." 그러자 그 남자가 대답했어요. "나도 안다네. 내가 자네한테 그 이야기를 한 이유는 매일 밤 사원에 혼자 있는 게 적적했기 때문이야. 친구가 하나 생겼으면 해서 말했던 거라고."

세 사람이 모두 큰소리로 웃는다.

헬링거　세 분의 긴장을 풀어주려고 한 이야기예요. 이제 심각한 문제로 돌아가 보죠. (맥스에게) 결혼하셨나요?

맥스 결혼을 하지는 않았지만 제 인생에는 두 명의 여자가 더 있어요. 한 사람은 어린아이고, 또 한 사람은 어른인데 바로 애 엄마예요. 그 여자와 저희 딸도 제 가슴 안에 자리 잡고 있어요. 작년에 잠깐 딸애의 엄마와 재결합한 적이 있어요.

헬링거 결혼한 적이 없다고요?

맥스 결혼은 두 번 해봤지만 그 두 번의 결혼에서는 자식이 없었어요.

헬링거 (주디스와 에바에게) 두 분은 결혼을 한 적이 있나요?

두 여성이 결혼해 본 적이 없다는 의미로 고개를 가로젓는다.

헬링거 그러면 이분이 두 사람에게 흔히 말하는 첫 남자인가요?

에바와 주디스 꼭 그렇지는 않아요.

헬링거 과거에 심각한 남녀 관계를 가진 적이 있나요?

두 사람이 고개를 끄덕인다.

에바 저한테는 이번이 두 번째예요.

헬링거 첫 번째 관계에서 어떤 사건이 있었나요?

에바 낙태를 한 번 했어요.

주디스 제 첫 남자 관계는 그냥 풋내기 사랑이었어요. 지금도 그 사람과는 친구로 만나요. 그냥 남매 관계 같았어요. 성적으로는 제대로 된 관계로 발전하질 못하더라구요. 그냥 서로를 굉장히 좋아하는 정도예요.

두 번째 남자는 만났을 당시 기혼자였어요. 그러다 부인과 이혼하고 나더니 저까지 버리더군요.

헬링거 이번 세션을 하는데 방 안의 공간이 충분하기를 바랄 뿐입니다.

주디스 이게 중요한 사실인지 어떤지 잘 모르겠는데요, 작년에 6월부터 9월까지 한 남자와 사랑에 빠져 동거를 했어요. 하지만 저에게는 지금의 이 삼각 관계가 무엇보다 중요한 탓에 우선 이 관계부터 확실하게 정리하고 싶었어요. 결과적으로 그 남자는 저를 떠나버렸고요.

헬링거 기본적으로 우리가 여기서 살펴봐야 할 가족체는 세 개입니다. 맥스의 가족체, 에바의 가족체 그리고 주디스의 가족체인데 일단 주디스부터 시작해 보도록 하죠. (주디스에게) 당신이 첫 번째로 성 관계를 맺었던 그 남자, 현재 이혼을 한 남자, 그리고 그의 부인의 대리인을 선택해 보세요. 그 이혼남에게 자식이 있었나요?

주디스 아니요. 하지만 부인이 아닌 다른 여자와의 사이에서 낙태를 한 적은 있었어요.

헬링거 그 남자와의 사이에서 낙태한 적 있는 여성도 세워보세요.

주디스 그럼 맥스와 에바도 세워야 하나요?

헬링거 아니요. 우선 뒷배경부터 살펴봅시다. 그런 다음 현재의 삼각 관계를 추가할지 어떨지 결정할 겁니다.

주디스가 과거의 배우자들과 결혼을 하지는 않았지만, 아래의 그림에서는 그들을 '남편'과 '부인'으로 지칭한다.

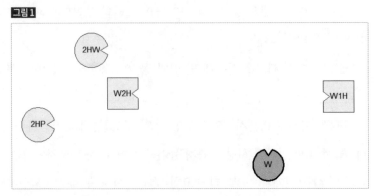

그림1

W_ 부인(주디스) W1H_ 부인의 첫 번째 남편 W2H_ 부인의 두 번째 남편
2HW_ 두 번째 남편의 부인 2HP_ 두 번째 남편의 애인

주디스가 갑자기 대리인들을 보면서 요란한 웃음을 터뜨린다.

헬링거 (주디스에게, 대리인들이 세워진 모습을 보면서) 당신은 혼자 외따로 서 있군요. 당신의 원래 가족 안에 어떤 사건이 있었나요?

주디스 아무래도 저희의 삼각 관계에서 중요한 점이라고 생각되는 게 있는데……

헬링거 (말을 자르며) 아니요. 그 문제와는 별개의 질문이었어요. 나는 지금 그 관계와는 별개로 당신의 세션을 진행하고 있습니다.

주디스 6개월쯤 전에 알게 된 건데요, 제가 아마 열 살에서 열세 살쯤 되었을 때 아버지가 다른 여자와의 사이에서 아들을 하나 두었다는 얘기를 들었어요. 그 외에도 저희 가족 안에는 드라마 같은 사건들이 수도 없이 많았어요.

헬링거 어떤 건가요?

주디스 아버지한테 성폭행을 당했어요. 그리고 제가 열아홉 살 때 아버지가 자살했죠.

헬링거 그 부분을 다뤄보도록 하지요. 그건 아주 중요한 사건입니다. 그 문제를 해결할 수 있다면 다른 문제도 명료해질 겁니다. 근친상간을 당할 당시 당신은 몇 살이었죠?

주디스 세 살이나 세 살 반부터 네 살 될 때까지였어요.

헬링거 부모님 사이는 어땠나요?

주디스 문제투성이였죠. 저는 아버지를 무지무지 사랑했고 엄마를 거부했어요. 그러다 사춘기로 접어들면서 아버지에게 극도로 혐오감을 갖기 시작했어요.

헬링거 당신 어머니와 아버지 그리고 또 다른 여인과 당신 이복동생의 대리인을 세워보도록 하지요.

첫 번째 세션에서 세워진 대리인들이 자리로 돌아가고, 주디스가 원래 가족을 대신할 대리인들을 선택한 뒤 자리를 찾아서 세운다.

그림 2

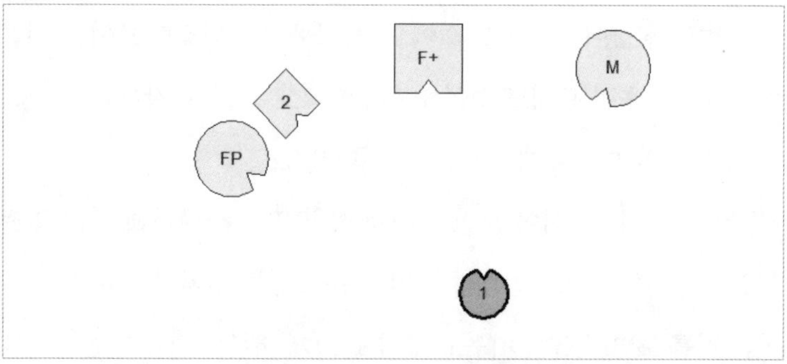

F+_ 아버지(주디스가 19세 때 자살함) M_ 어머니 1_ 첫 번째 자녀(주디스)
2_ 두 번째 자녀, 아들 FP_ 아버지가 결혼 생활중에 관계를 맺었던 여성(두 번째 자녀의 어머니)

주디스 저는 성폭행당했던 일로 꽤 많은 정신과 치료를 받았어요. 제가 대리인들을 세우는 방식에서 그게 드러날 거라 생각돼요.

헬링거 가족이 세워진 모습을 보면 당신은 아직 그 문제에 대한 치유 작업을 끝내지 못했어요. 여기에 에너지 줄들이 그어져 있다고 상상해 보세요. 네 개의 줄이 모두 당신의 대리인을 향해 달려가고 있어요. 아무것도 해결된 게 없다는 뜻입니다. 아니면 해결된 것처럼 보이지 않거나. 하지만 나는 최선을 다할 거예요. (주디스의 대리인에게) 지금 당신의 느낌은 어떤가요?

첫 번째 자녀 가슴에 압박감이 느껴져요. 부모님한테서 위협감이 느껴져요. 그 느낌이 너무나 강해요. 다른 사람들에게서도 똑같이 강한 위협감을 느끼고 있어요. 여기서 빠져나가고 싶어요. (그녀가 아버지의 정부와 이복동생이 있는 곳을 가리킨다.) 저 사람들이 있는 저쪽 어디쯤으로 도망치고 싶어요. 저 사람들에게 나 좀 여기서 꺼내달라고 소리치고 싶어요.

헬링거 거기가 조금 더 안전한 장소이기는 합니다. (아버지에게) 아버지는 지금 어떠세요?

아버지 심장이 요동치고 있어요. 제 눈에는 주디스만 보여요. 다른 사람들과는 아무런 관계도 없어요. 관찰당하고 있는 것 같아요.

헬링거 (어머니에게) 어머니는 어떠세요?

어머니 모든 관심이 오직 딸에게 꽂혀 있는 상태예요. 딸애를 보면, 뭐랄까 굉장히 강압적인데다 독기를 품고 있는 것처럼 보여요. 여기 서 있는 저를 보면서 딸이 비웃고 있어요. 그게 저를 미치게 만들어요. 나머지 사람들은 저한테는 아무 상관이 없어요.

헬링거 (주디스에게) 아버지에게 어떤 사건이 있었나요?

주디스 아버지에게는 원래 사랑하는 여자가 있었고 여자도 아버지를 사랑했다고 해요. 두 분은 결혼할 예정이었는데 여자가 불치병에 걸리면서 합의하에 헤어졌다고 해요. 여자는 서른 살 혹은 서른한 살 때 죽었어요.

헬링거 그 여자의 대리인을 세워봅시다.

주디스가 아버지의 약혼자를 자신의 바로 뒤에 바짝 세운다.

헬링거 두 사람 사이에 동일시가 일어나고 있군요.

감추어진 긴장 관계를 보여주기 위해서 헬링거가 주디스의 대리인을 몇 걸음 왼쪽으로 옮겨놓는다. 아버지의 약혼녀는 지금 중앙에 혼자서 있는 상태이다.

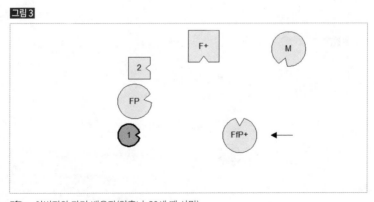

그림 3

FfP+_ 아버지의 과거 배우자(약혼녀, 30세 때 사망)

헬링거 모든 사람이 아버지의 약혼녀를 바라보고 있군요. 이 사람이 바로 모든 사람들의 시선을 끌어당기는 여자입니다.

아버지의 과거 약혼녀 (눈물을 흘리며) 이렇게 서 있기조차 너무 힘들어요.

헬링거 (아버지에게) 아버지는 지금 어떠세요?

아버지 제 모든 신경이 온통 저 여자에게 가 있어요.

헬링거 여자에게 가보세요.

아버지가 과거의 약혼녀에게 간다. 두 사람이 뜨겁게 포옹을 한다.

헬링거 (어머니에게) 이 모습을 보는 어머니의 느낌이 어떤가요?

어머니 제 마음이 한결 편안해진 게 느껴져요. 슬픔도 약간 느껴지지만 분노는 사라지고 없어요.

헬링거 (어머니에게) 남편의 과거 약혼녀 옆에 서보세요. (아버지에게) 당신은 부인과 과거의 약혼녀 사이에 서보세요.

그림 4

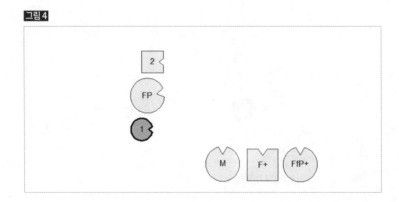

헬링거 (아버지에게) 이 자리가 어떠세요?

아버지 약간 이상해요.

헬링거 (과거의 약혼녀에게) 당신에게는 어떤가요?

아버지의 과거 약혼녀 너무 이상해요.

헬링거가 아버지를 과거의 약혼녀의 오른쪽으로 옮겨놓는다.

아버지의 과거 약혼녀 조금 낫긴 한데 길을 잃어버린 느낌이에요. 제가
어디에 있는지 알 수가 없어요.

헬링거가 과거의 약혼녀를 돌려세운 뒤 주디스의 아버지를 그 뒤에
세운다.

그림5

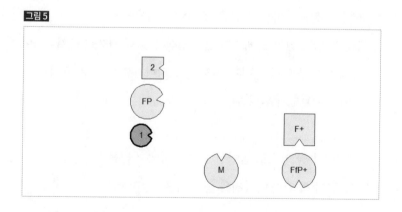

헬링거 (과거의 약혼녀에게) 이 상태는 어떤가요?

아버지의 과거의 약혼녀 더 나아요.

헬링거 (아버지에게) 아버지에게는 어떤가요?

아버지 아주 좋아요.

헬링거 이게 바로 아버지의 자살입니다. (어머니에게) 남편을 보면서 이렇게 말해봅니다. "이제 당신을 떠나보낼게요."

어머니 이제 당신을 떠나보낼게요.

헬링거 "저는 이제 뒤로 물러섭니다."

어머니 저는 이제 뒤로 물러섭니다.

헬링거 그렇게 하세요.

어머니가 남편에게 시선을 고정시킨 채 천천히 열두 걸음 정도 뒤로 물러선다.

헬링거 지금은 어떠세요?

어머니 훨씬 나아요. 지금은 제 딸이 저에게……

헬링거 알고 있어요. 하지만 먼저 당신을 좀 더 가까이 옮겨놓아야 해요. 그래야 너무 멀리 떨어져 있지 않게 되니까요. (주디스에게) 당신을 장 안에 세워보고자 합니다.

주디스가 장 안으로 들어서 어머니 옆에 자리를 잡고 선다. 두 사람이 맞은편에 서 있는 아버지와 죽은 약혼녀를 바라본다.

그림 6

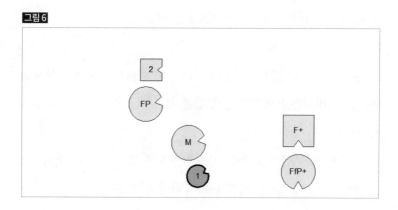

헬링거 (주디스에게) 당신도 아버지에게 "저는 이제 뒤로 물러섭니
다"라고 말을 합니다.

주디스 저는 이제 뒤로 물러섭니다.

헬링거 "저는 아버지를 그곳에 남겨두렵니다."

주디스 (잠깐 동안 머뭇거리더니) 저는 아버지를 그곳에 남겨두렵
니다.

헬링거 "이제 저는 아버지 없이도 머물 수 있어요."

주디스 이제 저는 아버지 없이도 머물 수 있어요.

헬링거 "저는 엄마와 같이 머물 거예요."

주디스 저는 엄마와 같이 머물 거예요.

헬링거 (주디스의 아버지에게) 딸에게 이렇게 말을 합니다. "미안하
다."

아버지 미안하다.

아버지의 대리인이 이 말을 마치자마자 주디스가 큰소리로 흐느껴

울기 시작하더니 어머니의 품 안으로 쓰러진다.

　헬링거　(주디스에게) 소리 내지 않고 숨을 깊게 쉽니다. 차분해진 마음으로 아버지를 보면서 이렇게 말합니다. "저는 아버지를 그곳에 남겨두렵니다."

　주디스　(차분한 목소리로) 저는 아버지를 그곳에 남겨두렵니다.

　헬링거　"그리고 지금 저는 뒤로 물러서고 있어요."

　주디스　그리고 지금 저는 뒤로 물러서고 있어요.

　헬링거　"저는 엄마와 같이 머물 거예요."

　주디스　저는 엄마와 같이 머물 거예요.

　헬링거　(아버지에게) 주디스에게 말합니다. "미안하다."

　아버지　미안하다.

　헬링거　"그리고 이제 나는 뒤로 물러서려고 한다."

　아버지　그리고 이제 나는 뒤로 물러서려고 한다.

　헬링거　"내 자리는 바로 여기야."

　아버지　내 자리는 바로 여기야.

　헬링거　(아버지의 과거 약혼녀에게) 이 모습을 보고 나서 느낌이 어떠세요?

　아버지의 과거 약혼녀　한결 편해졌어요. 안정감이 느껴져요.

　헬링거　어머니는 어떠세요?

　어머니　제가 감정적으로 지지를 얻기 위해 딸을 필요로 하고 있다는 걸 알았어요.

　헬링거　주디스를 보면서 이렇게 말합니다. "미안하다."

어머니 미안하다.

헬링거 "이제부터는 내가 너의 엄마다."

어머니 이제부터는 내가 너의 엄마다. (헬링거에게) 이 말을 하기가 힘들어요.

헬링거 그럴 겁니다. 이제 딸에게 이렇게 말합니다. "그리고 네가 나의 자식이야."

어머니 그리고 네가 나의 자식이야.

헬링거 "이제부터는 엄마가 너를 지켜줄 거야."

어머니 이제부터는 엄마가 너를 지켜줄 거야.

헬링거 (주디스에게) 어머니에게 말합니다. "저는 이제 당신을 제 어머니로 받아들입니다."

주디스 (가슴 뭉클함을 느끼며) 저는 이제 당신을 제 어머니로 받아들입니다.

헬링거 "그리고 엄마도 저를 자식으로만 바라봐 주세요."

주디스 그리고 엄마도 저를 자식으로만 바라봐 주세요.

주디스와 어머니가 서로를 포옹한다. 두 사람이 한참 동안 서로를 따뜻하게 안고 있다.

이 모습을 바라보던 맥스와 에바가 지금 바로 자신들 세션도 하고 싶다는 의사를 밝힌다.

헬링거 아니요. 주디스는 지금 어머니와 함께하고 있어요. 여기서 또 다른 세션을 이어갈 수는 없습니다. 다음 사람과 치유 작업을 하기까지는 주디스에게 약간 시간이 필요합니다. 이대로 세션을 마무리 짓겠습니다.

(참여자들 전체에게) 근친상간이라는 주제로 다시 돌아와서 몇 가지 짚고 넘어가고자 합니다. 근친상간이라는 주제의 경우, 치료에 임하는 태도가 여러 가지로 갈리는 것을 명확히 볼 수 있습니다.

어떤 학파에서는 우리에게 필요한 건 좋은 의도뿐이다, 좋은 의도를 가진 사람은 그런 짓을 할 수 없다고 주장합니다. 만일 좋은 의도가 없다면 그는 유죄이고, 자신의 행위를 해명해야 하며, 처벌이 사태를 바로잡는 방법이라는 식입니다. 이런 사고방식은 일반 치료계는 물론 정치권과 생활의 전반에까지 만연해 있습니다.

하지만 조금만 주의 깊게 들여다본다면, 그 사람이 가족체적 긴장 관계에 얽혀 그 역동의 지배를 받고 있을 뿐, 상황에 대한 통제권을 쥐고 있지 않다는 것을 알게 됩니다. 이러한 시각에서 근친상간을 본다면, 가족체적 신의와 사랑 외에도 여러 힘들이 작용하고 있음을 알 수 있습니다. 따라서 치유사는 재판관 자리에서 내려와 가족체적 얽힘의 고리들을 찾아보아야 합니다.

가족세우기 작업을 하다 보면, 원래 가족 안에 어떤 사건이 있었는지 전혀 알지 못한 채 의뢰인이 그 일에 얽혀 있는 경우를 흔하게 볼 수 있습니다. 그런 가족체적 사건은 여러 해에 걸쳐서 가족체를 혼돈에 빠뜨릴 수 있습니다.

한 가지 예를 말씀드리죠. 어느 날 변호사 한 사람이 나를 찾아왔습니다. 그는 자신의 가족체 안에서 남자 셋이 12월 31일에 자살을 했다는 사실을 갑자기 알게 되었다고 하더군요. 다들 그때 나이가 스물일곱 살이었대요. 이 사실을 알고 충격을 받았는데, 결코 우연의 일치가 아니라는 생각이 들었답니다.

그래서 가족사를 뒤져보던 중 증조할머니의 첫 번째 남편이 스물일곱 살 되던 해 12월 31일에 사망했다는 사실을 알아냈다더군요. 처음에는 이 남자를 아는 사람이 아무도 없는 것 같았지만, 결국 그는 그 첫 남편이 증조할머니와 그녀의 두 번째 남편에 의해 독살당했다는 사실을 알아냈답니다.

이 변호사의 가족 중에 조만간 스물일곱 살이 될 남자가 있었는데, 바로 그의 사촌이었대요. 12월 말이 가까워지면서 그는 사촌에게 경고를 해주러 찾아갔답니다. 집에 도착한 그는 사촌이 이미 자살할 생각으로 총을 구입해 놓았다는 사실을 알게 되었죠. 이 사람의 가족체 내 누구도 증조할머니의 첫 번째 남편과 관련된 사건이나 가족체적 얽힘에 대해서 알지 못했습니다.

이런 일은 성 범죄와 근친상간의 경우에도 발생합니다. 일반적인 시각으로는 이해할 수 없는 역동이 그 안에 존재하는 경우가 많은데요, 이때 치유사는 얽힘 관계를 밝혀낸 뒤 그걸 해체하여 모든 사람이 그 영향권에서 풀려나게 해주려고 합니다. 그리고 그 안에는 가해자도 포함되어야 하겠지요. 나는 지금 가족체 전체를 풀려나게 해줄 수 있는 치료 과정에 대해서 말을 하고 있습니다.

그렇다고 해서 가해자가 무죄라는 말은 아닙니다. 그러한 사건을 방지하기 위한 법이 존재하고 법은 지켜져야 합니다. 법이란 도덕 규범에 기반을 두고 있으며, 일련의 도덕 규범을 유지, 존속시키려고 하는 타당한 것입니다.

가족세우기를 통한 치유 작업은 가해자의 죄책감을 덜어주려는 것이 아닙니다. 개인이 저지른 잘못된 행위에 대한 법적 처벌을 이걸로 대신하자는 것도 아니고요. 다만 치유와 법적 처벌은 각기 작용하는 차원도 다르고 그 접근법 또한 다르다는 사실을 말하고 싶은 것뿐입니다. 치유사가 법 집행자 역할을 해서는 안 됩니다. 이 두 가지를 혼동해서는 안 됩니다.

이틀 뒤.

헬링거 (맥스에게) 이 삼각 관계에 미래가 있나요? 아니면 그냥 일시적인 건가요?

맥스 저는 미래가 있다고 생각합니다.

헬링거 장기적으로 봤을 땐 미래가 없지요. 일시적인 현상일 뿐, 따라서 그에 걸맞게 다루어져야 합니다.

맥스가 살짝 고개를 끄덕인다.

헬링거 한 여성이 내게 남편에게 느끼는 질투심을 어떻게 처리하면 좋은지 물은 적이 있습니다. 나는 그녀에게 머지않아 남편을 잃게 될 것이니 그 사이에 남편과의 시간을 즐기라고 말해주었어요. (잠깐 멈춘 뒤) 세 분에게 내가 해줄 수 있는 조언도 같습니다.

맥스가 그 말에 영향을 받은 듯한 표정으로 고개를 끄덕인다.

헬링거 (참여자들 전체에게) 내가 방금 전에 한 게 뭘까요? 꿈을 현실로 가져왔습니다.

맥스, 에바 그리고 주디스가 수긍한다는 의미로 고개를 끄덕인다.

동성애

헬링거 (조나단에게) 당신이 다루고 싶은 문제는 뭡니까?

조나단 저는 21년 동안 목회자로 살아왔는데, 얼마 전 제가 동성애자라는 걸 밝혔어요. 그 결과 여러 가지 어려움을 겪고 있습니다. 불신임을 받고 이제 곧 조기 퇴직을 해야 할 상황에 놓여 있어요. 저는 제 생부와는 물론이고 보통의 아버지들과 또 성부 하느님과도 관계가 원만하지 못했어요.

헬링거 네, 그걸로 충분합니다. 내가 동성애에 대해서 어떤 걸 관찰했는지 아세요?

조나단 아니요.

헬링거 동성애자가 되는 데는 세 가지 가족체적 조건이 필요하다는 거예요. 첫 번째 조건은 가족체 내의 누군가가 여자를 대신해야 하며 가족체 가운데 여자애가 없어야 한다는 거예요. 그러면 남자애가 여자의 신분증을 집어 들고 자신의 성적 정체성에 혼란을 겪게 되지요. 두 번째 조건은 가족체 내의 누군가가 제외당한 사람, 즉 가족의 비난을 받은 어떤 사람을 대신할 때입니다. (조나단이 고개를 끄덕인다.) 어때요, 실마리가 잡히세요?

조나단 예.

헬링거 세 번째 상황은 아들이 어머니와 여자들의 영향권에서 빠져나오지 못할 때입니다. 그럴 때 그는 아버지로부터 힘을 얻을 수 없게 됩니다. 당신의 원래 가족을 세워보고 어떤 긴장 관계가 있는지 살펴보도록 하지요. 원래 가족에 속한 자녀들이 몇 명이나 되나요?

조나단 저와 남동생, 이렇게 둘이에요.

헬링거 여기 벌써 여자애가 없는 상황이 벌어졌군요. 부모님 중에서 결혼 전 다른 남녀와 관계를 가졌던 분이 있나요?

조나단 아버지는 당신의 할머니와 막내고모 손에서 자랐어요. 아버지와 그 고모할머니는 감정적으로 굉장히 강한 결속을 맺고 있어요. 고모할머니는 저의 대모이기도 해요.

헬링거 당신의 할머니, 그러니까 아버지의 어머니에게 어떤 일이 있었나요?

조나단 그분은 집안에서 쫓겨났어요. 아버지의 친할머니가 젖먹이인 아버지를 데려다 키우셨어요.

헬링거 당신은 누구와 동일시되어 있는 걸까요?

조나단 저요? 저희 할머니하고요?

헬링거 네, 할머니와 동일시되어 있어요. 이게 바로 반대 성性과의 동일시죠. 하지만 두 번째 조건도 당신에게 적용되고 있어요. 당신은 가족체 안에서 제외당한 사람을 대신하고 있거든요.

조나단 한 가지 짚고 넘어가고 싶은 게 있는데, 저는 동성애를 장애라고 생각지 않습니다.

헬링거 많은 동성애자들이 그것을 장애라고 여기지 않지요. 그럼에도 동성애는 힘든 운명입니다.

조나단 그건 맞아요.

헬링거 좋습니다. 당신의 아버지, 어머니 그리고 두 명의 자녀를 대신할 대리인을 선택해 보세요. 거기서부터 시작해 보죠.

조나단이 참여자 중에서 대리인들을 선택한다. 조나단은 그의 동성애자 애인을 자신의 대리인으로 선택한다.

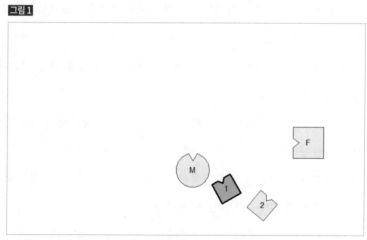

M_ 어머니 F_ 아버지 1_ 첫 번째 자녀(조나단) 2_ 두 번째 자녀

헬링거 이제 아버지의 어머니의 대리인도 세워봅니다.

그림2

FM_ 아버지의 어머니(부계 쪽 할머니)

헬링거 (할머니의 움직임을 골똘히 지켜보고 있는 조나단의 대리인에게) 지금 어떤 상황이 벌어지고 있나요?

첫 번째 자녀 무릎에서 힘이 다 빠져버렸어요. (한숨을 길게 내쉰다.) 아무 말도 할 수가 없어요.

헬링거 할머니의 대리인이 저쪽으로 움직일 때 당신에게 어떤 변화가 생기던가요?

첫 번째 자녀 저분과 저 사이에서 연관성이 느껴져요. 그걸 감지할 수 있어요. 저분에 대한 그리움도 느껴지고요.

헬링거 할머니의 움직임에 굉장히 집중하고 있군요. 가서 할머니 옆에 서보세요.

그림3

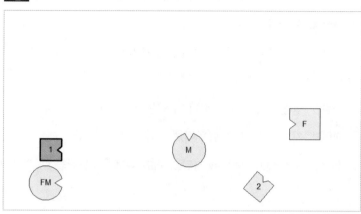

첫 번째 자녀 이제야 마음이 가라앉았네요. 이제 모든 게 다 편안해졌어요.

헬링거 바로 동일시 때문입니다. (할머니에게) 할머니는 지금 상태가 어떠세요?

아버지의 어머니 아까처럼 몸이 막 한쪽으로 움직이려고 들지는 않아요.

헬링거 이 자리가 당신에게 맞는 곳이군요.

아버지의 어머니 예.

헬링거 (할머니 옆에 서 있는 첫 번째 자녀를 가리키며) 오직 이 사람만이 이곳에 맞지 않아요.

할머니가 소리 내어 웃는다.

헬링거 아버지는 어떠세요?

아버지　짜증이 나고 누군가에게 감시당하고 있는 것 같아요.

헬링거　누구에게요?

아버지　(자신의 어머니와 큰아들을 가리키며) 저기 있는 저 사람들이요.

헬링거　당신은 누구에게 화가 나 있는 건가요?

아버지　저기 있는 저 사람들에게 조금 짜증이 나 있어요.

헬링거　아니에요. 당신이 정말로 화가 나 있는 사람들을 내가 세워 보지요.

헬링거가 아버지의 할머니와 고모의 대리인을 선택한 뒤 아버지가 볼 수 있는 위치에 세운다.

그림 4

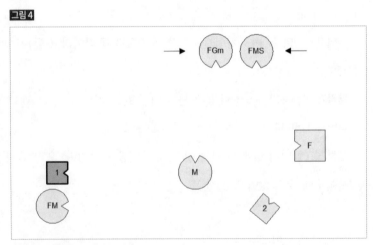

FGm_ 아버지의 할머니(조나단의 증조할머니)
FMS_ 아버지의 아버지의 여동생(조나단의 고모할머니)

헬링거 (아버지에게) 지금은 어떠세요?

아버지 뭔가 빠져 있던 게 이거구나 하는 느낌이요.

헬링거 맞습니다.

헬링거가 아버지의 어머니를 아버지 옆으로 옮겨놓는다.

그림5

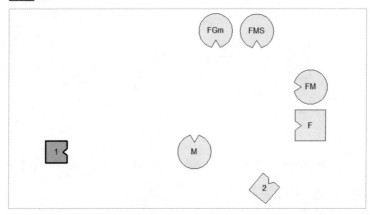

아버지 이제야 마음이 편안해지네요. 이 자리에 서 있는데 온기가 느껴져요.

헬링거 아버지의 어머니는 지금 어떠세요?

아버지의 어머니 저쪽에 서 있을 때와는 다른 종류의 소속감이 느껴져요. 지금 이대로 좋아요.

헬링거 아직은 아니에요.

헬링거가 아버지를 어머니 앞으로 옮겨놓은 뒤 그 앞에 무릎을 꿇고 앉아 절을 하라고 시킨다. 아버지가 손바닥을 위로 향한 채 두 팔을 앞으로 내밀며 낮은 자세로 절을 한다.

그림 6

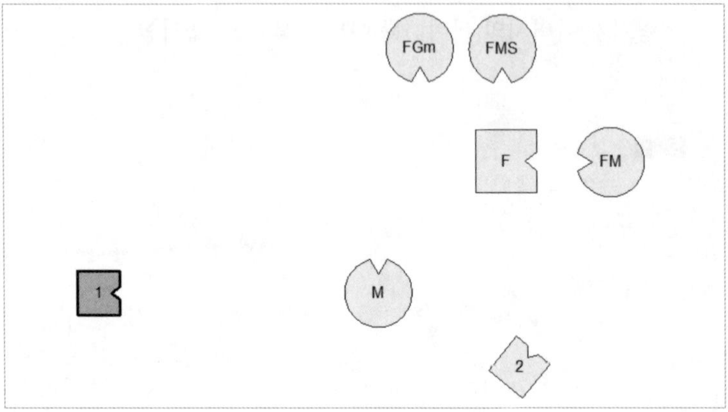

헬링거 (아버지에게) 어머니에게 말합니다. "사랑하는 어머니, 저는 당신을 존경합니다."

아버지 사랑하는 어머니, 저는 당신을 존경합니다.

헬링거 "당신만이 저에게 적합한 어머니입니다."

아버지 당신만이 저에게 적합한 어머니입니다.

헬링거 "그리고 저는 당신의 자식입니다."

아버지 그리고 저는 당신의 자식입니다.

헬링거 "제발 저를 당신의 아들로 받아주세요."

아버지 제발 저를 당신의 아들로 받아주세요.

헬링거 "저는 당신을 제 어머니로 받아들입니다."

아버지 저는 당신을 제 어머니로 받아들입니다.

헬링거 (어머니에게) 이 말은 들은 어머니의 느낌이 어떤가요?

아버지의 어머니 상반되는 감정이 들어요. 아들이 저렇게 절을 하는 모습에 가슴이 뭉클한 반면, 내 가슴이 얼어붙어 있다는 느낌도 들거든요.

헬링거가 아버지의 아버지의 대리인을 선택해서 부인의 오른쪽에 세운다.

그림7

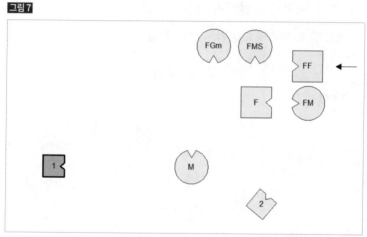

FF_ 아버지의 아버지(부계 쪽 할아버지)

헬링거 (할머니에게) 지금은 어떠세요?

아버지의 어머니 좋아요.

헬링거 (아버지에게) 이제 다시 일어나 보세요. 절을 하는 동안 어떤 느낌이 들던가요?

아버지 어머니에게 말을 하고 나서 기분이 좋았어요. 그러다 누가 들어오는 걸까 호기심이 생겼어요. 무슨 일이 진행되고 있는지 볼 수가 없었거든요.

　헬링거　이분은 당신 아버지입니다. 아버지에게 말합니다. "저는 제 어머니를 사랑해요."

　아버지　저는 제 어머니를 사랑해요.

　헬링거　"그리고 저는 어머니 곁에 서 있을 거예요."

　아버지　그리고 저는 어머니 곁에 서 있을 거예요.

　헬링거　그 말을 하고 나서 느낌이 어떠세요?

　아버지　아직 그 느낌이 확 와 닿지는 않아요.

　헬링거　어머니 옆으로 가서 서보세요.

그림8

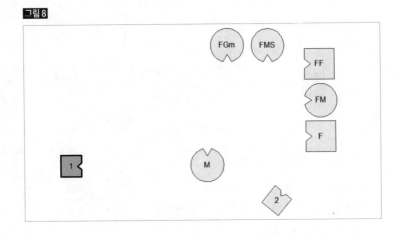

　헬링거　지금은 어떤가요?

　아버지　좋아요.

　헬링거　어머니는 어떤가요?

　아버지의 어머니　아들이 저와 동등하다는 느낌이 들어요.

376

헬링거 아버지는요?

아버지의 아버지 이제 모든 게 잘 맞네요. 이대로 좋습니다.

헬링거 (조나단의 대리인에게) 그쪽에 서 있는 아들은 어떠세요?

첫 번째 자녀 저쪽으로 가고 싶어요.

헬링거 좋아요, 이쪽으로 와보세요. 할머니 앞에 서보세요.

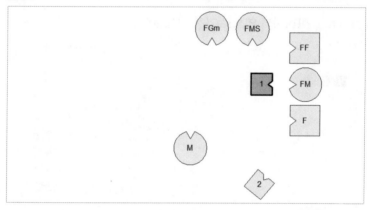

헬링거 (조나단의 대리인에게) 할머니 앞에서 절을 합니다. 그리고 이렇게 말을 합니다. "사랑하는 할머니."

첫 번째 자녀 사랑하는 할머니.

헬링거 "저는 당신을 존경합니다." 할머니의 눈을 바라보세요.

첫 번째 자녀 저는 당신을 존경합니다.

헬링거 "제가 아버지와 함께 머물더라도."

첫 번째 자녀 제가 아버지와 함께 머물더라도.

헬링거 "저를 다정하게 바라봐 주세요."

첫 번째 자녀 저를 다정하게 바라봐 주세요.

헬링거 "아버지가 제 옆에 서 계신 것처럼."

첫 번째 자녀 아버지가 제 옆에 서 계신 것처럼.

헬링거 "저도 아버지 옆에 서 있을 거예요."

첫 번째 자녀 저도 아버지 옆에 서 있을 거예요.

헬링거 그 말을 하고 난 뒤 느낌이 어떠세요?

첫 번째 자녀 점점 더 편안해지고 있어요.

헬링거 아버지의 옆으로 가서 서보세요.

그림 10

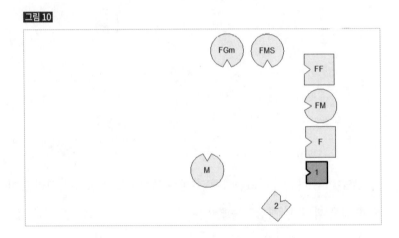

첫 번째 자녀 어지럽고 메스껍던 게 줄어들고 있어요. 이 자리가 좋아요.

헬링거 (아버지에게) 아버지는 어떠세요?

아버지 이 자리가 아주 좋아요.

헬링거 지금 부인의 느낌은 어떤가요?

어머니 뭐가 뭔지 모르겠어요. 너무 버거워요. 이 상황이 저를 슬프

게 만들어요.

헬링거 이 모습은 첫걸음에 불과해요. 이제 질서를 세워볼 겁니다. (아버지의 할머니에게) 당신의 느낌은 어떤가요?

아버지의 할머니 기분이 몹시 언짢았어요. 하지만 손자가 제 엄마 옆에 서 있는 모습을 보니까 전에는 느끼지 못하던 애정이 제 안에 있다는 게 느껴지더군요.

헬링거 할머니에게도 가슴이 있었군요. 그러니까 그 이야기가 진실이 아닐 수도 있다는 겁니다. (아버지의 고모에게) 당신은 어떠세요?

아버지의 고모 제가 있을 곳이 아닌 곳에 와 있는 것 같아요. 제가 여기서 뭘 하고 있는지 모르겠어요.

헬링거 조카에게 말합니다. "나는 네 엄마를 존경하고 존중해."

아버지의 고모 나는 네 엄마를 존경하고 존중해.

헬링거 "그분만이 너에게 적합한 어머니야."

아버지의 고모 그분만이 너에게 적합한 어머니야.

헬링거 "이제 나는 뒤로 물러날 거야."

아버지의 고모 이제 나는 뒤로 물러날 거야.

헬링거 그 말을 하고 나니 어떠세요?

아버지의 고모 좋아요.

헬링거 (아버지에게) 당신은 어떤가요?

아버지 저도 좋아요.

헬링거가 아버지의 할머니와 고모를 다른 사람이 볼 수 있는 위치에서 시야 밖으로 옮겨놓는다.

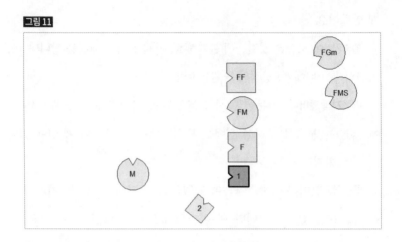

그림 11

헬링거 (아버지에게) 왜 그러세요?

아버지 그냥 숨을 크게 내쉰 것뿐이에요.

헬링거 그래요. 우리 모두 들을 수 있었어요. (아버지의 부모님에게) 두 분 역시 크게 숨을 내쉬어 보세요. 좋습니다. 이제 각자에게 맞는 자리를 찾아봅시다.

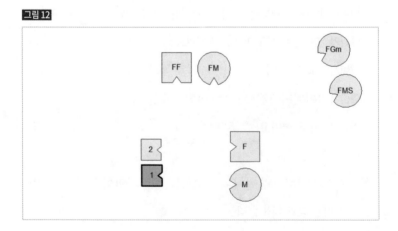

그림 12

헬링거 이게 바로 질서입니다. (조나단의 대리인에게) 지금 아들은 어떠세요?

첫 번째 자녀 좋아요.

두 번째 자녀 만족스러워요.

아버지 저는 괜찮아요. 좀 힘이 생긴 것 같아요.

어머니 훨씬 편해졌어요. (어머니가 소리 내어 웃는다.)

아버지의 어머니 저도 기분이 좋아요.

아버지의 아버지 저 역시 아주 좋습니다.

헬링거 (조나단에게) 일어나서 당신의 자리로 가보세요. 당신도 이 순간을 만끽할 수 있도록요. 어머니를 어떻게 부르세요?

조나단 엄마.

헬링거 어머니를 보면서 말해봅니다. "엄마, 제가 아버지를 존경하더라도 어머니가 그걸 잘 감당하시리란 걸 알아요."

조나단 엄마, 제가 아버지를 존경하더라도 어머니가 그걸 잘 감당하시리란 걸 알아요.

헬링거 "그리고 제가 아버지를 사랑할 때도 그렇고요."

조나단 그리고 제가 아버지를 사랑할 때도 그렇고요.

헬링거 그 말을 하고 난 뒤 느낌이 어떠세요?

조나단 좋아요.

헬링거 맞습니다. 이제 돌아서서 아버지 앞으로 가 아버지에게 등을 기대고 서봅니다.

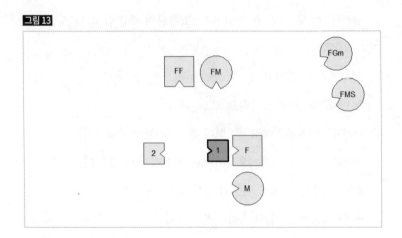

그림 13

헬링거 (아버지에게) 두 손을 아들의 어깨 위에 올려놓도록 합니다.
(조나단에게) 눈을 감고서 아버지에게서 힘을 받도록 합니다. (잠깐 멈
추었다가) 입을 벌린 채로 숨을 쉽니다. 소리 없이 숨만 쉽니다. (잠시 후
에) 이제 자신의 자리로 돌아가 보세요. 당신에게 내가 평소에 하지 않는
작은 시도를 하나 해볼까 합니다. 그럴 준비가 되었나요?

조나단 어떤 시도인가에 달렸지요.

헬링거가 참여자들 중에서 성부 하느님을 나타내는 대리인을 선택해
서 장 안에 세운다.

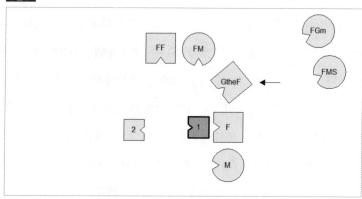

GtheF_ 성부

헬링거 여기에 성부 하느님이라 불리는 신이 있습니다. 그를 보면서 말합니다. "저는 이제 제 아버지에게 돌아갈 거예요."

조나단 저는 이제 제 아버지에게 돌아갈 거예요.

헬링거 어떠세요?

조나단 아주 좋아요.

헬링거 여기서 마무리 짓겠습니다.

동성애의 운명

참여자 동성애의 기본적인 역동에 대해서 한 번 더 설명해 주시겠어요? 동성애가 바뀔 수 있나요? 아니면 그조차도 바뀌어야 하는 건가요?

헬링거 여태까지 해온 치유 작업을 근거로 살펴보면, 동성애는 유전학적 소인素因이 아니라 가족체적 얽힘 관계에서 기인하는 걸로 보입니다. 그와 관련된 주된 긴장 관계 중에서도 특히 남성 동성애와 관련된 실

383

례를 몇 가지 보죠.

딸이 아주 어린 나이에 죽고, 딸이 죽은 뒤 아들 셋이 태어난 가족이 있었습니다. 이런 경우 아들 셋 중 하나는 죽은 누나를 대신하게 되어 있습니다. 내가 워크숍에서 이 예를 들자 한 동성애자 참여자가 굉장히 불쾌해하면서 그게 동성애와 무슨 관련이 있는지 모르겠다고 하더군요. 나는 그에게 원래 가족을 세워서 한번 살펴보자고 제안했습니다.

그에게는 형제 셋과 누나 한 명이 있었는데, 누나는 5남매 중 세 번째로, 아주 어린 나이에 죽었다더군요. 누나의 이름은 바버라였다고 합니다. 남자는 그 다음에 태어났고요. 집에서 모든 아이들이 자기 이름이 써진 찻잔을 하나씩 가지고 있었는데 이 남자의 찻잔에만 '바버라'라는 이름이 써 있었답니다. 이것만으로도 이미 그가 죽은 누나를 대신해야 했다는 걸 보여주는 설득력 있는 신호라고 여겨집니다.

어떤 이유론가 남자가 가족 상황 안에서 여자와 동일시되어 있을 때, 그 사람은 자기의 성별에 대한 인식력을 잃어버립니다. 그런 경우 동성애자가 된다는 것은 반대 성을 가진 사람과의 동일시를 상징합니다. 그게 조금 더 복잡한 형태의 동성애적 역동인데, 더 복잡하다는 건 가족체적 운명과 연관되어 있기 때문입니다.

반대되는 성性과의 동일시는 정신이상으로 발전할 수도 있습니다. 언젠가 군트하르트 베버와 나는 정신과 의사들, 또 그들의 환자들을 대상으로 워크숍을 진행한 적이 있습니다. 과거에 우리가 가지고 있던 생각과는 다르게 대부분의 정신병 환자들이 반대 성을 가진 어떤 사람과 동일시되어 있다는 게 밝혀졌습니다. 그들 대부분이 자신의 정체성에 혼돈을 겪고 있었던 겁니다.

그중 첫 번째 사례가 생각나는데요, 의뢰인 남자에게는 딸이 한 명 있었는데 그 딸이 정신분열증 환자였어요. 그 남자에게는 쌍둥이 형제가 있었지만 태어날 때 죽었다고 해요. 가족세우기 세션을 통해서 그의 딸이 아버지의 죽은 쌍둥이 형제와 동일시되어 있음이 분명해졌습니다. 즉 반대되는 성과의 교차 동일시인데, 딸의 정신분열증은 좀 더 복잡한 형태의 교차 동일시로 인해 생긴 결과였던 겁니다. 간혹 동성애자 남자는 자기 안에서 내적 분열을 경험하게 됩니다. 그 상태가 극단적일 경우 정신줄을 놓지 않고 붙잡기가 힘들어질 수도 있습니다. 이것은 아주 강렬한 형태의 동성애 증상입니다.

　　나는 또 가족체 안에서 제외당한 사람을 대신해야 하는 역동 속에 놓여 있는 사람도 봤어요. 제외당한 사람은 남자일 수도 있고 여자일 수도 있는데, 어떤 경우이든 동성애적 운명이라는 결과로 이어질 수 있습니다. 어떤 면에서 동성애는 가족체의 이방인이 되는 것과 같은데요, 내 경험에 비추어보면 이러한 동성애는 앞서 언급한 바 있는 여러 얽힘들만큼 강렬하지는 않습니다.

　　내 친구들 중에서 동성애자 친구가 어느 날 나에게 뚜렷한 이유도 없이 자기가 나쁜 사람이라는 느낌에 휩싸일 때가 있다는 말을 하더군요. 그는 굉장히 온순한 사람이었기 때문에 그런 감정이 그와 영 맞지 않는다는 느낌이 들었어요. 그래서 그 친구에게 그의 가족체를 살펴보자고 제안했지요. 그 과정에서 그의 어머니가 결혼을 앞둔 상태에서 정혼자가 그녀에게 매독에 걸려 결혼할 수 없다고 말했던 사건이 드러났어요.

　　남자는 결혼을 취소했고 여자 쪽 가족은 남자에게 격노했죠. 사실이 남자는 상황을 명확히 밝힘으로써 명예롭게 퇴장을 한 거지요. 여자가 나중에 결혼하게 될 남자를 위해 그가 공간을 만들어준 건데도 이 남자는 가족체 안에서 존중받지 못했고, 결국 나중 결혼에서 태어난 자녀가 가족체 내에서 그 남자의 자리를 대신해야 했던 겁니다. 내 친구, 그러니까 이 남자를 대신해 짐을 진 채 살아온 자녀는 동성애자가 되고 말았고요.

나는 남편을 가족체 밖으로 내몰고 아들을 독차지한 여성의 경우도 보았어요. 그러한 가족 상황에 놓인 자녀는 나중에 동성애자가 되고 맙니다. 이 세상에는 자식을 원하지만 남자를 원하지 않는 여자들이 있습니다. 자녀가 아들일 경우, 남편은 가족체 내에서 제외당하고 아들은 동성애자가 될 소지가 커집니다.

동성애자가 바뀔 가능성

참여자 동성애자가 바뀔 가능성이 있나요?

헬링거 동성애자를 바꾸는 게 우리 치유 작업의 목표는 아닙니다. 내가 관찰한 바에 따르면 여성 동성애자는 변화할 확률이 높지만, 남성 동성애자는 원래대로 돌아가기가 어렵습니다. 그렇지만 치유 작업을 하면서 예외를 본 적은 있습니다. 특히 아이가 아직 어릴 때 그럴 가능성은 높습니다.

네 살짜리 아들을 둔 한 여성이 기억나는데, 현재 가족을 세우는 과정에서 그 여성은 아이를 대신할 대리인으로 여자를 선택했습니다. 그건 일종의 신호로, 어머니는 이미 아들의 성 정체성에 대해 혼돈을 느끼고 있었다는 걸 보여줍니다. 내가 그녀에게 아들이 동성애적 성향이 있다고 하자 그녀는 당장에는 아무런 대꾸도 하지 않더군요. 7년 뒤 다시 가족세우기 세미나에 참여한 그 여성이 내게 자기를 기억하느냐고 묻더군요. 그녀는 내가 아들이 동성애자가 될 거라고 말했다며, 그 이후 어떤 일이 있었는지 알려주고 싶다고 했어요.

7년 전, 세미나가 끝나고 집에 돌아가자 아들이 엄마에게 그날 하루 어디에 있었느냐고 묻더랍니다. 세미나에 다녀왔다고 하자 아들은 거기서 어떤 일이 있었는지 알고 싶어 하더래요. 그녀는 아들에게 "거기서 한 남자가 인생에 대한 이야기를 해줬어"라고 대답했다더군요. 그러자 소년은 그 남자가 뭐라고 했는지 알고 싶다고 했고, 그녀는 "그 남자가 말하길 모든 아이에게는 한 명의 아버지와 한 명의 엄마가 있고 네 분의 조부모님이 계신다고 했어"라고 말해주었대요. 그 말을 들은 아들 얼굴이 환해지더니, "그럼 우리 그분들을 위해서 파티를 열어요"라고 하더랍니다. 그리고 어린아이는 가족에 속한 모든 사람들을 위해 식탁을 차렸답니다.

식사를 하는 동안 소년의 어머니와 소년이 가족체의 모든 사람 흉내를 내면서 마치 그들이 모두 그 자리에 모여 있는 것처럼 잔치를 벌였답니다. 그런데 그 일이 있고 나서 며칠 뒤 아들이 두 팔 가득 여자아이의 옷 뭉치를 들고 계단 꼭대기에 서 있더랍니다. 그녀가 내게 말하지는 않았지만 그 당시 아들은 여자 옷을 입기를 아주 좋아했다는군요. 아들이 옷 뭉치를 안은 채 계단을 내려오더니 엄마에게 이렇게 말하더랍니다.

"엄마, 이제 이 옷들은 여자애들에게 돌려줘야겠어요."

흐음, 이 사례는 제가 직접 경험한 실례 중 하나일 뿐입니다.

동성애적 사랑과 존중

참여자　여자 둘 혹은 남자 둘이 부부처럼 함께 사는 것에 대해서 당신은 어떤 견해를 가지고 있나요?

헬링거　때로 동성애 커플 사이에 상당히 깊고 인간적인 애정이 자리 잡고 있는 경우가 있습니다. 우리는 그러한 모습을 존중해야 합니다. 동성애 남자 혹은 여자가 자신의 운명을 인정한다면, 동성애에 대해서 경의를 표하고 존경하는 마음으로 받아들일 수 있습니다. 힘든 운명임을 받아들여야겠지만, 힘든 운명을 받아들이고 존중하는 사람들은 거기에서 특별한 힘을 얻게 됩니다.

사고

헬링거　(마크에게) 어쩌다가 장애가 생긴 건가요?

마크　끔찍한 자동차 사고로……

마크가 적절한 단어를 찾다가 더 이상 말을 잇지 못한다.

샹탈　제 남편은 반신불구 상태에 실어증까지 있어서 말하는 데 어려움이 많아요.

헬링거　(마크에게) 부인이 당신 대신 말하도록 해도 괜찮겠어요?

마크가 고개를 끄덕인다.

헬링거 어떤 문제를 다루고 싶으세요?

샹탈 저에 관해 말하자면, 저는 다양한 감정들을 가지고 있지만 그걸 표현할 수가 없어요. 마치 사막에 피어 있는 꽃 같은 느낌이에요.

헬링거 그 꽃을 위해서 소나기를 찾아볼까요?

샹탈이 소리 내어 웃는다. 마크가 프랑스 어로 통역해 달라고 요청한다. 내용을 전해 듣고 그도 웃음을 터뜨린다.

헬링거 아하, 당신의 모국어가 프랑스 어로군요. (샹탈에게) 어쩌다가 자동차 사고가 일어난 건가요?

샹탈 다른 차가 저희 차를 들이받았어요. 저희 차는 완전히 부서졌고요. 제가 운전하고 남편은 조수석에 앉아 있었어요. 남편의 신체 장애는 나중에 나타난 증상들이에요. 사고 후유증인 거죠.

헬링거 남편은 심하게 다쳤는데 당신은 그렇지 않았나요?

샹탈이 고개를 끄덕인다.

헬링거 남편을 보면서 이렇게 말해봅니다. "내가 당신과 함께 지고 갈게요."

샹탈 내가 당신과 함께 지고 갈게요.

샹탈이 한 손을 마크의 마비된 손 위에 올려놓는다. 그가 다른 손으로 부인의 등을 어루만져준다.

샹탈 (울면서) 그래요, 내가 당신과 같이 지고 갈게요.

헬링거 이게 바로 꽃을 위한 첫 번째 소나기였습니다.

두 사람이 진심 어린 웃음을 터뜨린다.

헬링거 한 가지 설명을 드리죠. 두 분은 나쁜 경험을 했어요. 남편은 당신보다 훨씬 심하게 손상을 입었고요. 손상을 덜 입은 사람은 불운으로 자기보다 더 큰 고통에 처한 사람에게 죄책감을 느낍니다. 한 사람은 얻고 한 사람은 잃었으니까요.

샹탈 사고가 나기 전에도 저는 제 느낌을 잘 표현하지 못했어요. 어떤 면에서는 그 사고가 도움이 된 면도 있어요.

헬링거 나는 지금 다른 것을 이야기하고 있습니다. 방금 전 당신이 한 말은 교란 전술에 불과해요.

샹탈이 소리 내어 웃는다.

헬링거 당신이 남편보다 더 나은 자격을 갖춘 것도 아닌데 당신이 더 이로운 상황에 놓여 있는 거예요. 그 이로운 상황이라는 것도 자신의 행위로 생긴 게 아니죠. 노력 없이 얻은 거예요. 당신 남편은 불리한 위치에 있고요. 하지만 남편도 자신이 한 행위의 결과로 그렇게 된 게 아닙니다. 이건 두 사람의 공동 운명입니다. 그러므로 해결책은 당신이 남편에게 "제가 그처럼 쉽게 벗어날 수 있었던 것을 선물로 받아들이고, 당신을 잘 돌보는 것으로 당신과 그 선물을 나눌 거예요"라고 말하는 겁니다.

샹탈이 마크를 쳐다본다. 두 사람이 깊이 감동받은 모습으로 고개를 끄덕인다.

헬링거 방금 전에 두 번째 소나기가 내렸군요.

두 사람이 소리 내어 웃는다.

헬링거 (샹탈에게) 자녀가 있나요?
샹탈 없어요. 둘 다 아이를 원하는데 저희를 찾아오지 않네요.
헬링거 해결책은 남편에게 "우리가 같이 지고 갈 수 있어요"라고 말을 하는 겁니다. 그런 다음 당신이 사랑하는 마음으로 그에게 소나기가 되어주면 됩니다.

샹탈이 마크의 볼을 쓰다듬는다. 마크가 이마로 부인의 머리를 장난스럽게 밀어낸다.

헬링거 (샹탈에게) 당신이 비, 남편이 꽃이에요.

두 사람이 소리 내어 웃는다. 둘 다 매우 편안해 보인다.

헬링거 이대로 마무리를 지어도 될까요?
샹탈 (회의적인 목소리로) 예와 아니요, 둘 다예요.
헬링거 당신은 슬며시 책임감을 내려놓으려 하고 있군요. (참여자들 전체에게) 지금 여기서 전환이 일어나고 있는 중인데요, 부인은 남편이 자신에게 뭔가 더 요구해야 할 궁핍한 사람이란 걸 인정하는 대신 자신이 더 궁핍하고 남편에게 뭔가 요구해야 할 사람인 양 행동하고 있습니다. 우리는 지금 수먹 쥐고 쟁취해야 할 그런 요구 사항들을 이야기하는 게 아니라 상황 때문에 빚어진 어쩔 수 없는 요구들을 이야기하고 있는 겁니다. 두 분을 대상으로 아주 간단한 실험을 하나 해보지요. 마크, 바닥에 등을 대고 누워보세요. 그렇게 할 수 있나요?

마크가 고개를 끄덕이더니 큰 어려움 없이 바닥에 눕는다.

헬링거 (샹탈에게) 남편 옆에 누워보세요. (고개를 돌려 부인을 바라보고 있는 마크에게) 아니요, 고개를 위로 향해서 그냥 천장을 보고 계세요. (샹탈에게) 당신은 마크를 쳐다봅니다.

샹탈이 두 팔을 가슴 위에서 포개 얹고 마크의 옆모습을 바라본다. 그러더니 마크의 마비된 손을 잡는다.

헬링거 (샹탈에게) 남편의 가슴을 들여다보세요. (잠시 후에) 남편 얼굴을 주의 깊게 쳐다보고 남편 가슴을 자세히 들여다보세요. 남편의 느낌이 어떤지 느낄 수 있을 때까지.

헬링거가 말을 하는 사이 마크가 울음을 터뜨린다. 그가 마비되지 않은 손으로 얼굴을 가리고 큰소리로 흐느껴 울기 시작한다. 샹탈이 그를 끌어당긴다. 두 사람은 바닥에 누운 채 포옹을 한다. 마비된 손을 떨면서 마크가 몹시 고통스럽게 울부짖는다. 샹탈은 한 손으로 그의 머리를, 다른 손으로 그의 마비된 손을 잡고 있다.

헬링거　남편에게 말합니다. "내가 당신을 꼭 잡고 있을게요."
샹탈　(프랑스 어로) 내가 당신을 꼭 잡고 있을게요.

마크가 깊은 곳에서 나오는 울음을 쏟아낸다.

헬링거　다시 한 번 말합니다.
샹탈　(프랑스 어로) 내가 당신을 꼭 잡고 있을게요. 내가 당신을 잡아줄게요.

두 사람이 바닥에 누워 포옹한 채로 서로의 눈을 바라본다. 마크의 흐느낌이 잦아들면서 손의 떨림도 줄어든다. 잠시 후 두 사람이 자리에서 일어나더니 헬링거 옆으로 와서 앉는다.

헬링거　(샹탈에게) 지금 당신의 상태는 어떤가요?
샹탈　좋아요. 지금은 남편에게 좀 더 가까워진 느낌이에요. 하지만 여전히 무언가가 빠져 있어요. 작은 다리(橋) 하나가 빠진 것 같아요.
헬링거　(참여자들에게) 그건 죽음의 부정입니다.

헬링거가 말없이 앉고, 샹탈은 자기 감정에 빠져 있는 것처럼 보인다.

헬링거 이대로 끝내겠습니다. (참여자들 전체에게) 이 같은 상황에서 여자가 할 수 있는 게 무엇이고 치유사가 할 수 있는 것은 무엇일까요? 작은 이야기 하나로 그걸 설명해 볼까 합니다. '손님'이라는 이야기입니다.

그곳은 세상의 중심에서 아주아주 멀리 떨어진 곳으로 한때 서부 개척지였지만 이제는 더 이상 사람들이 살지 않는 황무지였어요. 한 남자가 등짐을 진 채 그곳을 걸어가고 있었습니다. 태양이 작열하는 몇 시간 동안 계속 걷고 나니 남자는 목이 타들어가는 듯한 갈증을 느끼게 되었죠. 그때 지평선 끝에 농가 한 채가 보이고, 남자는 생각했지요.

'하느님, 감사합니다. 마침내 이 외로운 땅에서 나 말고 다른 인간을 만나게 해주시는군요. 저기서 잠깐 멈춰 마실 것을 좀 얻어야지. 어쩌면 다시 길에 나서기 전에 처마 밑 그늘에 앉아 잠시 담소도 나눌 수도 있을 거야.' 그러면서 남자는 그 순간에 기분이 얼마나 좋을지 상상해 보았어요.

농가가 가까워지자 정원에서 일하는 농부가 눈에 띄었고, 남자의 마음에서 의문이 들기 시작했어요. '어쩌면 저 사람은 할 일이 아주 많은 농부일 수도 있어. 내가 원하는 걸 말하면 나를 귀찮게 여길지도 몰라. 어쩌면 바쁜데 일을 방해한다면서 나를 무례한 사람이라고 생각할지도 몰라.' 집 쪽으로 가까이 다가갔을 때 남자는 농부에게 팔을 흔들어 보이고는 그냥 가던 길을 재촉했어요.

한편 농부는 멀리서 여행자 모습이 보이자 몹시 기뻐하면서 속으로 이렇게 생각했지요. '하느님, 감사합니다. 마침내 이 외로운 땅에서 나 말고 또 다른 인간을 만나게 해주시는군요. 부디 저 사람이 우리 집 앞에서 멈춘다면 좋으련만. 그럼 둘이 같이 뭐라도 마시면서 다시 길에 나서기 전 처마 밑 그늘에 앉아 담소라도 나눌 수 있을 텐데.' 농부는 얼른 집 안으로 들어가 마실 것을 준비하기 시작했어요.

하지만 이방인이 가까이 오자 농부의 마음에 의문이 일어나기 시작했죠. '저 사람은 어쩌면 갈 길이 아주 급한 사람일지도 몰라. 그러니 내가 원하는 걸 말하는 순간 나를 귀찮게 여길지도 몰라. 어쩌면 내가 내 요구만 하는 무례한 사람이라고 생각할 수도 있겠지. 하지만 갈증이 심해서 그가 먼저 걸음을 멈출 수도 있어. 아무래도 제일 좋은 방법은 집 앞 정원으로 나가서 아주 바쁜 척을 하는 거야. 그러면 이방인이 나를 볼 수 있을 테지. 그가 멈출 마음이 있다면 나한테 무슨 말이라도 걸어오겠지."

이방인이 손을 흔들면서 그냥 지나쳐가자 농부가 혼잣말을 했어요. "이렇게 아쉬울 수가."

이방인은 걸음을 재촉했습니다. 해가 하늘 높이 올라갈수록 갈증은 점점 더 심해졌지요. 몇 시간 뒤 이방인은 또 다른 농가를 발견했어요. 그가 속으로 생각했어요. '이번에는 주인에게 폐가 되든 말든 무조건 저 집에 들를 거야. 목이 너무 말라서 당장이라도 뭘 마셔야만 살 것 같아."

농부도 멀리서 오고 있는 이방인을 보고 생각을 했어요. '저 남자가 여기서 멈추지 말아야 할 텐데. 할 일도 많은데 매번 이방인들이 들를 때마다 뒤치다꺼리할 수는 없잖아.' 그는 반대쪽은 쳐다보지도 않고 하던 일을 계속했어요.

이방인은 들에서 일하고 있는 농부에게 다가가 "제가 지금 너무 목이 말라요. 마실 것을 좀 주시겠어요?"라고 물었지요. 그 순간 농부가 생각했습니다. '그냥 이렇게 내쫓을 수는 없는 일이지. 어쨌거나 저 사람도 인간인 걸.' 그러고는 이방인을 집 안으로 들인 뒤 마실 것을 내놓았어요.

이방인이 말했습니다. "당신 텃밭을 봤는데, 이 밭을 가꾸는 사람이 전문가라는 걸 한눈에 알 수 있겠더군요. 농작물을 사랑하고 농작물에게 필요한 게 뭔지 잘 아는 사람 말이에요." 그 말에 기분이 좋아진 농부가 말했어요. "당신은 뭘 좀 아는 사람이군요." 그렇게 두 사람은 처마 밑에 앉아 한참 이야기를 나눴습니다.

얼마 뒤 이방인이 자리에서 일어나 농부에게 말했어요. "이제 다시 길을 떠나야 할 때로군요." 그러자 농부가 가로막으면서 이렇게 말했죠. "이봐요, 해가 기울고 있어요. 우리 집에서 하룻밤 묵고 가는 게 어때요? 처마 밑에 앉아 이야기도 좀 더 나누고 말이에요. 길은 내일 떠나도 되잖아요." 이방인도 머무르는 데 동의했죠.

그날 저녁 두 사람이 처마 밑에 앉아 있는데, 땅거미가 내리면서 거대한 황무지도 모습이 변해갔지요. 어둠이 찾아들고 이방인은 자신의 삶에 일어난 변화에 대해서 이야기를 하기 시작했어요. 한 걸음 한 걸음 옮길 때마다 누군가가 늘 자기와 동행하고 있다는 걸 알아채기 시작하면서 자신의 삶과 세상도 달라졌다는 이야기였습니다. 처음에 그는 누군가 항상 자신과 함께 있다는 사실을 믿지 않았어요. 그가 자리에서 일어나면 그도 가만히 일어나고, 그가 길을 나서면 그도 똑같이 길을 나섰어요. 이 동행자가 누구인지 알기까지 그는 제법 오랜 시간이 걸렸다고 했습니다.

"저와 늘 함께한 동반자는……" 이방인이 잠시 숨을 고르고 말을 이었어요. "바로 제 죽음이에요. 저는 이제 너무나 익숙해진 나머지 그가 사라지기라도 하면 무척 그리워질 것 같아요. 그는 가장 진실하고 또 친한 친구예요. 어떤 게 올바른 것이고 다음에 어떻게 해야 모를 때, 잠시 마음을 비우고 고요히 있으면서 그의 대답을 기다려요. 저를 완전히 그의 자비심에 맡기고 말입니다. 저는 그가 거기에 있고 제가 여기에 있다는 걸 알아요. 제 생각에 집착하지 않고 그로부터 날아들 신호를 기다리는 거지요. 마음을 모으고 용기를 내면 그의 말이 하늘에서 떨어지는 번갯불처럼 저에게로 와요. 그리고 제 마음은 아주 명료해지죠."

농부는 이 대화가 아주 이상하다고 생각하면서 조용히 어둠 속을 응시했습니다. 한참 동안 어둠 속을 바라보고 있자니 농부에게도 그의 동반자, 즉 그의 죽음이 저 앞에서 고개 숙여 인사하는 모습이 보였어요. 그 순간 그의 남은 생은 헤어질 때를 알고 있는 사람들의 사랑처럼 그렇게 소중한 무언가로, 아무리 나누어도 넘치고 넘치는 사랑처럼 귀하디귀한 무언가로 바뀌었습니다.

다음날 아침, 두 사람은 함께 아침밥을 먹었어요. 농부가 이방인에게 말했습니다. "당신은 떠날 테지만 한 친구는 영원히 내 곁에 남아 있을 거예요." 그리고 두 사람은 밖으로 나가 악수를 했지요. 이방인은 다시 갈 길을 떠났고, 농부는 밭으로 돌아갔습니다.

정신 질환

참여자 아내가 정신 질환을 앓고 있을 때 남편은 어떻게 해야 하나요? 어떤 경우라도 아내를 떠나지 않고 함께 있어야 하나요?

헬링거 한 가지 예를 말씀드리죠. 가족세우기 워크숍에 참여했던 한 기혼 여성 이야기입니다. 세 자녀의 어머니였는데, 남편이 비행기 사고로 정신적으로 장애가 생기고 말았어요. 나는 그녀에게 마치 남편이 죽은 것처럼 혹은 결혼 생활이 끝난 것처럼 행동해야 한다고 말했어요. 남은 인생을 남편의 사고 후유증에 짓눌린 채 살아갈 수는 없었으니까요. 한 가지 덧붙이자면 사고가 나기 얼마 전 남편은 부인과 더 이상 성 관계를 갖지 않겠다고 선언했다더군요.

세미나가 끝나고 몇 주 후 그녀가 남편이 있는 요양원을 찾아갔어요. 부인이 하는 말을 남편이 거의 못 알아듣는 상태였지만 그녀는 남편에게 이렇게 말했답니다. "우리는 결혼을 했고 아이 셋을 두었어요. 저는 당신을 우리 아이들의 아버지로서 존중해요. 그리고 제 가슴속에 당신과의 추억을 담을 수 있는 공간을 마련해 둘 거예요. 하지만 이제 우리의 결혼은 끝났어요. 저는 이제 자유로워요."

그녀가 말을 마치자 남편 얼굴이 환하게 밝아오더랍니다. 그녀의 행동은 적합한 행동이었고, 적합한 행위는 관련된 모든 사람을 자유롭게 해주는 위대함을 지니고 있습니다.

참여자 만약 방금 전 예로 든 여성처럼 해결의 이미지가 있다고 해도, 그녀가 다시 과거의 사고방식으로 돌아갈 수도 있는 거 아닌가요?

헬링거 사람들이 오래된 사고방식으로 후퇴하는 것은 흔한 일입니다. 그래서 해결책이 몇 가지밖에 안 되는 겁니다. 그건 해결책이 죄책감과 연관되어 있기 때문이에요. 방금 전 예가 그걸 입증해 주지요. 그 여성은 죄책감을 스스로 짊어지고, 주변 사람들이 비난할 만한 행위를 함으로써 불구자가 된 남편과의 결혼 생활을 청산할 수 있었습니다. 이런 식의 해결책은 죄책감을 짊어질 준비가 되어 있어야만 가능합니다.

죄책감은 사악함과 동의어가 아닙니다. 오히려 정반대라고 말하는 게 맞을 겁니다. 좋은 일이나 올바른 일을 하는 것은 우리에게 죄책감을 일으키고, 그릇된 행위를 하는 것은 결백하다는 느낌을 갖게 만듭니다. 많은 경우 사람들은 문제에 갇혀서 오도 가도 못할 때나 잘못된 관계로 고통을 당할 때 자신들이 결백하다고 느낍니다.

기꺼이 죄책감의 압박감을 무릅쓰기로 한 사람만이 해결책을 향해 한 걸음을 떼놓을 수 있습니다. 보편적인 사고를 가진 사람들 속에서 그런 사람은 당연히 외로울 수밖에 없겠지요. 그러니 오래된 사고 패턴으로 돌아가는 게 더 편할 수밖에요.

알코올 중독

참여자　제 남편은 알코올 중독자예요. 저를 위협하고 술에 의존해서 살아가는 사람과 더 이상 함께 살 수가 없어요.

헬링거　나는 당신이 옳다고 생각합니다. 부부 중 한 사람이 문제를 갖고 있을 때, 예를 들어 알코올 중독처럼 말이에요, 문제를 가진 쪽은 상대방이 자기 곁에 머물러주기를 요구할 수 없습니다. 당사자 혼자서 그 문제에 대한 책임을 지고 가야 합니다. 만일 당신이 그 문제를 가지고 남편을 정면으로 마주하면서 "나는 당신의 알코올 문제를 당신 몫으로 남겨두고 이제부터 내 길을 갈 거예요"라고 말을 한다면 그가 변할 수도 있겠지요. 그는 그 책임을 혼자서 지고 갈 것이고, 거기에서 힘을 얻게 될 겁니다. 당신이 남편 곁에 머무르는 것이 그 사람에게 도움이 되지는 않을 거예요.

또 다른 세미나에서.

헬링거 어떤 문제를 다루고 싶으세요?

바르나드 저희는 결혼한 지 8년이 되었는데, 2년 반 전에 별거를 시작했어요. 그러다 9개월 전부터 다시 관계를 갖기 시작했지만 여전히 따로 살고 있어요. 저희 둘 다 다시 합치고 싶어 하는데도 어쩐 일인지 그게 잘 안 돼요.

헬링거 자녀들이 있나요?

바르나드 일곱 살짜리 딸이 하나 있어요.

헬링거 두 사람이 헤어진 특별한 계기가 있나요?

바르나드 저희는 자주 싸웠어요. 그러다 나중에는 제가 아내에게 폭력을 쓰기 시작했죠. 어느 날 저녁 싸움이 거칠어지면서 결국 아내가 집을 나가버렸어요. 만약 그때 아내가 나가지 않았다면 그날 밤 아주 험악한 상황이 벌어졌을 거예요.

헬링거 현재 알코올 문제는 어떤가요?

바르나드 술을 끊은 상태예요. 제가 알코올 의존적이며 스스로 통제할 능력이 없다는 사실을 받아들였고, 술을 마시지 않은 지 1년이 되었어요.

헬링거 (부인에게) 당신 생각은 어떤가요?

안나리제 이 사람 말이 다 맞아요.

헬링거 두 분 상황에 맞는 표준 해결책이 있습니다. 배우자 두 사람이 한 가지 조건에 합의할 수 있으면 새로운 시작이 가능합니다. 하지만 이 조건은 지키기가 매우 어려워요. 그게 뭔지 아세요?

바르나드 모릅니다.

헬링거 과거에 일어난 일에 대해 절대로 다시 거론하지 않는 겁니다.

바르나드 그건 좀 어려운 조건이군요.

헬링거 맞아요. (부인에게) 제가 꺼낸 조건에 대해서 어떻게 생각하세요?

안나리제 너무 어려운 조건이에요.

헬링거 보세요, 어떤 사람들은 공짜로 행복을 얻으려고 합니다.

안나리제와 바르나드가 소리 내어 웃는다.

헬링거 이 조건은 복수의 포기, 우월감의 포기, 죄책감이나 결백함의 포기를 의미합니다. 많은 것들의 포기를 요구하지요. 내가 이미 두 분에게 본질적인 내용을 알려드렸으니 여기서 멈추겠습니다.

바르나드와 안나리제가 동의의 의미로 고개를 끄덕인다.

헬링거 언젠가 불치병 여성들을 위한 수도회를 만든 한 여성의 이야기를 들은 적이 있습니다. 이 수도회 사람들은 쾌활하기로 소문이 나 있었어요. 그게 상상이나 되세요? 그 수도회 안에는 모두가 꼭 지켜야 할 규율이 딱 하나 있었는데, 그게 바로 '질병에 대해서는 단 한 마디도 하지 않기'였어요.

안나리제와 바르나드가 소리 내어 웃는다.

"내게 허락된 시간 동안 당신과 함께 머무를 거예요"

헬링거 두 사람의 문제가 뭔가요?

바르너 저는 이곳에 소피아와 함께 왔는데요, 이유는 소피아가 많이 아프기 때문이에요.

헬링거 어떤 질병인가요?

소피아 유방암이에요.

헬링거 예후가 어떤가요?

소피아 의사들은 남은 시간이 올 여름까지라고 했어요. 하지만 제 동종요법 의사와 저는 회복에 대한 확신이 있어요. 지금은 점점 나아지고 있는 단계에 있는 것 같아요.

헬링거 자녀들이 있나요?

바르너 둘이 함께 낳은 아이는 없지만 저와 전처 사이에서 셋 그리고 소피아와 전 남편 사이에 두 아이가 있어요.

헬링거 서로를 마주보고 서보세요.

바르너와 소피아가 다섯 걸음 정도 떨어져서 마주보고 선다. 소피아가 시선을 딴 곳으로 돌린다.

헬링거 (소피아에게) 아니요, 남편을 보세요.

두 사람이 한참 동안 서로를 마주본다. 바르너의 발이 꿈틀대고 두 손은 쭉 펴진 채 앞쪽으로 약간 나가 있는 상태이다.

헬링거 (바르너에게) 내면의 느낌에 맡겨보세요.

바르너가 급하게 소피아에게 달려가서 다정하게 끌어안는다. 소피아도 그를 꽉 껴안는다.

헬링거 (바르너에게) 부인에게 말합니다. "내게 허락된 시간 동안 당신과 함께 머무를 거예요."

바르너 (소피아의 눈을 바라보면서) 내게 허락된 시간 동안 당신과 함께 머무를 거예요.

헬링거 (소피아에게) 당신도 같은 말을 합니다.

소피아 내게 허락된 시간 동안 당신과 함께 머무를 거예요.

소피아가 미소를 짓는다. 두 사람이 다시 서로를 따뜻하게 안아준다. 잠시 후 두 사람이 헬링거에게 고맙다는 인사를 한다.

다른 사람의 자녀

헬링거 어떤 문제를 갖고 계세요?

레베카 저희 문제는 거짓말과 허위예요. 저희는 결혼 생활을 한 지 36년이나 되었고 아이를 셋 두었어요. 두 아이는 둘이 함께 낳은 자식인데, 세 번째 딸애는 제가 외도해서 낳은 아이예요. 제 남편은 그 당시에 그걸 몰랐어요. 제 딸도 모르다가 2년 전 딸이 그 사실을 알게 되었죠. 이것과 가족 안의 또 다른 거짓말들 때문에 저희 아이들이 인생에서 제 몫을 못하고, 저희도 그렇고요.

헬링거 그 '거짓말'이라는 딱지는 떼어놓도록 하지요. 나는 그런 식의 부정적인 판단 내리는 걸 좋아하지 않습니다. 그런 일이 가족 안에 발생하면 두려움이 퍼지게 됩니다. 그런 경우에 나는 가끔 이런 말을 해요. "사람은 누구나 살면서 몇 가지 죄를 지을 권리가 있다."

레베카와 헨리가 소리 내어 웃는다.

헬링거 배우자들이 이 점에 서로 동의하면 상황을 다루기가 쉬워집니다. 물론 그 일이 여전히 큰 영향을 미칠 수 있습니다. 두 분의 현재 가족을 세워보는 것이 상황을 제대로 볼 수 있는 최상의 방법 같군요. (남편에게) 혹시 덧붙이고 싶은 말이 있으세요?

헨리 제가 보기에 가장 심각한 문제는 저희 딸애의 친부는 그 사실을 전혀 모른다는 겁니다. 그 사람은 3년 전 세상을 떠났어요. 그 사람과 이야기라도 해봤으면 좋았을 텐데 말예요.

헬링거 그건 중요한 정보로군요. 딸이 지금 몇 살인가요?

레베카 서른 살이요.

헬링거 딸이 아버지가 다르다는 사실을 알고 있나요?

레베카 예, 알게 된 지 2년 됐어요.

헬링거 알겠습니다. 살다 보면 이런 일들이 일어나게 마련입니다. 조심스럽게 치유 작업을 해나간다면 해결책을 찾을 수도 있습니다. 두 분 중 결혼 전에 심각한 남녀 관계를 가진 사람이 있나요?

레베카 없습니다.

헨리 없습니다.

헬링거 (레베카에게) 당신과 남편, 두 사람의 자녀 둘 그리고 셋째아이와 그 아이의 친부의 대리인을 선택해 보세요. 그 남자는 결혼한 사람이었나요?

레베카 아니요.

헬링거 그 남자에게 다른 자녀가 또 있었나요?

레베카 아니요.

헬링거 그 사람은 어떻게 죽은 건가요?

레베카 당뇨 합병증으로 사망했어요.

그림 1a 부인에 의해서 세워진 가족의 모습

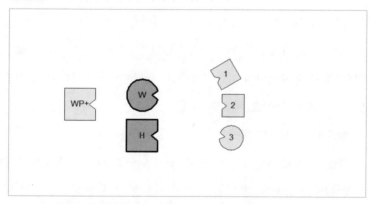

H_ 남편(헨리) W_ 부인(레베카) 1_ 첫 번째 자녀, 아들 2_ 두 번째 자녀, 아들
3_ 세 번째 자녀, 딸(혼외정사로 낳은 딸) WP+_ 부인의 과거 애인, 사망(세 번째 자녀의 친부)

헬링거 (남편에게) 당신이라면 어떻게 세우겠어요?

그림 1b 남편에 의해서 세워진 가족의 모습

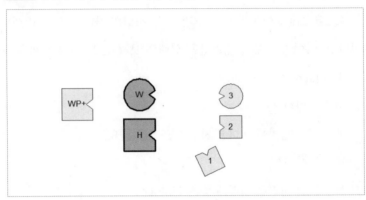

헬링거 (대리인들에게) 부인에 의해서 세워진 자리와 남편에 의해서 세워진 자리의 느낌이 각각 어떻게 다른지 말씀해 주세요. (헨리의 대리인에게) 남편은 지금 어떤가요?

남편 등 뒤에서 위협감이 느껴져요. 그게 어디서 오는 건지 잘 모르겠어요. 첫 번째 자리와의 차이점이라면 지금은 아들이 저를 지지해 주고 있다는 느낌이 들어요. 처음 자리에 있을 때는 저 혼자였거든요.

헬링거 (레베카의 대리인에게) 부인은 어떠세요?

부인 처음에 옛날 애인을 볼 수 있게 되었을 때는 기분이 좋았어요. 나중에는 그 남자가 제 뒤에 세워졌는데 볼 수가 없으니까 점점 마음이 불편해지면서 심장이 벌떡거리는 것 같았어요. 처음에 세워진 자리는 딸이 가까이 있어서 조금 안심이 되었고요. 아들에 대해서도 같은 느낌이었어요.

헬링거 큰아들은 어떠세요?

첫 번째 자녀 아까보다 지금이 더 안정감이 있어요. 남동생과 여동생 그리고 부모님을 모두 볼 수가 있어요. 아버지 등 뒤에서 위협감이 느껴져요. 처음에 세워진 자리는 지금과는 완전히 달라요. 그때는 동생들도 전혀 인식되지도 않고 보이지도 않았어요. 아버지에게 시선이 고정된 상태로 자꾸만 앞뒤를 살피게 되더군요. 그러다 한 순간 어머니가 보였는데 저에게 너무 가까이 와 있다는 느낌이 들어서 다시 아버지 쪽으로 시선을 옮겼어요. 이 두 번째 자리가 더 나아요.

헬링거 둘째아들은 어떠세요?

두 번째 자녀 아까는 모든 게 너무 답답했어요. 마치 저에게서 아버지에게로, 아버지에게서 어머니에게로 이어지는 소통의 교차선이 존재하는 것 같았어요. 어머니의 애인이 뒷배경으로 서 있었는데 거의 가려져 있었어요. 마치 유령 같았어요. 미지의 대상이라기보다 위협적인 존재로 느껴졌어요.

헬링거 딸의 친부는 어떻습니까?

부인의 과거 애인 대체로 이 가족에게 너무 가까이 서 있는 것 같아요. 좀 멀리 떨어져 있었으면 좋겠어요. 어느 자리에 있건 저에게 중요한 건 딸을 볼 수 있는 위치냐 아니냐 하는 것뿐이에요. 계속해서 이 느낌이 있었어요.

헬링거 딸은 어떠세요?

세 번째 자녀 처음 자리보다 여기가 좀 더 나아요. 하지만 오빠들의 존재는 잘 인식이 안 돼요. 아, 아버지가 다른 형제들이라고 말하는 게 맞겠군요. 아까는 끔찍했어요. 뭐가 뭔지 모르겠더라고요. 그리고 엄마를 향해 강한 공격성이 느껴져요. 지금은 엄마가 절반만 보여요. 무엇보다 지금은 친아버지를 볼 수 있어서 좋아요. 저들의 삼각 관계에 대해서는 뭐라고 말해야 할지 잘 모르겠네요. 아직 뭔가 미진한 상태로 남아 있는 것 같아요. 그게 바로 제 관심을 끄는 대상인 것 같아요. 두 오빠들은 별로 인식이 안 돼요.

헬링거가 딸을 세 걸음 뒤로 옮겨놓는다. 그런 다음 딸의 친부를 딸 옆으로 옮기고 어머니를 그 남자 옆에 세운다.

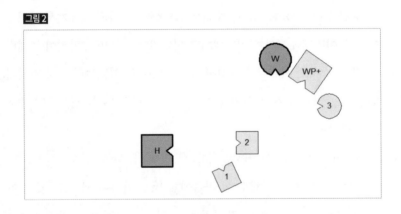

그림2

헬링거   이 상태가 부인에게는 어떤가요?

부인   말할 수 없이 슬퍼요. 깊은 슬픔이 느껴져요.

부인의 과거 애인   저는 이 자리가 좋아요.

세 번째 자녀   점점 더 명확해지고 있어요. 하지만 엄마가 저를 쳐다봐야 해요.

헬링거가 딸의 생부를 어머니의 오른쪽으로 옮겨놓는다. 그런 다음 딸을 엄마에게 가까이 옮겨온다.

그림3

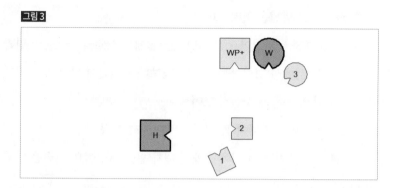

헬링거 (딸에게) 지금은 어떠세요?

세 번째 자녀 엄마를 정면으로 쳐다보고 싶어요. 왜 그런지 모르겠지만 엄마의 옆모습을 봐야 한다는 게 짜증스러워요.

헬링거 남편은 지금 어떠세요?

남편 공허해요. 버림받은 느낌이에요. 하지만 두 아들과 일종의 결속감이 느껴지기도 해요. 아이들을 위해서 자리를 지키고 있어야 한다, 우리 셋뿐이다 그런 느낌이 들어요.

헬링거 사람들의 자리를 바꿔보겠습니다.

그림4

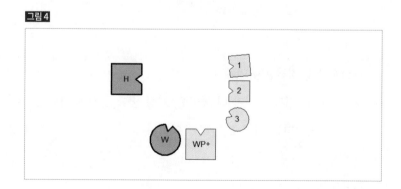

헬링거 지금 남편은 어떠세요?

남편 저 혼자 남겨졌어요. 하지만 머릿속에서 서로의 관계들이 명확해졌어요. 등 뒤에서 위협감을 느끼던 때보다는 지금이 나아요. 우리가 둘로 나뉘어 있다는 게 확실히 보여요.

헬링거 (첫 번째 자녀에게) 큰아들은 어떠세요?

첫 번째 자녀 아버지가 저쪽에 계실 때가 훨씬 나았어요. 지금은 다시 텅 빈 공간이 보여요.

헬링거 아버지 옆으로 가서 서보세요. 두 명 다 아버지 옆으로 가서 서보세요.

그림 5

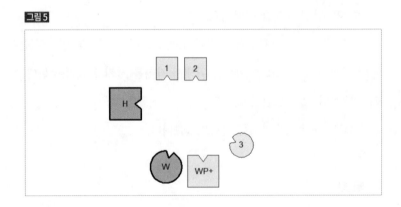

첫 번째 자녀 지금은 편안해요.

두 번째 자녀 저도 여기가 더 좋아요. 가장 중요한 건 어머니를 다시 볼 수 있게 되었다는 거예요. 전에는 어머니가 밖으로 나가 있어서 보고 싶었거든요.

헬링거 부인은 어떠세요?

부인 저는 남편이 그리워요. 지금 제 시야 안에 남편이 들어와 있지 않아요.

헬링거 남편에게 조금 더 가까이 가보세요. 어떤 변화가 있는지 실험을 해보도록 하지요.

헬링거가 부인을 남편 옆으로 옮겨놓는다.

그림6

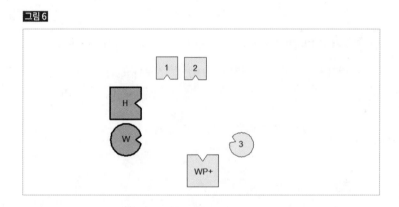

헬링거 (헨리의 대리인에게) 지금은 어떠세요?

남편 아내가 다시 제 곁으로 와줘서 너무나 좋아요.

헬링거 (딸에게) 친아버지와 어머니 사이에 서보세요.

그림 7

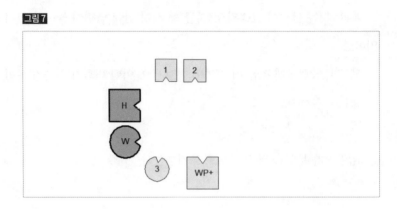

헬링거 지금은 어떠세요?

세 번째 자녀 (머리를 가로저으며) 좋지 않아요.

헬링거가 딸을 친부의 오른쪽으로 옮겨놓는다.

그림 8

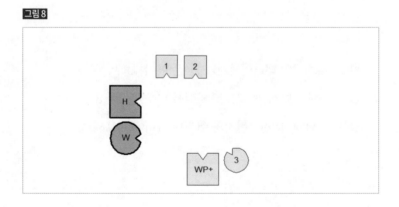

헬링거 아이의 아버지에게는 지금 이 자리가 어떠세요?

부인의 과거 애인 우리가 모두 저쪽(그림 2에서의 위치)에 함께 서 있을 때가 제일 좋았어요. 거기서는 아이 엄마와 딸 그리고 제가 한 줄로 서 있었어요. 그 밖의 사람들과 저는 아무 상관이 없어요. 저 자리가 저한테는 최고의 자리였어요. 아이 엄마가 다시 남편 옆에 서 있는 게 맞다고 여겨져요. 아이 엄마가 남편에게 속해 있다는 걸 저도 알기 때문에 저 모습 그대로 두어도 저에게는 상관없어요.

세 번째 자녀 엄마가 슬그머니 남편 옆으로 가는 모습을 보자마자 기분이 아주 나빠졌어요. 엄마가 제 친아버지 옆에 서 있을 때가 제일 좋았어요. 이제야 그 모습이 좋았다는 게 확실하게 인식되네요.

헬링거 (참여자들 전체에게) 여기서 잠시 이런 상황이 내포하고 있는 긴장 관계에 대해 전반적인 내용을 언급하고 싶군요. 여기에서 볼 수 있듯이 가족체적 법칙에 따르면 새로운 가족체가 오래된 가족체보다 우선순위를 차지합니다. (레베카와 헨리에게) 두 사람 중 한 사람이 결혼 생활 중 혼외정사로 자식을 낳으면 대개 부부 관계는 끝나게 됩니다. 그런 상황에서 여자는 가족체를 떠나 새로운 배우자와 함께 새로운 가족체 안으로 옮겨가야 합니다. 그 외의 다른 해결책은 그 상황에 관련된 모든 사람에게 더 나쁜 영향을 끼칠 수 있습니다. 무엇보다도 두 번째 남자와의 사이에서 태어난 아이에게 나쁜 영향을 끼치게 되는데, 아이는 그러한 가족 안에서 안전감도 못 느낄 뿐더러 심한 경우 죄책감까지 느끼게 되기 때문입니다. 어머니 역시 남편을 향해서 죄책감을 느끼게 되고요. 그러므로 자녀가 안전감을 느낄 수 있는 유일한 곳은 친아버지 옆입니다. 만일 여자가 결혼 관계를 떠나지 않더라도, 자녀는 상황과 무관하게 친아버지에게 가야 합니다. 친아버지의 옆이 아이에게는 안전한 자리입니다.

헬링거가 가족의 자리를 새로 배치한다.

그림 9

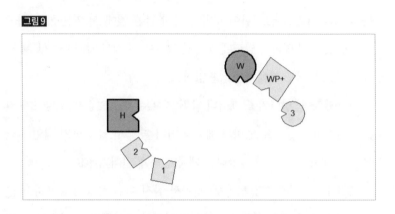

헬링거 지금 부인은 어떠세요?

부인 아까보다 더 나아요.

부인의 과거 애인 저도 여기가 좋아요.

세 번째 자녀 저도 여기가 더 편해요.

남편 상실감이 들지만, 동시에 명확한 해결책이라는 느낌입니다.

헬링거 (참여자들 전체에게) 이는 버림받은 배우자에게 가장 힘든 해결책입니다. 왜냐하면 그가 값을 치러야 하는 자리에 놓여 있기 때문이지요. 하지만 새로운 가족체가 오래된 가족체보다 우선입니다. 물론 여자는 여전히 두 아들의 어머니로 남겠지만 부부 관계는 예외 없이 끝나게 됩니다. (레베카와 헨리에게) 일어나 두 분 자리로 가서 느낌이 어떤지 살펴보세요. (헨리에게) 그 자리에 선 느낌이 어떠세요?

헨리 좋지 않아요.

헬링거 당신이 원하는 게 뭔가요?

헨리 저는 제 아내와 딸을 원합니다.

헬링거 저 아이는 당신의 딸이 아닙니다.

헨리 하지만 지난 28년간 저 아이는 제 딸이었어요.

헬링거 당신이 많은 사랑을 쏟았군요.

헨리 맞아요, 아주 많이요. 네 살 때부터 저애는 제 친아버지처럼 당뇨 증상을 보였어요.

헬링거가 레베카를 남편 가까이로 옮겨놓는다. 그런 다음 딸을 친아버지의 오른쪽으로 옮겨놓는다.

그림 10

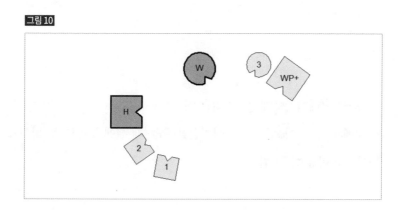

헬링거 (아이의 친아버지에게) 이 상태는 어떤가요?

부인의 과거 애인 좋아요. 저는 제 딸을 길러준 저분에게 마음의 빚을 지고 있어요.

세 번째 자녀 저도 절 길러준 아버지에게 감사를 느껴요. 그리고 그분의 사랑에 가슴이 먹먹해요. 하지만 저는 친아버지 옆에 있을 때가 행복해요. 저를 키워준 아버지에게 강한 교류감을 느끼고 있어요.

레베카 이 자리에 서 있으니 어찌할 바를 모르겠어요.

헬링거가 레베카를 헨리 옆으로 옮겨놓는다.

그림 11

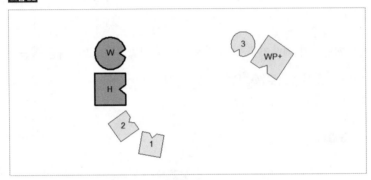

헬링거 (레베카에게) 이 자리는 어떠세요?

레베카 더 나아요. 하지만 아이들을 모두 제 곁에 두려면 두 방향을
동시에 봐야만 할 것 같아요.

헨리가 무겁게 숨을 내쉰다.

헬링거 (헨리에게) 남편은 지금 어떠세요?

헨리 뭐라고 표현할 말을 못 찾겠어요. (잠깐 동안의 침묵 뒤) 이상해
요. 굉장히 낯선 느낌이에요.

헬링거 (두 사람에게) 두 분의 결혼 생활은 끝났어요. 그 사실을 인

정해야 합니다.

헬링거가 레베카를 헨리에게서 멀찍이 옮겨놓는다.

그림 12

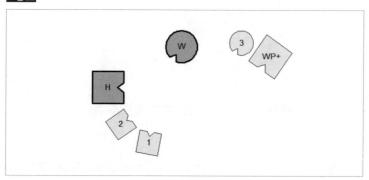

헬링거 (레베카에게) 남편을 보면서 이렇게 말합니다. "저는 그 결말을 받아들여요."

레베카 (떨리는 목소리로) 저는 그 결말을 받아들여요.

헬링거 "거기서부터 무언가 좋은 변화가 있겠지요."

레베카 거기서부터 무언가 좋은 변화가 있겠지요.

헬링거가 딸을 어머니 옆으로 옮겨놓는다.

그림 13

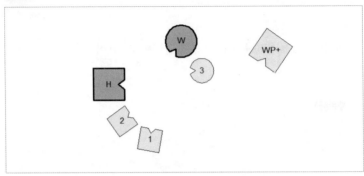

헨리가 레베카를 포옹하려는 듯 부인 쪽으로 걸어간다.

헬링거 아니요, 그건 이 상황에선 적절하지 않습니다. 레베카를 보면서 이렇게 말합니다. "이제 당신이 편안해졌으면 좋겠어요."

헨리 이제 당신이 편안해졌으면 좋겠어요.

헬링거 "우리 둘 사이에서 좋았던 것은 모두 잘 간직할게요."

헨리 우리 둘 사이에서 좋았던 것은 모두 잘 간직할게요.

헬링거 "그리고 이제 편안한 마음으로 당신을 떠날게요."

헨리 그리고 이제 편안한 마음으로 당신을 떠날게요.

헬링거 이제 딸에게 말합니다. "나는 너를 네 엄마와 친아버지 곁에 남겨두고자 한다."

헨리 나는 너를 네 엄마와 친아버지 곁에 남겨두고자 한다.

헬링거 "내가 너에게 준 것은 모두 기꺼이 준 것이란다."

헨리 (감정에 복받쳐서) 내가 너에게 준 것은 모두 기꺼이 준 것이란다.

헬링거 "그러니 네 것으로 간직해 주었으면 좋겠구나."

헨리 그러니 네 것으로 간직해 주었으면 좋겠구나.

헬링거 "나는 영원히 사랑으로 너와 연결되어 있을 거란다."

헨리 나는 영원히 사랑으로 너와 연결되어 있을 거란다.

헬링거 "하지만 이제는 너를 네 엄마와 친아버지 곁에 남겨두고자 한다."

헨리 하지만 이제는 너를 네 엄마와 친아버지 곁에 남겨두고자 한다.

헬링거 이 말을 듣고 딸은 어떤 느낌인가요?

세 번째 자녀 가슴이 먹먹해요.

헬링거 (딸에게) 저분에게 가서 두 팔을 둘러보세요.

딸과 헨리가 따뜻하게 포옹을 한다. 레베카가 두 사람을 애잔한 눈빛으로 바라본다.

헬링거 (잠시 후 딸에게) 돌아가서 어머니 옆에 서봅니다.

헬링거가 딸의 친아버지를 딸에게 가까이 옮겨놓는다.

그림14

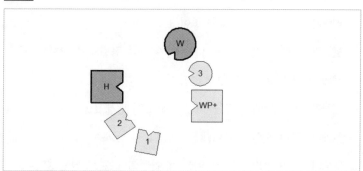

헬링거 (딸에게) 어머니를 보면서 이렇게 말합니다. "엄마, 이만큼의 값을 치르더라도 저는 엄마에게서 이걸 받으렵니다."

세 번째 자녀 엄마, 이만큼의 값을 치르더라도 저는 엄마에게서 이걸 받으렵니다.

헬링거 "엄마 역시 비싼 값을 치러야 했던 바로 그걸 말이에요."

세 번째 자녀 엄마 역시 비싼 값을 치러야 했던 바로 그걸 말이에요.

헬링거 "사랑하는 마음으로 받겠습니다."

세 번째 자녀 사랑하는 마음으로 받겠습니다.

헬링거 "엄마와 엄마의 남편 사이에 있었던 일은 두 분의 비밀로 남겨드리고자 합니다."

세 번째 자녀 엄마와 엄마의 남편 사이에 있었던 일은 두 분의 비밀로 남겨드리고자 합니다.

헬링거 "저는 단지 어린아이로 남아 있을 뿐이에요."

세 번째 자녀 저는 단지 어린아이로 남아 있을 뿐이에요.

헬링거 (딸에게) 그 말을 하고 난 느낌이 어떠세요?

세 번째 자녀 다 맞는 말이에요.

헬링거 딸의 말을 들은 어머니는 어떠세요?

레베카 (눈물을 흘리면서) 좋아요.

헬링거 딸에게 말합니다. "나는 네 아빠를 정말로 사랑했단다."

레베카 그 말은 할 수 없어요.

헬링거 어떤 느낌이 드는지 일단 시도해 보세요.

레베카 그건 진실이 아니에요.

헬링거 딸에게 말합니다. "나는 네 아빠를 정말로 사랑했단다."

레베카　나는 네 아빠를 정말로 사랑했단다.

헬링거　"그리고 지금도 네 안에 존재하는 네 아빠를 사랑한단다."

레베카　(감정적인 목소리로) 그리고 네 안에 존재하는 네 아빠를 여전히 사랑한단다.

헬링거　이 문구가 어떤가요? 진실인가요?

레베카　그런 느낌이 들지 않아요.

헬링거　어떤 느낌이 드나요?

레베카가 대답을 하지 않는다.

헬링거　(잠시 후에) 딸에게 말합니다. "내가 저지른 일은 너와는 아무런 상관도 없단다."

레베카　내가 저지른 일은 너와는 아무런 상관도 없단다.

헬링거　"내가 큰 사람이란다."

레베카　내가 큰 사람이란다.

헬링거　"그리고 너는 언제나 작은 사람으로 남아 있을 거야."

레베카　그리고 너는 언제나 작은 사람으로 남아 있을 거야.

헬링거　어머니의 말을 들은 딸의 느낌은 어떤가요?

세 번째 자녀　가슴이 아파요.

헬링거　(딸의 친아버지에게) 부인 옆에 서보세요.

그림 15

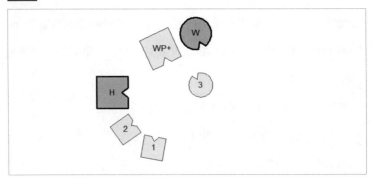

헬링거 남편은 지금 어떠세요?

헨리 끔찍해요. 지금 너무나 두려워요.

헬링거 여기서 중단을 하겠습니다. 더 이상 진행할 수가 없습니다.

헨리와 레베카가 고개를 끄덕인다.

균형의 필요성

헬링거 (참여자들 전체에게) 부부 관계가 성공하려면 배우자들 사이
에서 주기와 받기가 균형을 이루어야 합니다. 이 말은 곧 둘 다 받고 둘
다 주는 걸 의미합니다. 균형의 필요성은 우리 인간의 기본 욕구 중 하나
로 마치 중력과도 같습니다. 모든 곳에 영향을 끼쳐 균형을 유지하도록
해주지요. 그게 바로 관계에도 필요한 요소입니다.

주기와 받기에서 주는 사람은 우월한 자리에 놓입니다. 주는 행위로
그는 답례를 받을 수 있는 권리가 생겼다고 느끼게 되니까요. 상대적으

로 받은 사람은 준 사람에 대해서 빚을 진 느낌을 갖게 되지요. 부채를 진 듯한 느낌에서 자유로워지기 위한 유일한 방법은 받은 것에 합당한 크기로 돌려주는 것뿐입니다. 균형을 맞추기 위한 이러한 욕구가 모든 사회적 관계의 기본입니다. 이러한 욕구가 함께 살고 있는 사람들 사이에서 교환 활동을 유발시켜요. 이 욕구가 없다면 교환 활동도 없을 겁니다.

부부 관계에서 주기와 받기 사이의 균형의 필요성은 두 사람 사이의 사랑 그리고 결속과 관련이 있는데요, 내가 누군가를 사랑하면 그에게 주게 되고 상대방 역시 나를 사랑하기 때문에 나에게 주게 됩니다. 하지만 내가 상대방을 사랑하기 때문에 받은 것보다 조금 더 주게 되고, 상대방 역시 나를 사랑하기 때문에 나에게 돌려줄 때 조금 더 얹어서 주게 되겠지요. 만일 두 사람 사이의 교환의 정도가 똑같다면 관계는 끝나게 됩니다. 무승부로 비긴 관계는 미래가 없습니다.

살아있는 관계란 주기와 받기 사이에서 뒤집어엎기가 계속되는 걸 말합니다. 내가 이만큼 줄 때 상대방이 내가 준 것보다 조금 더 얹어서 줌으로써 늘 두 번째 사람의 점수가 더 높아지는 것과 같습니다. 뒤집어엎기의 횟수가 늘어날수록 관계는 더욱더 안정되고 두 배우자가 느끼는 교류감은 깊어집니다.

교환의 대상 중에서 가장 가치가 큰 선물은 바로 "나에게 당신은 완벽합니다. 당신의 모습 그대로 완벽합니다"라는 말입니다. 그러니까 지금의 내 모습이 최상의 모습이고 더 나은 버전의 나는 있을 수 없다는 배우자의 확증이 내 영혼 깊은 곳에 큰 기쁨을 가져다주는 거지요.

하지만 뒤집어엎기가 증가할수록 둘 사이의 결속은 강화되지만 상대적으로 자유는 줄어듭니다. 한 사람이 행복하고 만족스러워할 때, 물론 그걸로도 충분합니다만, 이 세상에는 자신의 자유를 무엇보다 중시하는, 그래서 교환을 통해 깊어지는 이 같은 결속으로부터 도망을 치려는 사람들도 있습니다. 그러한 사람들은 교환을 최소치로 유지하려고 듭니다. 이 말은 곧 그들이 많이 받지 않는 대신 많은 자유를 유지한다는 뜻이지요. 하지만 그 자유는 공허하기 짝이 없습니다.

부부 관계에 나쁜 교환도 존재하는데요, 예컨대 남자가 바람을 피웠는데 부인은 신의를 지켰다면 둘 사이의 균형을 회복하는 게 쉽지 않습니다. 만일 부인도 그 대가로 똑같은 행위를 한다면 두 사람은 다시 긍정적인 교환 쪽으로 옮겨갈 수 있어요. 하지만 배우자가, 이 경우에 부인이 상처를 상처로 돌려주기를 거부할 경우 관계는 파괴되고 맙니다.

이런 경우도 가능합니다. 여성이 임신을 했는데 남자는 그 아이가 자신의 자식이라는 걸 믿지 않는 겁니다. 여자에게 그 일은 모욕이자 상처가 될 수밖에 없습니다. 여자는 남자에게 그의 행위가 자신에게 너무나 큰 상처를 주었기 때문에 더 이상 남자와 같이 지낼 수 없다고 말할 수도 있겠지요. 그런 경우 그녀의 결백 주장이 이별을 초래하게 됩니다. 하지만 여자가 자신의 무죄를 입증하기보다, 미래에 자신이 그릇된 행위를 할 때까지 시간을 두고 기다리겠다고 남자에게 말할 수도 있습니다. 그리고 나중에 그러한 상황이 발생할 때 여자는 남자에게 그가 진 빚을 상기시켜 주고, 그렇게 둘 사이에서 균형이 맞춰지게 됩니다.

(헨리와 레베카에게) 그런 방식으로 두 사람은 똑같이 죄인의 상태에 머물 수 있습니다. 올바른 사람 둘보다 죄인 둘이 더 사이좋게 지낼 수 있다는 걸 아세요? 어쩌면 두 분은 이미 그걸 알아냈을 수도 있겠군요.

또 다른 예는 둘 중 한 사람이 그릇된 행위를 하고 상대방이 그에게 속죄를 요구하는 경우입니다. 무죄인 배우자는 죄를 지을 수도 있는 나약한 인간의 단계로 떨어질 생각이 없지만, 유죄인 배우자가 돌아오기를 원합니다. 죄를 지은 배우자는 돌아갈 수 없습니다. 네 발로 기어서라도 용서를 구해야 할 것 같은 사람이 결코 돌아오지 않습니다. 고개를 높게 치켜든 사람 혹은 고개를 약간 숙인 사람만이 진정으로 돌아올 수 있는 사람입니다.

부부 관계에서 한 사람이 말이나 행동으로 상대에게 상처를 입히면, 상처받은 사람은 상대방도 상처를 받도록 무언가를 해야만 합니다. 만일 그 일이 행해지지 않으면, 무죄인 배우자는 우월한 위치에 머물게 되고 둘 사이의 교환은 중단됩니다. 사랑을 토대로 하는 부정적인 교환은 긍정적인 교환으로 복귀, 전환될 수 있습니다. 좀 기이하게 들릴지도 모르지만, "우리의 사랑을 지키기 위해서 나는 지금 화를 낸다"거나 "우리의 관계를 지키기 위해서 나는 지금 화를 낸다"고 말할 수 있습니다. 이런 경우 배우자에게 상처를 주되 크기를 조금 줄여서 줘야 합니다. 왜냐하면 그를 사랑하기 때문이지요. 그런 방식으로 부정적인 교환이 끝나면서 남아 있는 불균형은 관계를 호전시키는 요소가 될 수 있습니다.

사람들은 간혹 부정적인 교환을 긍정적인 교환처럼 취급하곤 합니다. 즉 필요 이상으로 손상을 입히는 겁니다. 좀 더 안전한 위치에 머무르기 위해서겠지요. 그러면 상대방도 자신의 복수가 타당하다고 생각하고 조금 더 얹어서 돌려주게 됩니다. 점점 커가는 부정적인 뒤집어엎기 역시 긍정적인 교환처럼 두 사람을 결속시켜 주긴 합니다. 그렇게 해서 두 사람은 불행한 관계 속에 갇히게 되지요.

(레베카와 헨리를 바라보면서) 방금 전의 세션은 일종의 서론이었어

요. 세션을 하면서 나는 부인이 과거에 일어났던 일을 떠나보내지 못하고 현재 고통을 자처함으로써 빚을 갚으려 한다는 인상을 받았습니다. 그게 바로 속죄를 통한 균형 회복 방법인데, 흔하게 행해지는 지극히 파괴적인 방법입니다. 부인은 자신의 속죄 욕구에 전적으로 매달려 있기 때문에 남편의 사랑을 볼 수가 없습니다. 부부 관계가 이미 끝났음에도 남편은 부인을 향해 가슴을 열고 싶어 했습니다. 부인은 딸의 사랑을 볼 수 없었고 과거 애인의 사랑도 보지 못했습니다. 부인의 관심사가 오직 자기 자신의 죄책감뿐이기 때문입니다. 속죄용 고통받기를 통해서 부인은 일종의 균형을 획득할 수 있겠지만, 그러한 균형이란 모든 면에서 부정적인 결말을 내포하고 있습니다. 그 결말은 부인 자신을 위한 배려로서는 좋겠지만, 존중받지 못하고 있는 남편에게는 물론 딸에게도, 또 딸의 친아버지에게도 좋지 않습니다.

더 높은 단계에서의 균형 이루기

이보다 좀 더 높은 의식의 단계에서 균형을 맞추는 방법도 있습니다. 예컨대 부인이 남편에게 "솔직히 우리 둘은 멋진 결혼 생활을 해왔어요. 결혼해서 두 아들을 얻었을 때까지 말이에요. 그래요, 그러다 내가 그릇된 행동을 했고, 이제 나는 그로 인한 결과를 기꺼이 짊어지려고 해요. 하지만 딸을 쳐다볼 때면 '이 아이가 아름다운 죗값lovely consequence of sin'이라는 말을 하지 않을 수가 없어요"라고 말할 수도 있을 겁니다.

어떤 사람들은 선한 행위만이 선한 결말을 가져온다고 믿는데 꼭 그렇지는 않습니다. 어쩌면 그와 반대일 수도 있습니다.

부인은 남편을 바라볼 때도 그렇고, 외도를 했던 과거 애인을 바라볼 때도 그렇고 상대방을 사랑으로 대하지 못하고 있습니다. 그러니 딸을 볼 때도 사랑으로 바라보지 못할 수밖에요. 만약 부인이 좀 더 높은 단계로 의식을 전환할 수 있다면, 이렇게 말할 수도 있을 겁니다. "맞아요. 나는 죄를 지었어요. 하지만 그것이 좋은 결말을 가져왔다는 것을 볼 수 있어요. 그리고 나는 그로 인한 고통스러운 결말을 받아들일 수 있어요. 설사 그것이 남편과 헤어지는 것이더라도 감수할 수 있어요."

그러한 태도는 속죄보다 더 훌륭합니다. 자신의 행위에 대한 책임을 지는 것보다 속죄가 훨씬 더 쉽지요. 게다가 속죄는 누구에게도 득이 되지 않습니다. 상위 단계에서 균형을 회복하기 위해서는 내적인 힘이 요구됩니다. 그때 축복이 자리 잡게 되고요.

(레베카에게) 이제 더 할 말이 없군요.

레베카가 가슴 앞에 팔짱을 낀 채 움직이지 않고 앉아 있다.

헬링거 당신은 두 손을 열어두어야 합니다. 그래야 당신이 좀 더 자유로워질 수 있습니다. (레베카의 손을 잡으며) 당신의 원래 가족 안에 어떤 사건이 있었나요?

레베카 제 아버지 쪽 식구는 총 아홉 형제였는데, 그중 형 넷이 전쟁 중에 죽었고 한 명은 자동차 사고로 죽었어요.

헬링거 그럼 다섯 명이 살아남은 건가요?

레베카 (감정적인 목소리로) 아버지 형제분 중 한 사람은 알코올 중독자였는데 가족들한테 철저하게 거부당했어요.

레베카가 흐느껴 운다.

헬링거 두 팔을 제게 둘러보세요.

그녀가 머리를 헬링거의 어깨에 기댄다. 그런 다음 두 팔을 헬링거에게 두르고 흐느껴 울기 시작한다.

헬링거 숨을 깊게 쉽니다.

레베카가 커다란 고통을 겪고 있음이 분명해 보인다. 몇 분 동안 헬링거의 어깨에 기대어 울던 그녀의 숨이 조금씩 평온해진다.

레베카 해결책이 없는 건가요?

말을 하고 난 뒤 다시 울기 시작한다. 남편이 다정한 눈빛으로 부인을 바라본다. 몇 분 뒤 그녀가 마음이 가라앉은 모습으로 머리를 든다.

헬링거 남편을 보면서 이렇게 말합니다. "제발 저를 다시 당신의 아내로 받아주세요."
레베카 제발 저를 다시 당신의 아내로 받아주세요.

헨리가 다정하게 부인의 얼굴에 흐르는 눈물을 닦아준다. 두 사람이 감정적으로 깊이 교류하는 것처럼 보인다.

헬링거 (헨리에게) 부인을 안아주세요.

두 사람이 한참 동안 따뜻하게 포옹을 한다.

헬링거 한 가지 중요한 비밀을 잊어버리고 말하지 않았군요. 생각난 김에 알려드리죠. 대개 결혼 생활이 끝났음을 보여주는 정황들이 몇 가지 있습니다. 하지만 우리는 언제나 다시 결혼할 수 있지요!

헨리와 레베카가 깊이 감동한 모습을 보여준다.

헬링거 두 분 사이에서도 그러한 일이 가능하기를 바랍니다.

헨리와 레베카가 고개를 끄덕인다.

인공 수정과 입양이 부부 관계에 미치는 영향

다음은 미국에서 연 워크숍에서 헬링거가 미국인 치유사 헌터 부몽과 함께 진행한 사례이다. 이 사례는 여러 개의 주제들이 뒤엉켜 있어 꽤 복합적인 구조를 띤다. 먼저, 불임 상태의 남자가 인공 수정이나 입양으로 야기될 수 있는 결과를 인정하지 않을 때 그것이 가족체에 어떤 영향을 끼치게 되는가 하는 문제가 있다. 그 다음으로는 인공 수정이 부부 관계에 끼치는 영향과 인공 수정을 통해서 태어난 자녀에게 끼치는 영향을 들 수 있다. 또 입양에 대한 가족체적 역동의 문제로는, 입양을 한 양

부모는 입양에 대한 대가로 어떤 값을 치르게 되는가, 아울러 어떻게 하면 양부모와 입양된 자녀 모두를 아우를 수 있는 좋은 해결책을 찾아낼 수 있는가 하는 것이 있다.

헬링거 (월터에게) 이제 당신과 작업을 해보려고 합니다.

월터 저는 인생에서 제법 긴 시간을 아버지라는 이름을 걸치고 살아 왔습니다. 저는 두 번 결혼했고 자녀 넷을 두었습니다. 두 아이는 첫 번째 결혼에서 얻었는데, 현재는 그들과 연락을 끊고 살고 있습니다. 나머지 두 아이는 두 번째 결혼에서 얻었고, 그애들과는 여전히 연락을 주고받는 상태입니다. 하지만 아이들과의 관계가 저를 힘들게 하고 혼돈에 빠뜨리기도 합니다.

헬링거 당신의 가족을 세워보도록 하지요. 당신 자신, 첫 번째 부인과 두 아이, 그리고 두 번째 부인과 두 아이를 세워봅시다.

월터 아무래도 무엇 때문에 상황이 복잡해진 건지 설명을 드려야 할 것 같네요. 저는 자식을 낳을 수 없는 사람이에요. 그런 이유로 첫째아이는 입양을 했고 둘째아이는 인공 수정을 통해 임신을 하게 되었어요. 나머지 두 아이도 입양을 했습니다.

헬링거 둘째 아이가 인공 수정으로 임신된 거라고요? 인공 수정은 당신의 정자로 한 겁니까?

월터 아니요, 저는 정자를 밖으로 배출할 능력이 없는 사람이에요. 정자는 기증을 받은 겁니다.

헬링거 기증자가 누구인지 아시나요?

월터 아니요, 제가 아는 거라곤 그가 유대인이라는 것뿐이에요.

헬링거 내가 알기로 미국의 개정 법률에 따르면 정자 기증자는 기증 당시 자신의 연락처를 남겨놓아야 하고, 자녀들에게는 18세가 되었을 때 기증자의 연락처를 알 권리가 보장된다고 하던데요, 이게 둘째아이에게 도 해당되는 상황인가요?

월터 모르겠어요. 제가 정자 기증을 받았을 때는 1950년이었고, 그때 도 그런 법률이 있었는지는 잘 모르겠어요.

헬링거가 의뢰인에게 우선 첫 번째 가족체를 세우고 이어서 두 번째 가족체도 세워보라고 요청한다. 두 번째 가족체의 구성원들을 세우는 이유는 누가 누구에게 속해 있는지를 명확히 하기 위해서라고 덧붙인다.

그림1

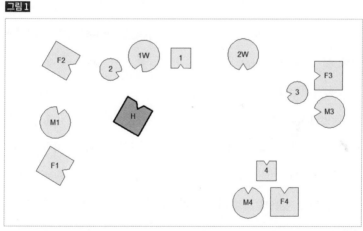

H_ 남편(월터) 1W_ 첫 번째 부인 1_ 첫 번째 자녀, 아들, 입양아 F1_ 첫 번째 자녀의 친아버지
M1_ 첫 번째 자녀의 친어머니 2_ 두 번째 자녀, 딸, 인공 수정을 통해서 임신
F2_ 두 번째 자녀의 친아버지, 정자 기증자 2W_ 두 번째 부인 3_ 세 번째 자녀, 딸, 입양아
F3_ 세 번째 자녀의 친아버지 M3_ 세 번째 자녀의 친어머니 4_ 네 번째 자녀, 아들, 입양아
F4_ 네 번째 자녀의 친아버지 M4_ 네 번째 자녀의 친어머니

헬링거 (월터에게) 먼저 정자 기증자의 역할과 그로 인한 영향, 즉 인공 수정이 가족체에 미치는 영향에 관해 몇 마디 하고 싶습니다. 가족체 사이에도 서열이 존재합니다. 이 말은 곧 새로운 가족체가 이전 가족체보다 우선시된다는 건데요, 남편이나 부인이 다른 남녀 관계에서 자녀를 얻을 경우 이전의 부부 관계는 끝나게 됩니다. 그게 바로 여기서 벌어지고 있는 상황이기도 합니다. 당신의 부인과 당신이 다른 남자의 정자로 인공 수정을 하겠다고 결정한 순간 이 결혼은 끝이 난 겁니다. 그러한 결과는 피할 수 없는 현실입니다. (월터의 대리인에게) 지금 기분이 어떠세요?

남편 슬픔과 소외감이 느껴져요. 누가 누구인지 모르겠어요.

헬링거 부인은 지금 어떠세요?

첫 번째 부인 이 남자에 대한 적개심으로 가득해요. 딸과 아무런 교류감도 안 느껴져요. 아들을 보면 가슴이 아파요. 저애가 자기 자리가 아닌 곳에 서 있는 것 같아요.

헬링거 (딸에게) 지금 어떠세요?

두 번째 자녀 아무것도 느낄 수가 없어요. 몸이 자꾸 뒤로 넘어질 것만 같아요. 제 아버지가 유대인이라는 말을 들었을 때, 마치 누군가가 칼로 제 등을 찌르는 것 같은 느낌이 들었어요. 저도 엄마가 보고 있는 쪽을 바라보고 싶은데 엄마의 남편이 제 길을 가로막고 있어서 그럴 수가 없어요.

헬링거가 부인과 딸이 바깥쪽을 볼 수 있도록 두 사람을 돌려세운다.

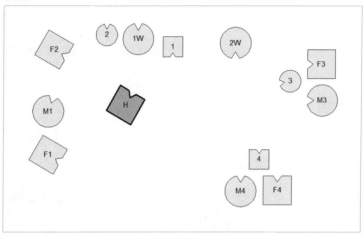

그림 2

헬링거 (첫 번째 부인에게) 이 상태는 어떤가요?

첫 번째 부인 딸과의 관계가 좀 편해졌어요. 여전히 아들에 대해서는 뭔가 변화가 일어나야 한다는 느낌을 떨쳐버릴 수 없고요. 아까도 그렇고 지금도 아들을 쳐다볼 수가 없어요. 아들을 보려고 하면 가슴이 너무 아파요.

두 번째 자녀 저는 지금 바닥을 보고 있어요. 하지만 이제 엄마의 존재가 인식은 돼요.

헬링거 이 아이는 아버지를 빼앗겼습니다. (월터에게) 딸은 아버지를 빼앗겼어요. 또 그로 인해 평생 무거운 짐을 진 채 살아가야 하고요. (딸의 친아버지에게) 당신은 지금 어떤가요?

두 번째 자녀의 친아버지 처음에는 딸에 대해서 온기와 사랑이 느껴졌어요. 지금은 가슴이 무거워요. 제 눈에는 이 두 사람만 보여요. 나머지 사람들은 전혀 인식되지 않아요. 제 에너지가 딸에게 흘러가고 있는 것 같아요. 딸애의 엄마에게도 약간 흘러가는 것 같고요.

헬링거가 두 번째 자녀의 친아버지를 좀 더 먼 곳으로 옮겨놓는다.

그림3

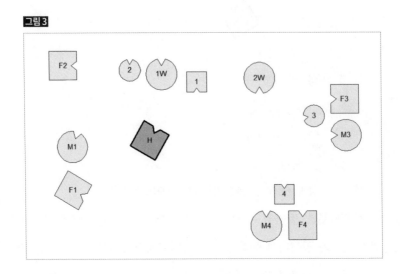

헬링거 (딸에게) 지금은 어떠세요?

두 번째 자녀 이게 차라리 편해요. 이제는 저 혼자 서 있을 수 있어요.

헬링거 당신은 아버지를 포기해야 합니다. 당신은 아버지를 가질 수가 없어요. 당신 어머니가 당신한테서 아버지를 빼앗아간 겁니다.

부인의 대리인이 고개를 끄덕인다.

헬링거 (부인에게) 딸을 보세요.

부인이 딸을 향해 돌아선다.

헬링거　딸에게 말합니다. "내가 너에게서 아버지를 빼앗아가 버렸구
나."

첫 번째 부인　내가 너에게서 아버지를 빼앗아가 버렸구나.

두 사람이 한참 동안 서로를 바라본다.

헬링거　(딸에게) 그 말을 듣고 느낌이 어떠세요?

두 번째 자녀　점점 슬픔이 밀려와요.

헬링거　어머니에게 말합니다. "이렇게라도 저는 이 생명을 받아들입
니다."

두 번째 자녀　이렇게라도 저는 이 생명을 받아들입니다. 맞아요, 이 말
이 맞아요.

어머니와 딸이 서로를 쳐다보면서 고개를 끄덕인다.

헬링거　(부인에게) 지금 딸의 어머니는 어떠세요?

첫 번째 부인　(딸을 바라보면서) 고맙다.

헬링거　(아들에게) 아들은 어떠세요?

첫 번째 자녀　대리인들이 세워지는 동안 양아버지가 제 옆에 서 있었
어요. 그때 금방이라도 울음이 터질 것만 같았어요. 다른 사람들한테는
별다른 느낌이 없어요. 친아버지가 조금 먼 곳에 세워져서 다행이에요.

헬링거 (월터에게) 이 아이의 부모에 대해서 아는 게 있으세요?

월터 아니요, 전혀 없어요. 한 가지 덧붙일 게 있는데, 제 첫 번째 아내는 저와 이혼하고 1년 반 뒤에 재혼을 했어요. 그리고 저는 두 아이들에 대한 양육권을 그녀의 새 남편에게 넘기는 데 동의했고요. 재혼한 뒤그녀는 새 남편과의 사이에서 두 아이를 낳았어요.

헬링거 그 문제는 여기서 다룰 필요가 없다고 여겨집니다. (아들에게)당신은 두 번이나 다른 사람 손에 넘겨졌군요.

첫 번째 자녀 맞아요.

헬링거가 첫 번째 자녀를 양어머니 옆으로 좀 더 가깝게 옮겨놓은 뒤같은 방향을 바라볼 수 있도록 돌려세운다. 그 자리에 선 아들은 이 상황에 동의한다는 듯 고개를 끄덕인다.

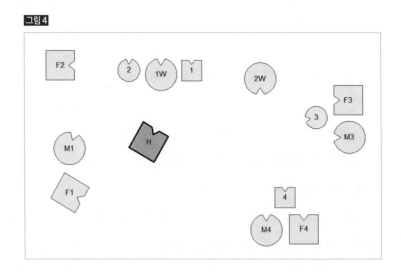

그림 4

두 번째 자녀 이분이 제 엄마가 아니라 저한테 여동생 뻘 되는 사람이라는 이상한 느낌이 자꾸 들어요. 그래서 제가 돌봐줘야만 할 것 같아요.

헬링거 (첫 번째 부인과 딸에게) 두 분의 자리를 바꿔보세요.

그림 5

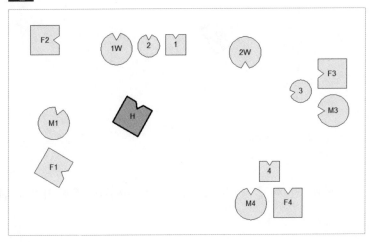

헬링거 지금은 어떤가요?

첫 번째 자녀 이게 더 나아요.

두 번째 자녀 저는 오빠가 좋아요.

첫 번째 부인 제 느낌을 말하자면…… 그러니까 딸이 한 말이 맞아요. 저도 제가 딸과 관련된 일을 잘 봉합할 수 있을 만큼 큰 사람이라고 여겨지지 않아요.

헬링거가 첫 번째 부인을 딸의 아버지 옆으로 옮겨놓는다.

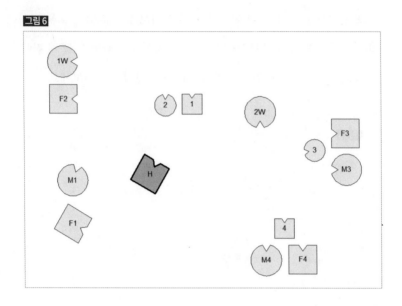

그림 6

첫 번째 부인 이게 더 나아요. 저는 저 두 아이들이 속한 가족에 속해 있지 않아요.

헬링거가 첫 번째 부인의 두 번째 남편 대리인을 선택한 뒤 그를 두 아이들 앞에 세운다.

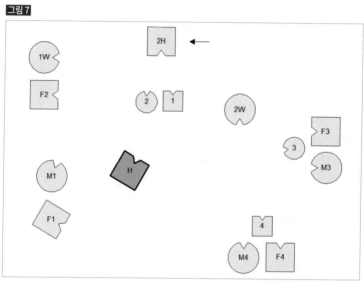

2H_ 첫 번째 부인의 두 번째 남편

헬링거 어때요?

두 번째 자녀 낯설어요. 그렇지만 누군가, 제가 쳐다볼 수 있는 사람이 생겨서 다행이에요.

첫 번째 자녀 저도 마찬가지예요. 이제 제가 바라볼 수 있는 대상이 생겨서 다행이에요. 양어머니가 저쪽으로 가버려서 너무나 슬펐어요. 그런데 이 남자분이 저희 앞에 세워지자 마음이 한결 편안해졌어요.

헬링거가 첫 번째 부인을 두 번째 남편 옆으로 옮겨놓는다. 그녀가 그 자리에 서더니 고개를 끄덕인다.

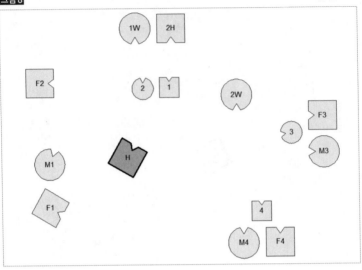

그림 8

헬링거 (월터에게) 이 가족체를 위해서는 이게 좋은 해결책이라 여겨집니다.

두 번째 남편과 첫 번째 부인이 서로를 바라보면서 동의한다는 듯 고개를 끄덕인다.

헬링거 (월터에게) 입양한 아들의 부모에 관해 아는 게 하나도 없기 때문에 저 두 사람을 좀 떨어진 곳에 세워둘 수밖에 없습니다.

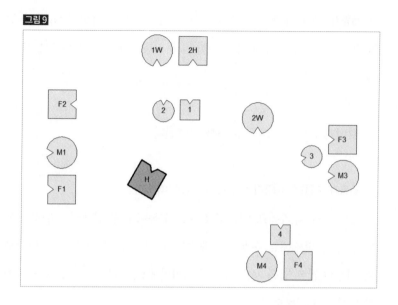

그림 9

헬링거 (첫 번째 자녀의 어머니에게) 지금 어떠세요?

첫 번째 자녀의 친어머니 마음에 들지 않아요. 제 아들 곁에 가까이 서 있고 싶어요. 애 아빠에 대해서는 기대하는 게 아무것도 없어요. 몸에 힘이 하나도 없고 두 팔이 저려요. 이 사람 옆에 서 있고 싶지 않아요. 아들 옆에 서면 몸이 좀 나아질 것 같은데 말예요.

첫 번째 자녀의 친아버지 잊혀진 느낌, 완전히 따돌림당한 느낌이에요.

헬링거 (월터에게) 이 아이의 부모가 누구인지 알아낼 수 있는 방법이 전혀 없나요?

월터 솔직히 말하면, 가능해요. 예전에 그 아이의 부모에 대한 정보를 가지고 있었거든요. 하지만 지금은 기억이 나질 않아요. 저는 현재 저 가족과 완전히 인연을 끊고 살고 있어요. 저 양아들을 마지막으로 본 게 9년 전이었어요. 그때 이후로는 어떻게 살고 있는지 전혀 들은 바가 없어요.

헬링거 (월터에게) 당신이 이 아이의 친부모를 찾아낼 수 있다면, 입양한 아들에게 엄청나게 큰 선물이 될 겁니다. 그러면 당신의 고통도 줄어들게 될 테고요.

월터가 동의한다는 듯 고개를 끄덕인다.

헬링거 (월터의 대리인에게) 지금 어떠세요?
남편 아주 끔찍해요. 어느 순간에는 고통이 너무 심해서 아무것도 느낄 수 없을 정도예요. 온몸이 너무 아파요. 토하고 싶고, 가슴도 답답해요. 너무나 많은 짐을 지고 있다는 느낌이에요. 그래서인지 온몸에 한기가 느껴지기도 해요.

그림 10

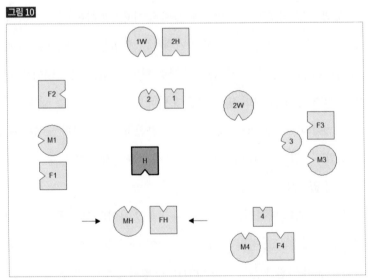

FH_ 남편의 아버지　MH_ 남편의 어머니

헬링거 (월터의 대리인에게) 이분들은 당신 부모님입니다. 두 분을 보면서 이렇게 말합니다. "두 분이 주신 이 생명을 기꺼이 받아들입니다."

남편 두 분이 주신 이 생명을 기꺼이 받아들입니다.

헬링거 "이 생명이 가진 한계까지 포함해서요."

남편 "이 생명이 가진 한계까지 포함해서요."

헬링거 (잠시 후) 지금은 어떠세요?

남편 아까보다 더 편해졌어요.

헬링거가 월터의 대리인을 내보내고 의뢰인인 월터를 세션의 장 안으로 불러들인다. 그리고 월터를 아버지에게 데리고 가더니 등을 아버지에게 기대고 서게 한다. 그런 뒤 아버지의 아버지의 대리인을 선택해서 두 사람 뒤에 세운다.

그림 11

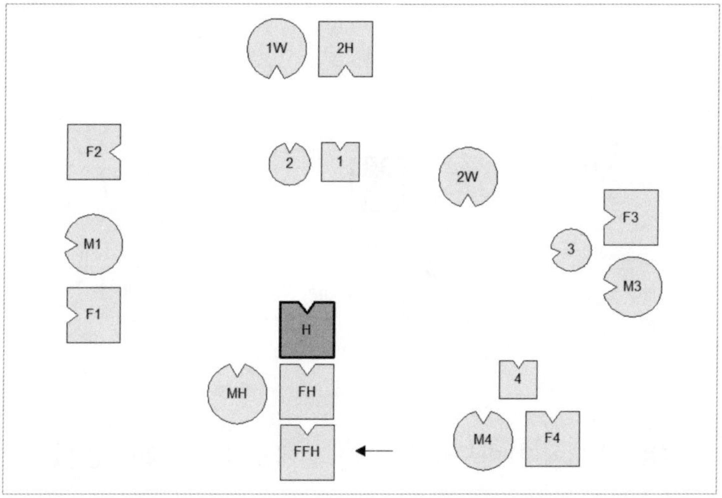

FFH_ 남편의 아버지의 아버지

헬링거 (딸에게) 지금 딸의 상태는 어떤가요?

두 번째 자녀 허리가 너무나 아파요. 그리고 오빠를 보고 있으면……

두 번째 자녀가 흐느껴 울기 시작한다.

헬링거 돌아서서 이쪽을 한번 보세요.

두 명의 자녀가 돌아선다. 헬링거가 딸의 아버지를 딸의 등 뒤에 세운다.

그림 12

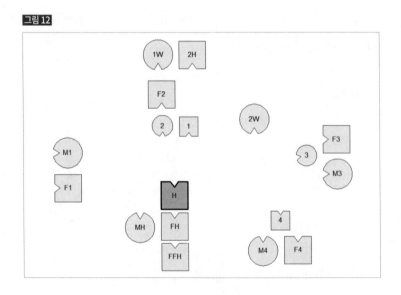

부몽 (월터에게) 아무래도 당신이 딸에게 해야 할 말이 좀 있는 것 같군요. 이 말들은 입 밖으로 표현하기가 쉽지 않을 거예요. 그러니까 말을

하기 전 먼저 당신의 아버지와 할아버지로부터 충분한 힘을 얻어야 해요. 숨을 깊게 들이쉬면서 두 분의 힘으로 자신의 가슴을 채워보도록 하세요. (잠시 후) 두 아이들을 바라봅니다. 그리고 두 아이들에게 다정하고 자연스러운 목소리로 이렇게 말합니다. "너희는 내 자식들이 아니다."

월터 (감정이 울컥하는 모습을 보이며) 너희는 더 이상 내 자식들이 아니야. 너희는 더 이상 내 자식들이 아니야.

부몽 "너희는 단 한 순간도 내 자식이었던 적이 없었어."

월터가 울음을 터뜨린다. 감정이 격해져 있음이 역력하다.

부몽 방금 말씀드린 이 문구는 당신이 두 아이들에게 갖고 있는 사랑이라든지, 아버지가 될 준비가 되어 있다든지, 아이들을 위해서 곁에 함께 있어준다든지, 저 아이들을 위해서 당신 인생의 큰 부분을 희생한다든지 하는 내용과는 무관합니다. 그럼에도 이 두 번째 문구는 표현될 필요가 있습니다.

월터 (울음 섞인 목소리로) 너희는 단 한 순간도 내 자식이었던 적이 없었어. 하지만 나는 아버지가 자식을 사랑하듯 너희를 아주 많이 사랑했단다.

월터가 눈을 감은 채 흐느껴 운다.

부몽 아이들을 보면서 말합니다. "나는 진심으로 너희가 행복하기를 바라고 있단다."

월터 나는 진심으로 너희가 행복하기를 바라고 있단다.

부몽 (첫 번째 자녀에게) 이 말을 듣고 느낌이 어떠세요?

첫 번째 자녀 두 가지인데요, 하나는 지금 등이 너무나 아파요. 마치 누가 칼을 제 등에 밀어 넣고 있는 것만 같아요. 아파서 죽을 것 같아요. 그리고 저분에게 진실을 말해주셔서 고맙다고 말하고 싶어요. (월터에게) 진실을 알게 되어서 다행이에요.

두 번째 자녀 당신이 저에게 주신 모든 것에 대해서 감사드려요. 그리고 제게 쏟아주신 사랑도요.

부몽 (첫 번째 자녀에게) 이제 저분을 봅니다. 당신의 양아버지가 되면서 그가 치러야 한 값이 얼마나 큰지 잘 보도록 합니다. 저분이 지불해야 했던 값을 바라봅니다. 그걸 볼 수 있나요?

첫 번째 자녀 예.

부몽 당신 등에서 느껴지는 통증이 사라질 수 있도록 저분 앞에서 허리를 깊게 숙여 절을 합니다. 어쩌면 땅바닥에 머리가 닿을 만큼 깊이 절을 해야 할 수도 있겠군요.

첫 번째 자녀가 무릎을 꿇은 자세로 바닥에 앉아 고개 숙여 절을 한다.

부몽 지금은 어떤가요?

첫 번째 자녀 등의 통증이 사라졌어요.

부몽 저분에게 말합니다. "제가 작아지면, 등의 통증이 사라져요."

첫 번째 자녀 제가 작아지면, 등의 통증이 사라져요.

부몽 (월터에게) 이 모습을 보는 느낌이 어떠세요?

월터 다행이네요. (두 아이들에게) 너희를 떠나게 돼 정말 미안하다.

부몽 "내 아버지와 함께였다면 내가 너희 둘을 받아들일 수 있었을 텐데."

월터 (웃음을 터뜨리며) 내 아버지와 함께였다면 내가 너희 둘을 받아들일 수 있었을 텐데.

부몽 (월터의 등 뒤에 서 계신 아버지와 아버지의 아버지를 바라보더니) "지금 내가 너희를 받아들이는 것처럼 말이야."

월터 지금 내가 너희를 받아들이는 것처럼 말이야.

부몽 (두 번째 자녀에게) 지금 딸은 어떠세요?

두 번째 자녀 아까는 저분이 너무나 거대했는데 지금은 약간 더 큰 정도라서 좋아요. 너무 크지 않아서 저한테는 편해요.

헬링거 (두 번째 자녀의 친아버지에게) 지금 어떠세요?

두 번째 자녀의 친아버지 이 자리가 저에게는 편한 곳이에요.

헬링거 (월터에게) 두 번째 자녀는 최소한 아버지가 자기 등 뒤에 서 있다는 이미지 정도는 가지고 있어야 합니다. 두 아이들에게 말합니다. "이제 너희를 너희 엄마와 새아버지에게 남겨두마."

월터 이제 너희를 너희 엄마와 새아버지에게 남겨두마.

헬링거 그 말을 하고 난 느낌이 어떠세요?

월터 답답하던 게 풀린 것 같아요. 마음이 편해요.

헬링거가 두 아이들을 부인과 그녀의 두 번째 남편을 바라보도록 돌려세운다. 딸의 아버지는 딸의 등 뒤에 세워져 있다.

그림 13

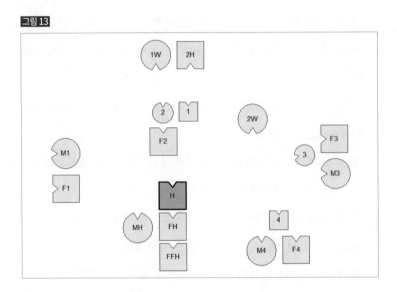

헬링거가 다시 월터를 월터의 대리인과 교체한 뒤 월터의 대리인을 두 번째 부인 옆에 세운다.

그림 14

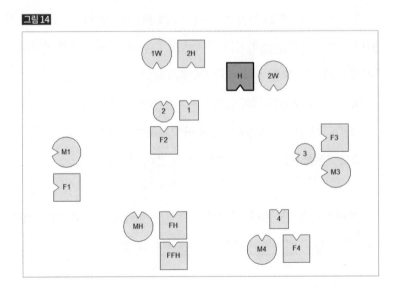

헬링거 (두 번째 부인에게) 지금까지 쭉 지켜본 소감이 어떠세요?

두 번째 부인 저는 오직 이 남자에게만 관심이 가요. 이 사람에게 무슨 일이 일어나고 있는지 알고 싶고, 어떻게든 이 사람을 도와주고 싶을 뿐이에요. 저에게는 이 남자가 최고예요. 이 사람이 무슨 짓을 했든 하지 않았든 아무 상관 없어요.

남편 이 자리는 느낌이 상당히 다르네요. 옆에 서 있는 부인에게 굉장한 친밀감이 느껴져요.

헬링거 (세 번째 자녀에게) 딸은 지금 어떤가요?

세 번째 자녀 상황이 전개되는 모습을 지켜보면서 제 양아버지의 고통을 가슴 깊이 느낄 수 있었어요. 저분이 이 짐을 아주 오랫동안 지고 살았다는 걸 저는 알아요.

네 번째 자녀 처음에는 양아버지에게 몹시 화가 나는 동시에 연민이 느껴졌어요. 제 두 눈으로 그의 고통을 낱낱이 보는 게 저에게는 중요한 일이라고 여겨져요. 왜냐하면 지금은 저분에 대한 존경심과 함께 친밀감을 느끼고 있거든요. 그전에는 저분에 대해서 일말의 존경심도 느끼질 못했어요.

헬링거가 세 번째 자녀를 두 번째 부인 앞으로 옮겨놓고, 네 번째 자녀는 남편 앞으로 옮긴다.

그림 15

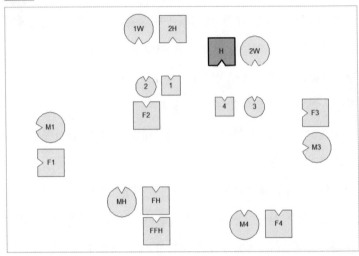

헬링거 (두 번째 부인에게) 이렇게 자리를 바꾸고 나니 느낌에 변화가 있나요?

두 번째 부인 울고 싶어요. 저는 제 남편이 눈물을 흘리는 걸 원치 않거든요.

남편 입양한 아이들에게 친밀감을 느끼고 있어요. 저 아이들에 대해 강한 책임감이 느껴져요. 저 아이들에게 더 많이 주고 싶어요.

헬링거 (월터에게) 왜 이 결혼이 깨진 겁니까?

월터 제가 잠깐 자리를 좀 다르게 배치해도 될까요?

헬링거가 좋다고 하자 월터가 장 안으로 들어오더니 자신의 대리인과 두 번째 부인 그리고 두 아이들이 서 있는 모습에 약간의 변화를 준다. 그는 입양한 딸은 부인 앞쪽으로 좀 더 가깝게 옮기고, 입양한 아들

450

은 남편 앞쪽으로 좀 더 가깝게 옮긴다. 그런 다음 옆에 서 있는 두 번째 부인과 남편 사이의 거리를 좀 더 벌려놓는다.

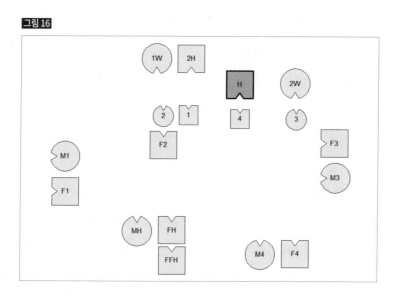

그림 16

월터   저는 입양한 아들과 더 크게 교류한다는 느낌이었어요. 아내는 입양한 딸과 더 가까웠고요. 각각의 아이들에게 느꼈던 사랑이 부부로서 우리 두 사람이 서로에게 느꼈던 사랑보다 훨씬 더 강렬했어요.

헬링거   당신의 두 번째 부인은 자녀를 출산할 수 있었나요?

월터   아내는 임신이 가능한 사람이었어요. 제가 깜빡하고 말씀드리지 않은 게 있네요. 그녀 역시 무명의 기증자를 통해 정자를 기증받아 인공 수정을 시도했어요. 하지만 임신 5개월째에 유산되고 말았죠. 유산 후에 아이들을 입양하자는 결정을 내렸어요. 멕시코 태생의 여자아이와 미국 원주민 태생의 남자아이를 입양하자는 데 저도 동의했고요.

헬링거 (참여자들 전체에게) 이 결혼 역시 첫 번째 결혼과 같은 이유로 깨질 수밖에 없었습니다. 알려지지 않은 기증자를 통한 인공 수정이 이 두 번째 결혼도 막을 내리게 만든 겁니다. 그리고 입양돼 두 아이들이 부부 관계의 빈자리를 채워야 했고요. (세 번째 자녀의 친아버지에게) 당신은 지금 어떠세요?

세 번째 자녀의 친아버지 숨을 쉬기가 어렵고 등에서 격심한 통증이 느껴져요.

세 번째 자녀의 친어머니 제 딸에게 일종의 연결감과 애정을 느끼고 있어요.

세 번째 자녀의 친아버지 저는 딸애가 그리워요.

헬링거 (월터에게) 입양한 딸의 부모님이 어떤 사람들인지 아세요?

월터 인종적 배경만 알고 있어요. 입양한 딸은 자기 부모가 누구인지에 전혀 관심이 없었어요. 입양한 아들은 친부모에 대한 정보를 얻기 위해 입양 기관에 편지를 보내기도 했고요. 하지만 입양 기관에게는 부모의 개인 정보를 타인에게 제공할 수 있는 권리가 없었어요.

헬링거 어쩌면 딸은 자신의 뿌리를 찾아가야 할 필요가 있을 것 같군요.

헬링거가 세 번째 자녀를 친아버지 앞쪽에 옮겨 등이 친아버지 쪽을 향하도록 세운다.

헬링거 그 상태가 어떤가요?

세 번째 자녀 (눈물을 터뜨리며) 제 양어머니에게 가고 싶어요. 저는 그분의 자식이에요. 그분 옆에 서 있고 싶어요. (세 번째 자녀가 더 큰 소리로 울음을 터뜨린다.) 다른 사람들은 저에겐 모두 이방인일 뿐이에요.

헬링거가 세 번째 자녀를 친아버지와 마주보도록 세운다. 친아버지가 두 손을 딸의 어깨 위에 조심스럽게 올려놓는다.

헬링거 (세 번째 자녀의 친아버지에게) 딸에게 말합니다. "미안하다."
세 번째 자녀의 친아버지 미안하다. 내가 너를 지켜줄 수 있을 만큼 강한 사람이 못 되어 정말 미안하다.
부몽 (세 번째 자녀에게) 아버지에게 말합니다. "저는 멕시코 인이에요."
세 번째 자녀 저는 멕시코 인이에요.
세 번째 자녀의 친아버지 이 애비처럼 말이야.
세 번째 자녀 당신도 멕시코 인이에요.
세 번째 자녀의 친아버지 나는 내가 멕시코 인인 게 자랑스럽다.
부몽 아버지의 말을 듣고 난 느낌이 어떠세요?
세 번째 자녀 그 말이 맞아요. 조금 더 명확해진 느낌이에요. (친아버지를 쳐다보며) 하지만 저는 당신을 신뢰하지 않아요. 저는 당신이 싫어요. 설사 당신이 저의 한 부분이라고 해도 말이에요. 당신은 냉정하고 겁쟁이예요. 당신은 저를 팔아넘겼어요. 양어머니가 저를 거둬주고 사랑해주었어요. 제가 당신에게 화 나 있는 건 당연해요.

헬링거가 세 번째 자녀를 몇 걸음 뒤로 옮겨놓는다.

헬링거 이제 친아버지에게 말합니다. "저는 이제 제 양어머니에게 갈 거예요."

세 번째 자녀 저는 이제 제 양어머니에게 갈 거예요.

헬링거 친어머니를 보면서 똑같이 말합니다.

세 번째 자녀 저는 이제 제 양어머니에게 갈 거예요. 양어머니가 제 목숨을 살려준 사람이에요.

헬링거 이제 양어머니에게 갑니다.

세 번째 자녀가 양어머니에게 간다. 두 사람이 서로를 깊게 포옹한다. 친부모는 바닥을 내려다본다. 친어머니가 울음을 터뜨린다.

헬링거 (월터의 대리인에게) 지금 당신은 어떤 상태인가요?

남편 입양한 아들에게 강한 친밀감을 느끼고 있어요. 하지만 아내와 입양한 딸에게도 끌림이 느껴져요.

두 번째 부인이 입양한 딸을 품은 상태에서 두 팔을 벌린다. 두 여자는 남편을 바라보고 서 있다.

헬링거 (월터의 대리인에게) 부인에게 말합니다. "나는 당신을 잃고 말았어요."

남편 나는 당신을 잃고 말았어요.

헬링거 "그리고 그로 인한 결과와 머무를 거예요."

남편 그리고 그로 인한 결과와 머무를 거예요.

헬링거 (두 번째 부인에게) 이 말을 듣고 난 느낌이 어떠세요?

두 번째 부인 좋아요. 이제 더 이상 거짓말을 하지 않아도 될 것 같아요. 더 이상 사랑을 숨기지 않아도 될 것 같아요. 딸에 대한 사랑 말이에요.

헬링거 (네 번째 자녀에게) 아들은 지금 어떤가요?

네 번째 자녀 친부모님 곁에 서 있었을 때 그분들의 존재를 전혀 느낄 수 없었어요. 이 자리에 서고 나니까 그분들에 대한 그리움이 느껴지네요. 처음에는 이 자리에서 긴장감이 감돌았는데 지금은 안전함과 편안함이 느껴져요. 그렇지만 여전히 친부모님이 그리워요.

헬링거 (네 번째 자녀에게) 돌아서서 친부모님을 바라보며 이렇게 말합니다. "저는 두 분이 몹시 그리워요."

네 번째 자녀 (울음을 터뜨리며) 저는 두 분이 몹시 그리워요.

네 번째 자녀가 숨을 깊게 내쉰다.

헬링거 (네 번째 자녀에게) 두 분에게 가보세요.

네 번째 자녀가 친부모에게 다가가더니 두 사람을 포옹한다.

헬링거 (약간의 시간이 흐른 뒤) 두 분에게 말합니다. "저는 아메리카 원주민이에요."

네 번째 자녀 저는 아메리카 원주민이에요.

헬링거 "두 분처럼요."

네 번째 자녀 두 분처럼요.

헬링거 "저는 두 분에게서 생명을 받았습니다."

네 번째 자녀 저는 두 분에게서 생명을 받았습니다.

헬링거 "이 생명을 가지고 무언가 의미 있는 일을 할 거예요."

네 번째 자녀 이 생명을 가지고 무언가 의미 있는 일을 할 거예요.

헬링거 "하지만 지금은 제 양아버지에게 갈 거예요."

네 번째 자녀 하지만 지금은 제 양아버지에게 갈 거예요.

네 번째 자녀가 양아버지에게 돌아간다. 월터가 감동스러운 얼굴로 이 모습을 지켜보고 있다.

헬링거 (자리에 앉아 있는 월터에게) 지금 어떠세요?

월터 이제야 좀 편안한 마음으로 아들을 대할 수 있을 것 같아요. 기분이 아주 좋아요.

헬링거 (월터의 대리인에게) 당신은 어떠세요?

남편 더 편해졌어요. 이 상황이 다 맞아요.

헬링거 (월터에게) 이것으로 충분하다는 느낌이 드는군요. 이대로 마무리를 짓겠습니다.

월터 고맙습니다.

6
사랑과 죽음

이번 장은 죽은 가족 구성원들이 제외된 가족체를 다룬 세션을 담고 있다.

우리는 죽은 자들 사이에서 걷고 있다

헬링거 (참여자들 전체에게) 가족세우기를 통해서 무엇보다 분명해진 사실은 큰 범주에서 볼 때 우리 모두가 서로 연결되어 있다는 것입니다. 자살한 사람들, 남다르게 힘든 운명의 짐을 지고 산 사람들 혹은 일찍 죽은 사람들, 이른바 '나쁜' 사람들까지 모두가 살아있는 사람들과 마찬가지로 현재의 우리에게 똑같은 영향을 끼치고 있습니다. 우리는 죽은 사람들에게 둘러싸인 채 그 속에서 걷고 있는 셈이지요. 우리는 그들의 존재를 인식하지 못하지만, 그럼에도 불구하고 그들의 영향을 받고 있습니다.

죽은 사람들은 각자 자신만의 '죽어 있음being dead'의 방식이 있는 것 같습니다. 조금 전 진행한 세션을 예로 들자면, 죽은 할아버지가 가족체에 속해 있는 다른 사람들에게서 더 이상 어떤 것도 원하지 않는 모습을 볼 수 있었습니다. 따돌림과 잊힘, 그건 너무나 힘겨운 '죽어 있음'의 방식이었습니다. 할아버지가 가족체 내에 다시 돌아와 존중받으면서 그는 고립에서 나오고 살아있는 사람들에게 치유의 효과를 가져다줄 수 있었습니다.

이런 치유 작업에서 기본 원칙의 하나는 바로 죽은 사람들과 거부당한 사람들을 다시 가족체 안에 포함시키는 것입니다. 그러면 그들은 이처럼 끔찍한 죽어 있음의 방식에서 깨어나, 살아있는 사람들에게 이로운 결과를 가져다주게 됩니다. 살아있는 사람들의 존중을 받을 때 그들은 평화롭게 물러나고 살아있는 사람들은 자유로워집니다. 그 반면 죽은 사람들 중 거부당한 이들은 가족체에 나쁜 영향을 끼치게 됩니다. 그들이 나쁜 영혼이라서 살아있는 사람들에게 해를 끼치는 것이 아닙니다. 살아있는 사람들이 그들에게 공간을 허용하지 않기 때문이에요. 즉 그들을 존경하고 사랑하지 않기 때문입니다. 대개 가족체 안에서는 나중에 태어난 자녀가 죽은 사람들에게 지워진 부당함을 속죄하려 들게 됩니다. 간혹 이러한 역동이 살아있는 사람의 희생을 요구하는 방법을 취하기도 합니다.

(막 자신의 가족세우기 세션을 마친 남자에게) 당신은 과거에 성직자였고, 지금은 새로운 직업으로 청각 장애인들을 돕는 일을 하고 있습니다. 이 일은 당신에게 많은 것을 요구하는 직업입니다. 이 직업은 일종의 치유 활동이죠. 끔찍한 가족체적 운명이 치유력을 가져다준 거예요. 그리고 그 치유의 힘은 좋은 영향을 끼칠 수 있어요. 그러니까 당신은 상황을 이와 같이 볼 수도 있다는 겁니다.

여기서 또 한 가지 생각해 볼 것이 있는데 당신의 가족체 안에서 할아버지는 가족을 떠났고 당신 역시 가족을 떠났다는 거예요. 겉으로 보면 이러한 행위는 유죄인 것 같지만 좀 자세히 들여다보면 다른 연관성을 볼 수 있습니다. 대개 몇 세대에 걸친 가족체를 펼쳐놓고 보면 특정한 형태의 사랑과 신의가 전해져 내려오는 모습을 볼 수 있습니다. 이러한 얽힘은 어떤 차원에서 보면 피할 수도 없고 잔혹해 보이기까지 합니다. 그러므로 이를 도덕적인 차원에서 보아서는 안 됩니다. 그들이 원했다면 더 나은 상황을 만들 수 있었을 거라고 가정할 수 없습니다. 그들은 그럴 수 없었고, 우리 중 누구도 그럴 수 없습니다. 이것을 참고삼아 가족세우기를 보면 가족제 내에서 어떤 종류의 얽힘이 발전되어 나오는지 볼 수 있습니다. 그럴 때 여러분은 좀 더 부드러워지고 사려 깊어질 겁니다. 다른 사람들은 물론 자신 자신에 대해서도 말이에요. 즉 모든 사람이 각자의 방식으로 상황의 영향을 받는다는 걸 이해하게 되지요. 얽힘 관계가 백일하에 드러나면 좋은 해결책도 나타납니다.

죽은 사람들을 존경하다

살아있는 사람들이 죽음에 대해 일종의 오만함을 가지고 있는 경우들이 있습니다.

스위스에서 진행한 한 워크숍에 참여한 남자가 생각나는군요. 그는 좀 미친 사람이었어요. 어느 날 아침 남자가 방 안으로 들어서더니 사람들에게 자신이 전날 한 일을 말하기 시작하더군요. 그는 자기가 총을 가지고 있다고, 스위스제 군인용 권총을 가지고 있다고 했죠. 전날 밤 남자는 총을 들고 공동묘지를 찾아갔답니다. 그곳에서 총으로 자신을 쏠 생각이었는데 갑자기 작은 고양이 한 마리가 앞으로 뛰어들었대요. 그리고 그 순간 죽지 않기로 선택하게 되었고요.

이 이야기를 마치더니 남자가 가방에서 작은 고양이를 꺼내 방 안에 풀어놓더군요. 방 안에 있던 사람들이 모두 그를 무서워했어요. 나는 그 사람에게 방까지 함께 가줄 테니 내게 총을 건네달라고 했지요. 방에 가자 그가 옷장에서 권총을 꺼내 내게 주었고, 나는 그걸 다른 곳에 숨겼어요. 다음날 그가 참여자들에게 파울 첼란의 시 중에서 죽음을 독일에서 온 마스터라고 부르는 시를 기억하고 있다고 말하더군요.

지금은 이 이야기가 죄다 어리석은 소리처럼 들릴지 모르지만, 그때는 사느냐 죽느냐의 상황이었습니다. 그 사람처럼 죽음이 자기 옆에 서 있다고 믿는 사람들은 스스로 우쭐함을 느끼면서 동시에 다른 사람들을 겁에 질리게 만듭니다.

죽음을 두려워하는 치유사라면 그런 상황이 닥쳤을 때 가게 문을 닫고 말았을 겁니다. 치유사는 전사가 죽음을 존경하듯 죽음에 대해 존경심을 가지고 있어야 합니다. 그렇게 할 수 있는 사람은 누구라도 죽음을 자기 편에 둘 수 있지요. 그런 사람은 두려움이 없는 사람이요 죽음을 향해서 겸손하게 고개 숙일 수 있는 사람이기 때문이에요. 전사란 두려움 없이, 그러나 최고의 존경심을 가지고 죽음의 눈을 들여다볼 수 있는 사람을 말합니다.

오늘 여기에 참여한 사람들 중에서 예전에 가족세우기 세션에서 죽음과 관련해 경험한 자신의 이야기를 나에게 편지로 써 보낸 사람이 있습니다. (그 참여자에게) 여기 있는 사람들에게 당신 경험을 들려주시겠어요? 당신이 죽음의 맞은편에 서 있었는데 죽음이 당신을 정복할 수 없을 것 같은 느낌이 들었다고 말했었지요?

참여자 제가 죽음과 직면한 순간, 둘이 서로의 눈을 들여다보게 되었어요. 그러면서 내적인 힘겨루기가 진행되었는데, 아무래도 그가 저보다 더 강하다는 느낌이 들더군요. 그러다 갑자기 그러한 구도에 변화가 왔어요. 그러니까 만약 제가 이대로 버틸 수 있다면, 저 죽음은 곧 좀 더 위대한 죽음에게 항복하게 될 거라는 느낌이 들더군요.

헬링거 바로 그겁니다. 우리가 직면한 죽음 뒤에는 또 다른, 더 위대한 죽음이 감춰져 있습니다. 그게 진짜입니다. 그리고 이 죽음은 앞에 서 있는 죽음을 뒷받침해 줍니다. 어째서인지 이승이 저승보다 낫고 죽은 사람들은 살아있는 사람들을 부러워한다는 관념이 널리 퍼져 있습니다. 하지만 죽은 사람들은 그들 자체로 온전합니다.

죽음의 눈을 들여다보다

참여자 오늘 오전에 당신은 존경심을 가지고 죽음을 들여다보되 두려움이 없는 사람이 전사라고 했습니다. 어떻게 해야 제가 죽음을 두려워하지 않는 방법을 익힐 수 있을까요?

헬링거 죽음의 눈을 들여다보되 시간을 초월해 있는 것을 들여다보면 됩니다. 과거에 나는 이와 관련해 시를 한 편 쓴 적이 있습니다. 제목은 〈원The Circle〉이에요.

한 남자가 길을 가다 놀란 모습으로 벗에게 물었다.
"여보게, 우리에게 중요한 것이 무엇이던가?"
그러자 벗이 대답했다.
"우선, 지금 자네와 내가 살아있다는 게 중요하지.
우리가 존재하기 전에 온전한 세상이 존재하였고,
끝에 이르러선 우리 이전에 존재했던 곳으로 돌아가게 될 테지.
처음과 끝이 한데 물려 있는 원처럼

그 둘은 하나이자 똑같으니 말이야.

우리 인생 다음에 오는 것은

우리 인생 이전에 온 것과 잇닿아 있으니

마치 그 둘 사이에는 시간이 존재하지 않았던 것만 같네.

그러니 우리가 가진 시간이란 그저 지금뿐.

그 다음으로 중요한 것은 주어진 이 시간 동안

우리가 여기서 한 것이 우리를 데리고 가리니

마치 그것이 여기 아닌 다른 시간에 속해 있는 것과 같아.

비록 제 자신이 창조자라고 믿고 있지만

우리는 그저 도구에 지나지 않으니

우리를 초월해 있는 무언가를 성취하기 위해 쓰일 뿐인 것을

그 소용이 다하면 비켜서 안식을 얻게 될 터.

마침내 삶에서 놓여나게 될 때

우리는 비로소 완성에 도달하게 되리니."

그러자 남자가 또 물었다.

"우리와 또 우리가 창조한 것들은 존재하다 끝나게 되리니,

다들 저에게 맞는 때에 그러하리라.

우리의 시간이 끝날 때 중요한 것은 무엇인가?"

그러자 그의 벗이 대답했다.

"중요한 것은 이것이니,

우리 이전에 존재했던 것과 우리 이후에 존재하는 것이

한 치의 차이도 없이 그 무게가 똑같을 것이더라."

둘로 나누어진 길 앞에서

둘이 함께 해온 시간이 끝을 만나니

그렇게 둘은 각자의 길 위에서 멈추어 묵상에 빠져들더라.

죽은 사람들을 추모하다

참여자 간혹 고인을 추모하는 마음으로 죽은 남편의 작업실을 그가 살아있던 때와 똑같이 보존한다거나 죽은 부인의 옷가지를 이후에도 그대로 옷장에 보관하는 사람들이 있습니다.

헬링거 죽은 사람에 대한 그런 방식의 추모는 일종의 제외exclusion를 의미합니다. 죽은 사람이 마치 살아있는 사람인 것처럼 취급된다는 것은 그가 죽은 사람들 대열에서 거부당하고 있다는 뜻입니다. 죽은 사람은 산 사람 대접이 아니라 죽은 사람 취급을 받아야 합니다. 그렇게 할 때 그들이 살아있는 사람들에게 좋은 영향을 끼치게 됩니다.

최근에 나는 이와 관련된 경험을 한 적이 있습니다. 세션이 진행되는 동안 갑자기 내 어머니의 죽은 형제자매 다섯이 내 앞에 나타난 겁니다. 나는 그런 이미지가 제 역할을 하도록 내버려둘 때 우리에게 얼마나 강력한 영향을 끼치는지 느낄 수 있었습니다. 나는 두려움 없이, 말하자면 죽은 사람들의 영역 안으로 들어섰습니다. 얼마 뒤 이미지가 바뀌더니 죽은 사람들이 내게로, 살아있는 사람들의 영역 안으로 들어서더군요.

그게 바로 죽은 이들이 인정받을 때 일어나는 현상입니다. 그들이 살아있는 사람들에게 올 수 있게 허용됨으로써 산 사람들이 죽은 사람들의 영역으로 들어가지 않게 됩니다. 얼마 안 있어 우리 모두 죽은 사람들에게 가게 될 테지요. 하지만 그 사이에는 죽은 사람들이 우리에게 올 수 있도록 허용해야 합니다.

이별 이후 발생한 자살

의뢰인이 세 살 때, 아버지는 부인이 자신을 버리고 떠나자 자살을 했다. 다음은 의뢰인을 대상으로 한 세션 도중 이루어진 대화의 한 부분이다.

헬링거 자살은 배우자와의 이별의 결과로 일어나는 사건이 아닙니다. 그 둘 사이에 연관성이 있는 것처럼 보이지만 실제로는 그렇지 않습니다. 나는 가족세우기 세션을 통해서 자살이 외적으로 연관성이 있어 보이는 특정한 사건의 결과가 아니라 다른 의미를 가지고 있다는 걸 발견하게 되었습니다. 자살은 대개 원래 가족 안의 얽힘과 연관성이 있습니다.

의뢰인 저는 제 아버지의 가족에 대해서 모릅니다. 하지만 묘비에 새겨진 내용으로 보아 아버지의 아버지도 일찍 돌아가셨던 걸로 알고 있습니다.

헬링거 바로 그겁니다. 일찍 죽은 아버지를 향한 아들의 "저도 당신을 따를 거예요"라는 염원이 마침내 성공한 것뿐입니다. 당신은 아버지가 자신의 아버지에게 가도록 허용해야 합니다. 또 당신은 아버지의 자살에 대해서 어머니를 비난할 수 없습니다. 부인이 떠났기 때문에 남자가 자살을 했다는 말은 남편의 죽음을 부인의 죄로 덮어씌우려는 의도가 담겨 있습니다. 그건 미친 짓입니다. 자살을 하는 사람은 말 그대로 혼자서 그 일을 한 겁니다. 그러니 다른 사람이 거기에 대해 책임을 져야 할 이유가 없습니다.

첫 사랑을 기억하다

나는 최근에 남편과 사별한 여성을 만난 적이 있습니다. 비애와 고통 속에서 여자는 점점 말라갔고 하루 종일 울고 또 울었습니다. 나는 그녀에게 도움이 필요하다고 느껴지거든 나를 찾아오라고 말했습니다. 1년이 지난 뒤 그 여성이 내 집 문을 두드리더니 도움이 필요하다고 하더군요. 둘이 함께 자리에 앉자 나는 그녀에게 아주 간단한 실험 하나를 제안했습니다. 우선 그녀에게 눈을 감으라고 한 뒤 남편을 처음 만난 순간으로 돌아가 보라고 했습니다. 잠시 후 환한 빛이 그녀 얼굴 위에 비치기에 내가 그녀에게 "바로 그겁니다"라고 말했습니다.

그 일이 있고 나서 그녀는 생기로 가득 차서 활짝 피어났지요. 첫 사랑의 기억이 그 일을 가능하게 해준 겁니다.

사별

다음은 간단한 수술을 받다가 의료 사고로 젊은 부인의 죽음을 경험한 한 남자와의 세션의 일부이다.

헬링거 사별과 관련해서 당신에게 해주고 싶은 말이 있습니다. 헤어

저야 할 때가 오면, 예컨대 소중히 여기던 사람이 죽으면, 남아 있는 사람은 죽은 이에게 속한 무언가를 보관하려고 합니다. 많은 사람들은 무겁고 어려운 걸 보관하려고 하는데, 그런 게 아니라 좀 더 귀중한 것을 보관할 수도 있습니다. 당신 생각은 어떤가요?

남자 좀 더 귀중한 것이 더 나아요.

헬링거 릴케는 〈두이노의 비가〉라는 시에서 사별을 참으로 아름답게 표현해 놓았어요. 그가 말하길 젊은 시절에 죽은 사람들을 향한 우리의 비애가 그들이 편안히 움직이는 데 장애물이 된다고 했죠. 그건 마치 그들을 부당하게 대접하는 것과 같다고 말이죠. 그런 의미에서 죽은 사람들은 자유롭지 못해요. 우리는 그들에게 자유를 주어야 합니다. 그래서 그들이 평안을 얻을 수 있도록 말이에요.

일몰

부부 관계란 생로병사의 과정과 유사한 단계를 거쳐갑니다. 태어나고 성장해서 늙고 죽어가다가 마침내 죽음에 이르게 됩니다. 한 번에 조금씩 생명을 떼어내 쓰다가 마침내 때가 되면 종료되고 마는 개개인의 삶과 같습니다. 똑같은 과정이 부부 관계에서도 일어납니다. 만일 우리가 이 움직임을 따를 수 있다면 관계의 쇠퇴기는 편안함을 띠게 될 겁니다. 쇠퇴기 역시 해 지는 저녁 하늘에 번지는 여러 색깔의 물들임처럼 자신만의 아름다움을 갖추게 될 겁니다.

어느 정도 시간이 지나면 관계 안에서 당신은 초기의 꿈들을 내려놓기 시작하겠지요. 내 느낌에는 그때 관계는 좀 더 빠른 속도로 절정에

도달하게 되는 듯합니다. 그 정점이 첫 번째 자녀가 탄생하는 시점입니다. 첫아이의 출산이라는 사건을 향해 에너지가 움직이다 한동안 그곳에 머무른 뒤 감소하기 시작합니다. 그게 자연스러운 수순이지요. 부부가 그 움직임과 같이 살 수 있다면 그들 관계의 생로병사는 아름다움으로 가득할 겁니다.

그 너머를 향하여

부부 관계는 기본적으로 죽음과 싸우도록—생명이 유지되도록—하기 위해 고안되었습니다. 자녀가 태어나면 부부는 기뻐하면서 이 아이가 두 사람보다 더 오래 살 거라고 기대합니다. 부부는 아이를 위한 공간을 만들 테고, 이 아이는 생명의 바통을 이어받아 달려가게 될 테지요. 부부 관계는 생명과 죽음의 맥락 안에서 채워집니다.

관계 안에도 죽음의 과정이 존재합니다. 이 말은 곧 세월의 흐름과 함께 내려놓는 과정이 포함되어 있다는 뜻입니다. 처음에 관계를 맺을 때 우리가 가졌던 모든 높은 기대는 시간이 지나 경험이 쌓이면서 점차 무뎌져갑니다. 그리고 우리는 그러한 과정에 복종해야 합니다. 그 과정에 동의함으로써 부부는 관계 안에서 깊이와 강인함을 얻고 평온함이 그 안에 자리 잡게 되지요.

그러다 헤어짐의 시간이 돼 둘 중 한 사람이 숙음을 맞이하면, 다른 사람은 배우자와의 영원한 이별을 준비하게 됩니다. 그때 내려놓음을 경험할 수 있고, 조만간 찾아올 자신의 죽음을 두려움 없이 기쁜 마음으로 기다리게 됩니다. 이것이 바로 삶의 완성입니다. 나는 이러한 내적 태도가, 살아있는 동안 부부 관계 안에서 충족과 완성을 경험할 거라는 허상적인 기대로부터 우리를 지켜준다고 생각합니다. 한 사람의 완성은 곧 그 자신의 죽음, 그 자신과의 영별永別로 완료됩니다.

옮긴이의 말

"어떤 문제를 다루고자 하세요?"

우리에게 가족세우기 세션을 의뢰한 사람은 아들 하나를 둔 30대 중반의 기혼 여성이었다. 여섯 살짜리 아들은 또래 아이들처럼 재잘거리는 대신, 종일 겁에 질린 얼굴로 이유 없이 칭얼대거나 자신에게 다가오는 모든 사람에게 공격적인 모습을 보였다. 그 밖에도 여러 가지 문제가 많아서 부부는 아이 일로 말다툼을 자주 한다고 했다. 아들 문제로 남편과 충돌이 심해지면서 부부 관계가 갈수록 악화되자 이 여성은 '아이를 위해서' 또 '가정의 평화를 위해서' 아이의 심리 상담사가 권유한 대로 정신과적 약물에 도움을 요청하게 되었다.

가족세우기 세션에 참여한 그녀가 대리인들을 세웠다. 가족의 장場이 펼쳐지자, 분노에 찬 눈길로 아들을 바라보는 남편과, 어쩐 일인지 그 자리에 결박당한 채 옴짝달싹 못하는 어린 여자아이를 연상시키는 부인, 그리고 입술을 꼭 다문 채 마치 공기 가득한 풍선처럼 양 볼이 부풀어 오른 얼굴로 몸을 좌우로 무기력하게 흔드는 아들의 모습이 보였다. 부푼 양 볼에 입술은 다물고 있었지만 아이의 몸은 부모를 향해 '제발 저를 좀 잡아주세요'라고 외치고 있었다. 하지만 그 모습이 남편을 더욱 분노하게 만들었고, 부인은 마치 핀 조명 속에 갇힌 모노드라마 배우처럼 아들을 향해 한 걸음도 떼놓지 못하고 서 있더니 그 자리에 그만 풀썩 주저앉고 말았다.

이 세 사람은 아직 서로를 만난 적이 없었다. 가족체적 무의식의 차원에서 본다면, 남편과 부인은 아직 결혼하지 않았고, 그러므로 단 한 번도 아들을 본 적이 없었다. 두 사람은 각자의 원래 가족에서 기인한 얽힘 관계에 단단히 묶여 있었다. 남편이 살고 있는 세계와 부인이 살고 있는 세계는 아직 아들이 속할 만한 공통분모를 만들어내지 못한 상태였다.

마치 하나의 무대 위에서 여러 개의 연극이 동시에 공연되고 있는 것처럼, 남편은 자신의 원래 가족 안에서 생긴 부조화(특히 아버지에 대한 분노)를 현재 가족을 상대로 재생·반복하고 있었고, 부인 역시 자신의 원래 가족 안에서의 부조화(특히 어린 시절 어머니와의 분리로 인해 형성된 '어머니를 향한 방해받은 도달의 움직임')를 남편이 공연중인 무대 위에서 재생·반복하고 있었다. 그 두 개의 힘 사이에서 어디에도 속하지 못한 아이의 영혼은 불안에 떨고 있었다. 혼돈 속의 부부 관계와 원래 가족의 얽힘 관계의 투사체가 되어버린 현재 가족, 아이가 보여주는 증상들은 어찌 보면 지극히 자연스러운 결과이자 현상인 셈이었다.

가족세우기 치유 작업은 가족체 내에서 자신의 자리를 찾아가는 과정이다. 가족체 안에서 나에게 맞는 자리를 찾으면 내 자신과는 물론 부모나 형제자매와의 관계에서도 조화로움을 이루게 된다. 부수적으로 따라오는 나와 배우자 그리고 자녀들과의 조화로운 관계는 언급할 필요조차 없다. 그러니까 나 한 사람이 원래 가족 안에서 제자리를 찾으면 나를 둘러싼 세상 전체와 조화를 이룰 수 있게 된다. 그리고 바로 이러한 조화로움이 우리 모두가 그처럼 전력질주하며 얻으려고 하는 행복일 것이다.

버트 헬링거는 성공과 행복을 얻기 위한 기본 조건으로 새로운 이미지 하나를 제시하고 있다. 가족체 내에서 나에게 적합한 자리를 찾는다는 말의 또 다른 표현이기도 한데, 질병은 수백 가지지만 치료제는 오직 하나뿐임을 이 문구가 보여준다. 그는 말한다. "성공(혹은 행복)은 어머니의 얼굴을 하고 있다." 이 문구는 삶이란 얽히고설킨 실타래처럼 복잡하기 짝이 없다는 우리의 일반적인 생각과 달리 "삶이란 지극히 평범하며 단순하기까지 하다"는 진실을 일깨워주는, 한 바가지의 찬물처럼 신선하기 짝이 없다.

우리가 살면서 만나는 모든 관계의 문제(그것이 사람과의 관계이든 일 혹은 특정 신념이나 사고 방식과의 관계이든)는 사실 한 지점에서 비롯한다. 그럼에도 질병이 백 가지면 치료제도 백 가지라는 생각에 익숙한 우리는 그 한 지점을 바라보게 되기까지 몇 차례의 우회 과정을 거쳐야만 하는 것 같다. 그러한 우회 도로 중 하나가 부부 관계에서 발생하는 문제들이다.

버트 헬링거는 지난 25년 동안 부부를 대상으로 치유 작업을 해오면서 바로 이 우회 도로 위에 선 남편들과 부인들을 한 지점으로, 모든 문제가 비롯하는 원천으로 이끌어주었다. 그러므로 이 책은 부부 관계에서 발생하는 문제들의 근원으로 데려가는 여정이자, 그 근원의 자리에서 부부 문제를 치유해 가는 보고서이며, '성공적인 현재 가족'을 만드는 근본 매뉴얼이라고 할 수 있다.

'부부의 길' 위에 선 여행자들이 길을 잃지 않고 올바른 방향을 찾아가는 데 큰 도움을 줄 이 탁월한 안내서를 우리말로 옮기는 과정에서, 나는 치유 현장의 생동감을 고스란히 전달하고자 헬링거와 참여자들 사이에서 오간 모든 대화를 구어체로, 곧 경어체로 풀었다.(참고로, 이 책의 편자가 치유 현장을 설명하거나 가족세우기 개념을 설명하는 부분은 평어체로 번역해서 구별하였다.) 또 결속 관계가 형성된 남녀를 가리켜 이야기할 때는 법적인 결혼 유무와 상관없이 그들을 남편과 부인으로 묘사했다. 가족세우기 치유 작업을 통해 남녀가 성 관계를 맺을 때 둘 사이에 강한 결속이 형성된다는 사실이 발견되었기 때문이다.

의뢰인인 부인의 등 뒤에는 마침내 외할머니가 설 자리가 생겼다. 어린 나이에 어머니를 잃은 의뢰인의 어머니, 그분의 죽음에 대한 강한 욕구는 가족체 내에 외할머니의 자리가 생기면서 생명 쪽으로 전환될 수 있었다. 부인 역시 어머니의 운명 앞에서 허리를 깊이 숙여 절을 하며 동의함으로써, 어머니를 대신해서 죽으려던 욕구가 '어머니에게서 받은 생명을 기꺼이 살아내는' 힘 쪽으로 전환되었다. 어머니에게 등을 기대고 선 부인, 그녀의 등 뒤에는 어머니가 서 계시고, 그분 뒤에는 또 다른 어머니, 곧 외할머니가 서 계셨다. 그리고 부인의 어깨 위에는 어머니의 손이 올려져 있었다.

"지금 아들을 보는 느낌이 어떠세요?"

그녀는 대답 대신 아들을 향해서 두 팔을 활짝 벌렸다. 마침내 어머니가 된 그녀는 자신의 품에 안긴 아들을 힘껏 안아주었다. 굳게 다물고 있던 아이의 입술이 터지면서 풍선 같은 볼 속에 가득 차 있던 울음이 터져 나왔다. 그 순간 그녀의 입술 사이로 자장가처럼 편안하면서 힘이 담긴 영혼의 문구가 흘러나왔다.

"나는 네 엄마야. 엄마가 널 지켜줄 거야."

그뿐 아니라 아버지와 어머니의 부부 관계에서 일어난 일들을 두 분의 몫으로 남겨놓고 자녀의 자리로 돌아오면서 마침내 부인은 아버지를 향한 사랑과 존경심으로 가슴을 활짝 열 수 있게 되었다. 이 모습을 보고 있는 남편의 눈가에 눈물이 맺혔다.

"지금 남편을 보는 느낌이 어떠세요?"

마침내 아내가 된 그녀, 입가에 잔잔한 미소를 머금은 채 그녀가 대답 대신 옆에 서 있는 남편의 손을 꼭 잡더니 그의 두 눈을 깊숙이 바라보았다.

"제 아버지와 어머니를 사랑하고 존경하는 것처럼 저는 당신의 부모님을 사랑하고 존경해요. 당신이 당신의 부모님을 사랑하고 존경하게 될 때까지 이 자리에서 기다릴게요."

한동안 두 사람 사이에 말없는 대화가 이어졌다. 잠시 후 남편의 시선이 아들에게 옮겨갔다. 그의 두 눈은 더 이상 분노로 이글거리지 않았다. 그가 조심스럽게 아들의 연약한 어깨를 자신의 가슴 쪽으로 끌어당기더니, 둘 사이에 벌어졌던 시간과 공간을 단박에 메우기라도 하려는 듯 오랫동안 아들을 꼭 안아주었다.

한국에 가족세우기 치유 작업이 소개된 지 어언 15년이 다 되어간다. 그 사이, 문제 안에 갇혀 고통받아 오던 수많은 아들들, 딸들이 가족세우기를 통해서 자신의 원래 가족을 향한 아버지의 사랑과 어머니의 사랑을 볼 수 있었다. 그리고 가족체적 트라우마에서 기인한 원래 가족의 얽힘 관계 앞에서 깊게 허리를 숙인 채 아버지의 운명에, 어머니의 운명에 동의할 수 있게 되었다. 또한 수백 가지 문제로 고통을 당하던 수많은 남편들, 부인들이 생명의 물줄기를 전달해 주는 기쁨을 새로 만나기도 했다.

제법 긴 시간 동안 가족세우기 치유 작업을 해오고 있지만, 매번 가족의 장이 펼쳐질 때마다 나는 가족체적 영혼의 치유력 앞에서 놀라움을 금할 수가 없다. 가족체적 영혼은 치유를 원한다. 가족체적 영혼은 제외나 거부가 아닌 포함과 수용을 원한다. 가족세우기 치유 작업을 하고 있는 치유사로서 이 한 권의 책을 통해 더 많은 사람들(그가 누군가의 아들이든 딸이든 무관하게 혹은 그가 누군가의 남편이든 부인이든 무관하게)의 삶이 상처에서 치유로, 거부에서 포함으로 변형을 이루게 될 것을 생각하면 그저 기쁘고 또 기쁠 따름이다.

조화로운 삶의 길을 찾는 부부들에게 멋진 길잡이 역할을 해줄 이 특별한 책을 한국어로 소개하는 데 기꺼이 산파 역할을 맡아준 샨티출판사에게, 가족세우기 치유 작업을 하는 사람으로서 그리고 번역자로서 큰 감사함을 전하고 싶다. 이 책을 번역하는 동안 나는 5분마다 한 번씩 놀라움과 기쁨의 탄성을 지르곤 했다. 아울러 독일어 원서와 영어본 사이를 오가며 낱말 하나, 문장 하나조차 길을 잃지 않도록 이해와 통찰을 나누어준 동반자 달마에게도 감사함을 전하고 싶다.

시절은 어느새 봄, 우리가 사는 곳곳에서 생명의 봄이 색색으로 피어나듯 이 한 권의 책과 함께 치유의 봄이 우리의 내면에서 활짝 피어나길 빈다.

2015년 3월에
폴라

샨티의 뿌리회원이 되어
'몸과 마음과 영혼의 평화를 위한 책'을 만들고 나누는 데
함께해 주신 분들께 깊이 감사드립니다.

개인

이슬, 이원태, 최은숙, 노을이, 김인식, 은비, 여랑, 윤석희, 하성주, 김명중, 산나무, 일부, 박은미, 정진용, 최미희, 최종규, 박태웅, 송숙희, 황안나, 최경실, 유재원, 홍윤경, 서화범, 이주영, 오수익, 문경보, 여희숙, 조성환, 김영란, 풀꽃, 백수영, 황지숙, 박재신, 염진섭, 이현주, 이재길, 이춘복, 장완, 한명숙, 이세훈, 이종기, 현재연, 문소영, 유귀자, 윤홍용, 김종휘, 보리, 문수경, 전장호, 이진, 최애영, 김진회, 백예인, 이강선, 박진규, 이욱현, 최훈동, 이상운, 김진선, 심재한, 안필현, 육성철, 신용우, 곽지희, 전수영, 기숙희, 김명철, 장미경, 정정희, 변승식, 주중식, 이삼기, 홍성관, 이동현, 김혜영, 김진이, 추경희, 해다운, 서곤, 강서진, 이조완, 조영희, 이다겸, 이미경, 김우, 조금자, 김승한, 주승동, 김옥남, 다사, 이영희, 이기주, 오선희, 김아름, 명혜진, 장애리, 신우정, 제갈윤혜, 최정순, 문선희

단체/기업

샨티 이메일로 이름과 전화번호, 주소를 보내주시면 샨티의 신간과
각종 행사 안내를 이메일로 받아보실 수 있습니다.

이메일 : shantibooks@naver.com
전화 : 02-3143-6360 팩스 : 02-6455-6367